한국형 크리스천 리더십

이 호 지음

자유인의 숲

한국은 우리의 현실이요 특수성입니다.
비록 박토(薄土)일망정
한민족의 피와 땀과 숨결이 배어있는 땅에서 자라나
비틀리며 구부러져도 사시사철 푸르른 소나무처럼
한국인의 혼과 얼을 가진 리더를
우리 시대는 갈망합니다.

크리스천은 세계의 이상(理想)이요 보편성입니다.
천지(天地)를 창조하시고 통치하시며
마침내 심판하실 분이 하나님이심을 믿을진대
만물과 역사의 주인께서 부르신 사람들이야말로
세상 어디에서나 필요합니다.

한국형 크리스천 리더는
현실과 이상이 만나는 터전
특수성과 보편성이 교차하는 지점에서
뜻이 하늘에서 이루어진 것 같이
땅에서도 이루는, 바로 그 사람입니다.

고난과 절망의 역사를 뒤지고
굴복하지 않고 멸절하지 않아서
끝끝내 살아남았던 생존의 기록을 찾으며
영광과 굴욕이 교차했던 민족사(民族史)를
하늘의 말씀에 비추어
한국형 크리스천 리더를 향한 모색을
한권의 책에 담습니다.

독자들에게
1959년, 우남(雩南)이 붓을 들어 쓰신 휘호를 전합니다.
경천애인(敬天愛人) 위국진충(爲國盡忠)
하나님을 공경하고 사람을 사랑하며
나라를 위하여 충성을 다하소서

2024. 2. 13
자유통일의 그날을 기다리며

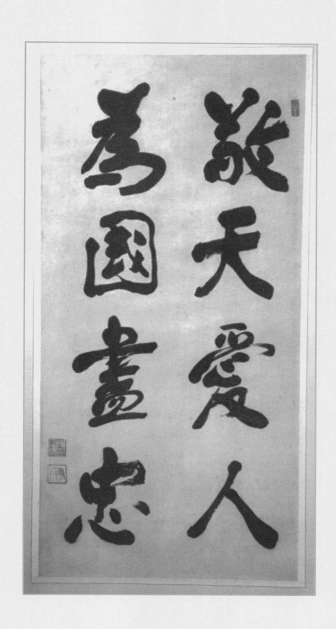

목차

▲ 일본의 개신교 사상가이자 개혁가인 우치무라 간조(內村鑑三, 1861-1930)

1905년 "실망과 희망, 일본의 미래"에서 다음과 같이 썼다. "우리의 신앙은 우리의 조국을 위해, 우리의 애국심은 그리스도를 위해 존재한다. 우리가 그리스도를 떠나 진정으로 조국을 사랑할 수 없듯이 조국과 분리되어서는 진심으로 그리스도를 사랑할 수 없다."

▲ 우치무라 간조가 미국 유학 중이던 33세에 일본을 기독교로 개혁하겠다고 결심하고 기록한 묘비명

실제로 그의 무덤에 비석으로 새겨져있다.
"I for Japan, Japan for the World, The World for Christ. and all for God"
"나는 일본을 위하여, 일본은세계를 위하여, 세계는 그리스도를 위하여, 그리고 이 모든 것은 하나님을 위하여"

한국형 크리스천 리더십 1

가족신(家族神)
으로부터의 해방

　기독교에는 국경이 없지만, 기독교인에게는 조국(祖國)이 있습니다. 미국인 크리스천이 있고, 영국인 크리스천이 있고, 일본인 크리스천이 있습니다. 미국형 크리스천 리더는 미국에는 적합해도, 한국에는 부적합할 수 있습니다. 우리의 강산(江山)에서, 이 나라의 백성들이 절실하게 질문하는 난제(難題)에 대답할 수 있어야 한국형 리더십입니다. 우리들의 시대는 한국을 사랑하고 한국인의 혼과 얼을 가진, 한국의 풍토 속에서 자라난 '한국형 크리스천 리더'를 목마르게 기다리고 있습니다.

　조국이란, 사랑해야 할 동시에 극복해야 할 대상입니다. 우리나라의 풍토에서 '리더'라고 하면 떠오르는 모습은 사실 양반에 가깝습니다. 자질구레한 업무는 아랫사람들에게 떠넘기고, 본인은 윗사람이라고 으스대는 양반 스타일이 리더라고 오해합니다. 이는 뿌리 깊은 유교문화에서 비롯된, 잘못된 리더십 개념입니다. 이 시대에 대한민국에 필요한 리더가 되기 위해서는 제일 먼저 '양반형 리더'가 아닌, '크리스천 리더'의 개념을 정리해야 합니다.

오늘 강의의 주제는 '한국형 크리스천 리더십'입니다. 먼저 '신학'에 대한 이야기로 문을 열겠습니다.

"인간의 행동은 신관(神觀)에 따라 좌우된다."

신학은 본질적으로 눈에 보이지 않는 분야를 탐구하는 학문입니다. 하나님을 추구하고 구원을 논하며 다양한 주제의 성경적 개념을 정립합니다. 물건이나 물질처럼 눈에 보이는 대상을 말하는 것이 아니니, 누군가 신학적인 이야기를 할 때 맞는 말인지 틀린 말인지 당장에 확인하기 어렵습니다.

논거에 오류가 없는지, 신앙인의 경험과 교회의 역사에 부합되는지, 성경적으로 타당한지, 찬찬히 살펴보아야 분별할 수 있습니다. 신학이라는 학문은 깊고도 넓어서, 공부해야 할 양은 산더미 같습니다. 산을 오르는 끈기로 공부해도, 누군가의 신학적 주장이 옳은지 그른지 단기간에 분별하기 어려워서, 비실용적인 학문처럼 보입니다.

그러나 막상 인생을 살아보면, 신학은 고도로 현실적입니다. 하나님이 현실 속에서 일하고 계시기 때문입니다. 내 머릿속에 있는 하나님에 대한 생각, 내 나름대로 가지고 있는 신에 대한 관념, 다시 말해서 신관(神觀)이 돈을 벌고 사람들과 교류하고 연애하는 데에 별 도움이 안 되는 것처럼 보입니다. 그러나 본인이 인지(認知)하지 못 하더라도, 나의 모든 행동은 머릿속에 탑재된 '신 개념', '하나님에 대한 지식', '신에 대한 개념의 범주'를 맴돌면서 진행됩니다. 인간은 자신의 내면 깊숙이 자리 잡은 신개념의 범주를 벗어나지 못합니다.

"인간의 삶은
그가 믿는 신(神)의 범위를 벗어나지 못한다."

입술로는 성경의 하나님을 신이라 고백하지만, 정작 마음속에 신으로 모시는 존재는 다를 수 있습니다. 무엇이든 제일 중요하게 여기는 대상이 바로 그 사람의 신(神)입니다. 돈을 최고의 가치로 삼으면 돈이 나의 신입니다. 그러면 나의 행동 범주는 돈의 영향력, 돈이 끌어당기는 자력(磁力)의 범위 안에 머물게 됩니다.

진로를 선택해도 돈을 많이 버는 방향으로 결정합니다. 사람을 만나도 돈이 되는 사람을 만납니다. 교회에 다녀도 부자 되게 하시는 하나님, 축복 주시는 하나님께 몰두하는 기복(祈福)신앙이 됩니다. 그래서 그 사람의 선택, 결정, 행동반경을 보면, 마음으로 섬기는 신이 누구이고 무엇인지를 확인할 수 있습니다.

한국의 원시 종교는 조상숭배 신앙입니다. 조상이 죽으면 귀신이되어, 후손들을 돌보아 준다는 믿음입니다. 조상의 애정 어린 돌봄을 받기 위해서는 돌아가신 조상을 잘 모셔야 합니다. 그래서 제사를 정성껏 드리면 복을 받을 수 있고 화를 면할 수 있다고 믿었습니다. 조상신(祖上神)을 섬기고 가족신(家族神)을 섬기는 신심(信心)이 한국인의 원시 샤머니즘적인 신관입니다.

한민족의 반만년 역사 동안 다양한 종교들이 등장했습니다. 대표적인 종교들이 불교, 유교, 기독교입니다. 종교들의 교리는 달랐지만 여러 종교를 믿는 한민족의 삶의 양태는 비슷했습니다. 왜냐하면 조상들에게 물려받은 가족신 개념이 바탕에 깔려있었기 때문입니다. 겉으로는 불교, 유교, 기독교라도 속으로는 가족신을 섬기는 불교, 유교, 기독교였습니다.

유교는 효(孝)와 충(忠)을 강조합니다. 두 가지 가치를 다룬 유교의 경전이 「효경(孝經)」과 「충경(忠經)」입니다. 그래서 유교문화권이었던 중국과 일본에서는 「효경」과 「충경」이 모두 베스트셀러였습니다. 그런데 한국에서는 유독 「효경」만 베스트셀러가 되었습니다. 「효경」은 계속해서 출판되어 널리 읽혀졌습니다. 대조적으로 「충경」은 제대로 소개되지도 못했습니다.

비슷한 유교문화권이었는데, 한국이 일본, 중국과 달랐던 이유는 무엇일까요? 바로 신관(神觀)의 차이입니다. 가족신을 섬겼던 한국인들은 가족의 가치를 강조하는 「효경」에는 열광했습니다. 그러나 국가는 가족보다 큽니다. 가족의 범위를 뛰어넘어야 국가가 보입니다. 가족신을 믿었던 조선 사람들은 가족신의 테두리 안에서 행동했기에, 국가에 대한 충성을 강조한 「충경」에는 별 관심을 보이지 않았습니다. 동일한 유교를 받아들여도 어떤 신개념, 신관을 가지고 있느냐에 따라 나라별로 다르게 수용하게 된다는 사실을 보여주는 장면입니다.

가족을 중시하고 부모에게 효도하라는 가르침은, 가족신을 섬기는 한국인들에게 딱 맞는 신앙관입니다. 오늘날에도 마찬가지입니다. 2016년에 방영한 드라마 〈응답하라 1988〉은, 회를 거듭할수록 최고 시청률을 갱신하며, '응답하라 열풍'을 일으켰습니다. 마지막 회의 시청률이 21.6%로, 당시 케이블TV 역사상 가장 높은 기록이었습니다. 최고의 시청률을 갱신한 드라마의 마지막 장면, 서사를 마무리하는 절정의 순간은 어떤 메시지를 던졌을까요?

주인공 덕선이네 아버지가 퇴직합니다. 딸들이 눈물을 흘립니다. 가족을 위해 평생을 고생한 아버지, 그 아버지를 향하여 흘리는 자식들의 눈물이 짠합니다. 그리고 큰딸이 시집갑니다. 딸을 시집보내는 아버지와 어머니의 마음, 언니를 떠나보내는 동생의 마음을 드라마는 아름답게 묘사합니다.

대한민국에 돌풍을 일으킨 드라마가 절정에 이르렀을 때, 대미(大尾)를 장식하며 던지는 메시지는 결국 가족입니다. '그래도 믿을 건 가족뿐이다.' 수천 년을 계승되어 온 가족신 신앙이 현대의 드라마로 재현되어 한국인의 깊고 오랜 심금(心琴)을 울리는 장면입니다.

외교부 장관을 지내신 분이 젊은이들을 대상으로 칼럼을 썼습니다. 칼럼의 제목은 〈"통일을 꼭 해야 하느냐"고 물은 K군에게〉, 통일이 불필요하다고 느끼는 청년들에게 통일을 설득하는 글입니다. 여러분, 왜 통일을 해야 할까요? 인간적인 관점으로 통일의 당위를 생각해 봅시다. 우리는 대한민국에서 하루에 세 끼를 다 챙겨 먹습니다. 야식까지 먹어서 배고플 틈이 없습니다. 남쪽의 동포들에게는 비만이 문제인데, 북쪽에 갇힌 우리 동족은 단지 북한에 태어났다는 이유로 굶어 죽고 맞아 죽고 얼어 죽습니다. 동족의 죽음을 외면하는 짓은 사람으로서 할 짓이 못됩니다. 이처럼 인간학적 관점으로 충분히 통일의 필요성을 설명할 수 있습니다.

정의론적 관점에서도 통일의 당위를 설명할 수 있습니다. 백두산 혈통을 자처하며 현대판 카스트 제도를 만들고, 자국민을 학살하며 호의호식하는 자들은 정의를 위해 응징해야 합니다. 정의실현의 대의명분으로도 통일을 설득할 수 있습니다.

역사적·민족적인 관점에서도 설명이 가능합니다. 통일신라 이후로 1300여 년 동안 단일국가였던 한민족(韓民族)이 김일성에 의해 분단되었습니다. 하나였던 민족이 둘로 나뉘어졌으니, 우리 민족사를 역주행한 재앙이고 비극입니다. 1300여 년을 이어온 단일 국가의 역사를 복원하기 위해서라도 통일을 해야 합니다.

이와 같이 다양한 관점에서 합리적인 방법으로 통일의 당위를 얼마든지 설명할 수 있습니다. 앞서 말씀드린 외교부 장관을 지내신 분이 쓰신 글을 읽어보겠습니다.

"엉뚱하게 들릴지 모르겠네만, 자네 결혼해 아이를 낳아 길러보게. 고생은 되지만 참 예쁘네. 그런데 요즈음 손자 손녀를 본 내 친구들은 그렇게 이야기하네. 아들딸 낳았을 때와 또 다르다고. 손자 손녀가 얼마나 예쁜지, 자고 있는 모습을 가만히 들여다보면 황홀감이 든다고.

그 예쁜 손자 손녀가, 또 그들의 자손이 통일 한국의 시민으로 국제사회에서 당당하게, 그리고 풍요로운 선진국 시민으로서 살아가게 만들어주는 것이 통일일 것이네."

인생의 선배로서 아직 인생을 배워가는 청년들에게 말합니다. "내 자식, 내 손자 손녀가 나를 황홀하게 할 만큼 예쁘기 때문에, 근사한 통일한국을 후대에 물려줘야 한다." 결국에는 가족입니다. 신관이 이렇게 중요하고 무섭습니다. 한국에서는 무슨 이야기를 하든지, 가족의 범주를 벗어나지 못합니다. 최고의 시청률을 기록한 드라마의 절정에서도 가족이고, 민족사의 숙원인 통일을 설득해도 가족입니다. 그야말로 가족신이 지배하는 나라입니다.

가족은 물론 소중합니다. 그러나 가족이 최고의 가치인가, 가족이 신이 될 수 있는가, 가족신을 섬기면 정말 가족이 행복해질까를 질문해야 합니다. 가족의 범주에 갇혀있는 사람과 사회가 과연 성장할 수 있을까를 논증해야 합니다.

유교가 조선을 지배했지만, 사실은 효(孝)의 영향력이 충(忠)의 가치를 압도했습니다. 「효경」만 베스트셀러가 되고, 부모에게 물려받은 상투를 잘랐을 때 전국적으로 저항하고, 나라를 구하기 위해서 일어난 의병의 대장이 부모의 장례를 치르느라 전장(戰場)에서 이탈하고, 나라는 망해도 가문은 번성하는 등등의 사례가 차고 넘치도록 많습니다.

기독교가 들어오고 나서도 마찬가지입니다. 하나님은 천지(天地)를 창조하셨습니다. 기독교인들은 우주보다 크신 하나님을 믿습니다. 그런데 기독교인들의 기도제목은 집안의 울타리를 벗어나지 못합니다. '우리 아들 좋은 대학 가게 해주시고, 우리 딸 좋은 집안에 시집가게 해주시고…' 만유보다 크신 하나님의 자녀라는 신자의 기도가 고작 집안에서 맴돌아 버립니다. 예수님을 믿는 사람이나 믿지 않는 사람이나, 최고 관심사가 가족이라는 점에서는 다르지 않습니다.

　어린 시절, 부모님으로부터 사랑을 받으면서 자란 분들이 많습니다. 그런데 가슴으로 사랑을 받으면서 동시에 어깨로는 부담을 받기도 합니다. '우리 가족을 일으키기 위해서 공부 잘해야 한다. 명문대에 진학해야 한다.' 부모님들이 가족에 대한 부담을 지워주시기도 했을 겁니다. 부모의 사랑은 감사하지만, 가족주의 이데올로기에 묶인 채로 살면 과연 행복할까요?

　부모들의 과도한 기대 속에 아이들은 어려서부터 경쟁에 시달립니다. 어린 시절의 학력경쟁은 청소년기엔 입시지옥이 됩니다. 경쟁에 지치고 지옥을 견디지 못해서, 우울증으로 시달리는 이 나라의 자녀들이 너무 많습니다. 심지어 자살하는 청소년들의 행렬도 끊이지 않습니다.

　가족이 가족을 죽이는 존속살해범의 숫자도 심각합니다. 어느 나라보다 가족을 강조하는데, 정작 살인범 가운데 존속살해범의 비율은 영국의 5배, 미국의 2.7배입니다. 경제 불황이 이어지면서, 가족들이 함께 자살하는 일가족 자살 현상도 심심치 않게 일어납니다.

　가족에 대한 모든 수치가 최악을 기록하는 가운데, 이제는 가족소멸을 논할 지경에 까지 이르렀습니다. 청년들이 결혼을 하지 않아서 며느리가 없고 사위가 없습니다. 손자 손녀가 너무 예뻐서 통일을 해야 한다고 전직 장관이 말했지만, 손주를 보지 못하는 어른들이 늘어납니다. 세계 최고 수준의 저출산과 최고 속도의 고령화로, 초등학교가 문을 닫고, 유치원이 요양원으로 리모델링하며, 결혼식장은 줄고 장례식장은 늘어납니다. 이제는 소멸의 시대, 가족의 소멸은 지방소멸에 이어서 국가소멸을 예고합니다. 대한민국은 사람이 없어서 망하는 첫 번째 나라가 될 거라고 세계의 석학들이 불길하게 전망합니다.

가족을 최고의 가치로 여기는데, 자녀들이 우울증에 시달리다가 자살하고, 식구들이 동반자살하고, 가족 간에 칼부림이 일어나고, 끝내는 가족과 함께 인구감소에 의한 국가소멸이 예고됩니다. 왜 이런 현상이 일어날까요?

"너희는 헛것을 위하지 말며 너희를 위하여 신상들을 부어 만들지 말라 나는 너희 하나님 여호와니라." (레위기 19장 4절)

무엇이든 우상이 될 수 있습니다. 무슨 신앙이든 우상숭배가 될 수 있습니다. 가족도 예외가 아닙니다. 가족은 소중하지만, 가족을 주신 하나님보다 더욱 중요하게 여기면, 가족의 우상이요 가족신입니다. 우상숭배는 하나님의 심판을 초래하여 참혹한 결과를 낳습니다. 우상은 헛것이어서, 우상을 섬기는 인생도 가정도 사회도 국가도 허망해집니다. 가족신 숭배의 뒤안길에서, 허망하게 경쟁하고 허망하게 집착하다가, 허망한 인생들이 스러집니다.

믿을 건 가족밖에 없다는 믿음의 결과, 가족끼리의 살인사건과 청소년 자살률이 세계적으로 높고, 믿었던 가족이 해체되고, 국가가 소멸되는 수순을 밟고 있습니다. 우상은 결국에는 파괴됩니다. 파괴되는 비극이 우상에게 정해진 운명입니다. 아무리 소중하고 그토록 중요한 그 무엇이라도, 하나님의 자리를 대신할 수는 없습니다.

가족신에 갇혀있던 한국이 세계를 만나고, 세계가 한국으로 들어왔던 대사건이 있었습니다. 1950년에 일어난 6.25전쟁입니다. 유엔 16개국의 군대가 한반도에 왔고 68개국의 구호물자가 이 땅에 쏟아졌습니다. 가족신을 섬기던 한국인이 가족을 초월한 세계를 겪었습니다. 우리와 다른 사고방식과 가치체계를 가진 이들을 만나, 3년을 같이 먹고 같이 자고 같이 살고 같이 죽었습니다. 한반도 역사상 유례가 없었던 희귀한 경험이었습니다.

　6.25는 세계적인 전쟁입니다. 많은 강대국들이 전쟁에 참여했습니다. 약소국에서 일어난 전쟁에 강대국들이 대거 참전했기에, 6.25전쟁의 역사는 강대국과 약소국을 분명하게 비교합니다. 강대국과 약소국의 생각회로는 어떻게 다른지, 가족신을 섬기는 체계와 가족신으로부터 해방된 체계에는 어떤 차이점이 있는지를 한국전쟁의 역사에서 발견할 수 있습니다.

　세계 최강대국 미국은 수도 워싱턴에 〈한국전쟁 기념관〉을 세웠습니다. 우리나라 농촌의 논두렁을 형상화한 계단식 바닥 위에 판초우의를 입고 정찰하는 군인들의 모습을 조각해 놓았습니다. 해마다 전 세계에서 모여든 수많은 관광객들이 이 기념관을 방문합니다. 〈한국전쟁기념관〉이 미국의 수도(首都)에 위치해 있다는 사실은, 미국이 한국전쟁을 굉장히 중요하게 인식한다는 의미입니다.

　미국의 역대 대통령들은 한국전쟁에 대해서 숱한 명언을 남겼습니다. 빌 클린턴(Bill Clinton) 대통령은 2000년에 워싱턴에서 열린 한국전 발발 50주년 기념식에서, 참전국의 대표로 연설했습니다.

"나는 오늘 감히 여러분들에게 말합니다. 역사라는 긴 렌즈를 통하여 뒤돌아보면, 미국이 한국에서 버티어낸 덕분에 냉전(冷戰)에서 우리가 최종적인 승리를 거둘 수 있었습니다."

미국 대통령의 탁월한 역사해석입니다. 미국이 한국전쟁에서 버텨냈기에, 전 세계를 집어삼키던 공산주의와의 대결에서 최종승리를 거둘 수 있었다는 평가입니다. 자유민주주의 국가들이 한국전쟁을 치르며, 처음으로 공산주의와의 전면전(全面戰)을 경험했습니다. 공산군이 쏜 총탄에 맞아 피를 흘려가며, 자유세력은 공산세력의 정체를 깨달았습니다. 피가 강물처럼 흐르는 전쟁터에서 밀고 밀리면서, 전투와 함께 진행된 협상에서 밀고 당기면서, 공산주의자들의 실체를 체험했습니다.

시체를 산처럼 쌓아 올리는 처절한 전투를 치르면서 반드시 이겨야한다는 결의를 다졌고, 어떻게든지 이기려는 전략을 수립했습니다. 피비린내 나는 한국의 전쟁터에서 수립한 전략을 40여 년 간 추진한 결과, 소위 '사회주의자의 조국'이자, 공산주의 종주국이었던 소련이 해체되어 역사의 무대에서 퇴장했습니다.

한국전쟁 말기에 처절하게 진행되었던 고지전(高地戰)은 미국인들에게 깊은 회의감을 남긴 트라우마였습니다. 석유가 쏟아지고 자원이 넘쳐나는 거대한 땅덩어리를 가진 나라에서 온 젊은이들이, 작은 나라의 조그마한 언덕을 지키기 위해서 수없이 죽어갔습니다.

다이아몬드가 묻혀있는 것도 아니고 석유가 나오는 땅도 아니며 사람 살기에 좋은 위치도 아니고, 오히려 아무짝에도 쓸모없는 돌밭과 흙무더기, 이름 없는 고지 하나를 지키기 위해서 무수한 청춘들이 피와 흙으로 범벅이 되어 쓰러졌습니다. 반세기의 세월이 흐른 뒤, 미국인들이 느꼈던 회의감에 대해서 빌 클린턴 대통령이 대답합니다.

"50년 전 한국의 능선(稜線)을 지켜 낸 용감한 병사들 덕분에, 10년 전 멋지고 행복한 젊은이들이 베를린 장벽 위에 올라가 (공산권의 붕괴를) 자축(自祝)할 수 있었다고 보는 것은 결코 역사를 과대 해석하는 일이 아닐 것입니다."

격전을 벌였던 1950년대 한국의 고지와 1989년의 베를린 장벽은 동떨어진 것 같지만, 사실은 같은 사슬로 연결되어 있다는 해석입니다. 고지에서 싸우며 한국을 지켜냈던 역사가 인과(因果)의 사슬로 이어져서 공산주의와 싸우는 또 다른 사건을 낳고, 그것이 계속 이어지는 역사의 고리 끝에서 소련을 해체하고 공산주의를 무너뜨릴 수 있었습니다.

결국 원인과 결과로 이어진 사건들의 시작과 끝을 붙이면, 한국의 이름 모를 고지가 40년 후에 전 세계가 주목하는 베를린 장벽이 되었습니다. 자유세계의 용감한 병사들이 한반도의 고지에 올라갔었기에, 40년이 지난 뒤에는 행복한 젊은이들이 베를린 장벽에 올라갈 수 있었습니다. 한국의 고지전이 베를린 장벽을 붕괴시킨 원인이라는 미국 대통령의 공식적인 역사해석입니다.

한국전쟁은 현재 세계 최강인 미국과 2위라는 중국이 직접 대결했던 유일한 전쟁입니다. 경제규모 세계 3위인 일본도 비밀리에 참여

한국형 크리스천 리더십

했습니다. 이 사실은 한국인들의 반일(反日)감정 때문에 보도되지 않았습니다. 맥아더 장군에게 최고의 작전이 인천상륙작전이라면, 최악의 작전은 원산상륙작전입니다. 인천상륙작전에서는 대성공을 거두었지만, 원산상륙작전에서는 실패의 쓴맛을 봅니다. 대패(大敗)했던 원산상륙작전에 일본군이 비밀리에 투입되었습니다.

미국과 세계를 양분하고 있었던 소련도 몰래 한국전쟁에 참전했습니다. 소련군 전투기 조종사들이 북한군복을 입고, 북한사람처럼 변장하여 남한을 폭격했습니다. 소련군 병사들이 소련제 함정을 몰고 남한의 바다에 침범했습니다. 오늘날 세계 4대 강국으로 손꼽히는 미국 - 중국 - 일본 - 러시아가 모두 참전한 유일한 전쟁이 6.25입니다. 강대국들의 전쟁터가 된 한국에서, 강대국들은 강대국다운 발자취를 남겼습니다.

강대국은 왜 강해졌고 약소국은 왜 약해졌을까요? 한국전쟁에 참전한 강대국들의 면모에는 공통점이 있습니다. 한국인들에게 제일 가치로 여겨지는 '가족'에 대하여, 강한 나라의 최고 지도자들이 사연을 남겼습니다.

소련의 최고 지도자가 스탈린(Joseph Stalin)이었습니다. 김일성이 스탈린을 끈질기게 졸라서, 남침(南侵)을 허락받습니다. 스탈린은 전쟁을 허락하고 무기를 지원한, 6·25 전쟁의 전범(戰犯)입니다. 당시에 스탈린은 신격화(神格化)된 인물이었습니다. 세계 공산주의의 태양으로 숭배 받았습니다. 그러나 그의 실상은 무려 3천만 명이 넘는 사람들을 죽인, 살인마였습니다.

스탈린은 사이코패스 공산주의자였지만, 한 가지 분명한 신조를 가지고 있었습니다. 그것은 세계 공산화입니다. 세계 공산화를 위해서 스탈린은 전쟁도 마다하지 않았습니다. 자신의 아들까지도 죽음의 전쟁터에 보냈습니다.

2차 세계대전 당시 소련과 독일이 격돌했던 최전선에 스탈린의 아들이 배치됩니다. 그는 독일군과 싸우다가 포로로 붙잡힙니다. 독일이 스탈린의 아들과, 소련이 포로로 잡은 독일의 장군을 교환하자고 제의합니다. 그러자 스탈린이 대답합니다. "아들놈한테 전하시오. 죽으라고." 이때 스탈린이 포로가 된 아들에 대해서, 부끄러워하고 분노했다는 기록도 있습니다.

스탈린의 아들도 이미 아버지처럼 생각하고 있었습니다. '소련은 세계를 공산화시킬 공산주의 종주국인데, 최고 지도자의 아들인 내가 포로로 잡혔으니 부끄럽구나.' 포로수용소에서 가만히 앉아있을 수 없던 그는 탈옥을 시도합니다. 몇 차례나 실패했지만, 그래도 탈옥하려고 하자, 독일군은 수용소의 철책선에 고압전류를 흘려보냅니다.

스탈린의 아들은 고압전류가 흐른다는 사실을 알면서도 탈출 시도를 멈추지 않았습니다. 결국 탈출하다가 고압 전류에 감전되어 철조망에 걸린 채로 죽습니다. 살인마요 사이코패스인 스탈린이지만, 소련을 지키기 위한 전쟁에 아들까지 바쳤습니다.

서양인들 중에서 사람을 제일 많이 죽인 학살자가 스탈린이라면, 동양과 서양을 통틀어 지구에서 사람을 제일 많이 죽인 인간은 중국 공산당의 모택동(毛澤東, 마오쩌둥)입니다. 모택동의 잘못된 경제정책으로 굶어 죽은 사람, 그에게 숙청당한 사람, 그가 일으킨 문화대혁명과 전쟁으로 죽은 사람들을 모두 합치면 8천만 명이 넘습니다. 이런 인간을 존경하여 미화시켰던 인물이 한국 좌파의 사상적

대부인 리영희입니다.

오랜 기간 공산 혁명을 위해서 투신했던 모택동에게는 제대로 남은 가족이 없었습니다. 부인은 반대파에게 체포되어 고문당하다가 죽고, 아들도 죽고, 딸도 죽었습니다. 남은 자식이라고는 모안영(毛岸英, 마오안잉) 하나 뿐이었습니다. 모안영은 6.25 전쟁 당시 결혼한지 얼마 안 된 새신랑이었습니다. 그런데 전쟁이 발발하자, 모택동은 하나 남은 아들을 전쟁터에 보냅니다.

이때 한반도에 파견된 중국군 총사령관으로, 모택동과 어릴 적부터 친구였던 팽덕회(彭德懷, 펑더화이)가 모택동을 만류합니다. "혁명하다가 부인도 죽고 자식들도 죽고 그나마 모안영 한 명만 남았는데, 그 아들을 왜 조선전쟁에 보내느냐." 모택동이 대답합니다. "내 아들이 나가서 싸우지 않으면 중국의 어느 인민이 나가서 싸우겠느냐."

결국 한국전쟁에 참전한 모안영은 미군 전투기의 공격을 받아서 전사합니다. 중국 인민들이 하늘처럼 우러러 섬기는 주석의 하나 남은 아들이 폭사(爆死)했으니, 김일성이 얼마나 미안했겠습니까. 모안영의 시신을 수습해서 중국으로 보내려고 했는데, 모택동이 거절합니다. "미 제국주의를 막기 위해 조선에서 싸우다 죽었으니, 조선에다 묻어라." 중국에서 신처럼 숭배 받았던 모택동의 아들 모안영의 무덤은 아직도 평안남도 회령군에 있습니다.

우리의 적국(敵國)이었던 소련과 중국의 최고 지도자에게 공통점이 있었습니다. 전쟁이 터지면, 그들은 제일 먼저 아들을 전쟁터에 보냈습니다. 우리의 우방국인 미국은 어떨까요?

월턴 해리스 워커(Walton Harris Walker) 장군은 미군 내에서도 명성이 대단한 명장(名將)이었습니다. 그가 미군 지상군 사령관으로 한국에 파견된 후, 첫 번째 명령을 내립니다. 'Stand or Die!'(전선을 지키지 못하면 죽어라), 그의 성격처럼 직설적인 명령입니다.

워커 장군은 직접 연설했습니다. "겁쟁이들의 장례식은 내가 직접 치러 주겠다. 너희들의 시체는 내가 묻어줄 테니 걱정 말고 싸워라." 전력에서 열세였지만, 워커 장군이 병사들의 용기를 일깨워서 낙동강 전선을 끝까지 지켜냅니다. 미군과 한국군이 낙동강에서 버티고 있는 동안, 맥아더 장군이 인천상륙작전을 성공시켜서 전세를 역전시켰습니다.

그 후에 연합군이 압록강까지 진격하여 승전을 코앞에 둔 순간, 중국의 공산군이 쳐들어옵니다. 국군과 유엔군은 계속 후퇴합니다. 워커 장군의 책상에 계속 전투 보고서가 쌓이는데, 내용이 거의 패전(敗戰)이요 후퇴입니다. 그런데 반복되는 후퇴 보고서 사이에, 승전보가 하나 있었습니다.

미군 1개 대대가 병력이 5배 많은 중공군에게 포위되었습니다. 전멸당할 수도 있는 상황인데, 포위된 대대의 대대장이 용맹스러워서 총을 들고 앞장서서 싸웠습니다. 대대장의 투지를 본 병사들도 죽기 살기로 싸워서, 무려 5배나 많은 중공군을 물리치고 포위망을 뚫었다는 내용이었습니다. 패전만 거듭하던 미군이 울린 거의 유일한 승전보입니다.

워커 장군이 용맹하게 싸워서 전과를 올린 대대장에게 훈장을 하사하기로 결심합니다. 그의 이름을 확인해 보니 샘 워커(Sam walker), 워커 장군의 아들이었습니다. 미군 장군도 본인의 아들을 최전방 전선에 보냈던 것입니다. 여러분, 이쯤에서 눈치 채셨을 겁니다. 강대국과 약소국의 차이가 보이시지요? 소련, 중국, 미국 세 강대국 지도자들의 공통점, 총알이 빗발치고 목숨이 위태로운 전쟁터에 아들을 앞장 세웠습니다.

유능한 아들이 혁혁한 전과(戰果)를 올리자, 아버지의 마음이 너무 기뻤습니다. 아들에게 훈장을 직접 달아주기 위해 아들이 있는 최전방까지 찾아갑니다. 워커 장군은 불필요한 격식을 지양하던 실용적인 성격이었습니다. 1950년 12월 23일, 지프차를 타고 조수 한 명만 대동한 채로 의정부로 향합니다. 아들이 있는 부대를 방문하기 위해 서울과 의정부를 이어주는 축석령 도로에 오릅니다. 날은 추웠고 산길은 얼어붙었습니다. 길이 얼었으니 운전병이 저속으로 안전하게 운전했지요.

워커 장군의 지프차 뒤에는 한국군 트럭이 따라 오고 있었습니다. 성질이 급했던 트럭 운전사는 앞서가던 워커 장군의 지프차를 추월하기 위해 중앙선을 침범했습니다. 그러다가 그만 사고가 납니다. 트럭이 빙판에 미끄러지면서 워커 장군이 타고 있던 지프차를 들이 받아버렸습니다. 트럭에 치인 지프차는 낭떠러지에 떨어졌고, 미국 최고의 명장 월턴 해리스 워커는 축석령 도로에서 생(生)을 마감합니다.

한국을 지켜주셨던 장군이 한국군의 불법추월 교통사고로 서거하셨으니, 이승만 대통령이 얼마나 미안했겠습니까. 세계적인 명장을 어처구니없이 잃은 사건에, 사고를 낸 군인을 사형(死刑)시키라고 명령합니다. 그런데 미군들이 반대합니다. "워커 장군의 죽음은 교통사고일 뿐입니다. 운전병이 일부러 살인한 사건이 아닙니다. 그러니, 법대로 교통사고에 합당한 벌을 내려야 합니다." 미군 지휘관들의 요청으로, 트럭 운전사가 10여 일간 투옥되었다가 석방됩니다.

그래도 너무 미안한 나머지, 한국 정부가 배상하겠다고 제안합니다. 미국은 그것도 거절합니다. "우리는 자유민주주의를 지키기 위해서 공산침략자들과 함께 싸운 동지입니다. 그러니 배상은 받지 않겠습니다." 미국이 공들여서 길러낸 명장이 서거했으니 국가적인 손실인데, 미국의 사양으로 한국은 책임자를 처형하지 않았고, 배상도 하지 않았습니다.

워커 장군이 서거하고 57년이 흐른 뒤, 장군이 사고를 당한 곳으로부터 5km 떨어진 지점에서 교통사고가 납니다. 미군 장갑차가 한국의 여중생 2명을 치었습니다. 워커 장군이 돌아가셨을 때, 미국은 사고를 단순교통사고로 처리했습니다. 책임자를 처형하지 않았고 배상을 받지도 않았습니다.

여중생 두 명이 죽었을 때, 대한민국은 사고를 어떻게 처리했을까요? 수십만 명이 촛불을 들고 광장에 나와 시위했습니다. 시위가 과격해져서 성조기도 불태웠습니다. 미군을 "만악(萬惡)의 근원"이라고 비난하며 "살인 미군 철수"를 외쳤습니다.

한국은 워커 장군의 서거에 대해서 배상하지 않았습니다. 미국은 여중생들에 대해 각각 1억 9500만 원씩 배상했습니다. 미국은 워커 장군의 죽음에 사과를 바라지도 않았습니다. 대한민국 국민은 미국에게 사과를 요구했습니다. 미국이 요구를 받아들여서 장군이 나서서 사과하고, 성대하게 장례식도 치렀습니다.

장군이 사과했는데도 한국인들은 그것으론 부족하다며, 사령관이 사과하라고 요구했습니다. 그래서 주한미군 사령관도 사과했습니다. 그랬더니 이번에는 사령관으로는 부족하다며 미국 대통령이 사과하라고 요구했습니다. 결국 부시 대통령도 직접 유감을 표명하고 사과했습니다. 장군도 사과했고 사령관도 사과했고 대통령도 사과했습니다.

그러자 한국의 시위대는 기상천외한 요구를 합니다. "부시 대통령이 한국에 직접 와서 사과하라." 생각해 봅시다. 대한민국 국민이 외국에 나가서 교통사고를 내면, 대통령이 업무를 중단하고 해외로 나가서 사과해야 합니까? 한국은 여중생 사망 사건으로 배상금도 받고, 미군 장성과 사령관과 대통령에게 여러 번 사과를 받았는데도, 미국 대통령이 직접 와서 사과하라고 요구했습니다. 똑같은 지역에서 똑같은 교통사고가 나도, 한국과 미국이 처리하는 방식은 확연히 다릅니다.

서두에서 말씀드렸듯이, 사람은 그의 신관념에 따라서 행동합니다. 꼭 종교적인 신이 아니더라도, 가장 중요하게 여기는 가치에 대한 생각이 일종의 신개념과 같은 역할을 합니다. 그렇다면 한국전쟁에 참전했던 강대국의 지도자들이 제일 중요하게 생각했던 가치는 무엇이었을까요?

소련에게는 세계 공산화였습니다. 세계 공산화를 위해서 한국전쟁에 뛰어 들었습니다. 중국에는 오래전부터 '천하'(天下)라는 관념이 있었습니다. 온 천하의 중심에 있는 화려한 나라가 소위 '중화'(中華)입니다. 중화를 둘러싸고 있는 변방을 오랑캐로 취급했습니다. 세상을 중화와 오랑캐로 구분하는 화이(華夷)적 세계관이 아직도 중국인들에게 남아있습니다. 화이관은 물론 문제가 있지만, 주목해야 할 점은 까마득한 옛날부터 중국인들의 머릿속에 '세계'가 있었다는 사실입니다.

미국인들은 건국이념으로 마태복음 5장 14절을 즐겨 인용해 왔습니다 : 산 위에 있는 동네가 숨겨지지 못할 것이요. 미국은 산 위에 있는 집처럼, 전 세계가 지켜보는 가운데 기독교와 민주주의의 등불을 비추어야 한다는 국가적 사명감입니다. 이런 책임 의식이 있기 때문에 한국에 연인원 150만 명이 넘는 군인들을 보냈습니다.

강대국들의 제일 가치는 서로 달랐습니다. 그러나 공통점이 있습니다. 공산주의와, 중화적 천하관과, 기독교 민주주의 정신의 기저에는 한결같이 '세계'가 있습니다. 세계를 생각하는 국제적인 의식이 있으니, 6.25전쟁처럼 다른 나라에서 일어난 전쟁에도 참전합니다.

사실은 당연합니다. 남의 일이라고 모른 척 해서는 세계를 지배할 수 없습니다. 세계에 영향을 끼치려면 세계적인 행동을 해야 합니다. 세계적인 행동은 생각 속에 세계가 기본으로 자리 잡고 있어야 가능합니다. 생각의 범위가 가족이고 친족인 수준이라면, 세계적인 영향력을 끼치는 나라가 될 수 없습니다.

국민들의 의식 속에 세계가 있었기에, 그 나라의 리더들이 세계를 향해서 진격했습니다. 그 과정에서 자신들의 아들을 전쟁터에 앞장 세웠습니다. 이것도 당연합니다. 최고 지도자부터 솔선수범해야 국민들이 따라오게 됩니다. 모범을 보이는 리더를 보면서 국민들이 따라 나서니, 강대국을 이룩할 수 있는 단결력이 자연스럽게 생겨납니다.

한국전쟁에 참여한 미군들 가운데, 5만 명이 죽고 10만 명이 다쳤습니다. 우리의 자유를 지키기 위해서 죽거나 불구가 된 미국 젊은

이가 15만 명입니다. 미군 참전자를 대략 150만 명으로 계산할 때, 사상자와 부상자가 될 확률은 10%입니다.

이 통계는 일반 시민들의 자녀들의 확률입니다. 미군 고위 장성들의 아들들의 비율은 다릅니다. 6.25 전쟁 당시 미군에서 별을 달았던 장군들의 아들들이 무려 140명이나 참전했습니다. 장군들이 아들을 전쟁에 앞장세우다 보니, 140명 가운데 죽거나 다친 사람이 35명입니다. 참전한 전체 아들의 25%입니다.

숫자에는 감정이 없습니다. 수량과 수효를 나타낼 뿐이지만, 숫자를 확인하는 사람에게는 감정이 있습니다. 10%와 25%의 숫자는 미국에서 지도자가 된다는 것이 무엇인지를 극명하게 증언합니다. 특히 세계를 지배하는 강대국의 군 수뇌부가 얼마나 가슴 아픈 희생을 치러야 하는 지를 생생하게 표현합니다. 한국전쟁이 보여주는 수치에 의하면, 미국에서 일반 국민의 아들이 전쟁에 나가서 죽거나 다칠 확률이 10%입니다. 그러나 장군의 아들이 되면, 죽거나 다칠 확률이 2.5배가 올라가서 25%가 됩니다. 이래서 강대국이요 패권국입니다.

좌파 역사가의 글에서 "6.25 때 한국 고위층의 자녀가 싸우다가 죽은 사례는 단 한 건도 없다."는 대목을 읽었습니다. 정말 그럴까, 하는 마음에 자료를 찾아보았습니다. 역시, 좌파 역사가의 말은 틀렸습니다. 한 명도 없었던 것이 아니라, 딱 한 명 있었습니다. 신태영 장군의 아들 신박균, 당시 중학교 3학년이었습니다. 어린 나이여서 군대를 안 가도 되는데 본인이 자원했습니다. "나라가 망하는데 가만히 있을 수 없다. 공부만 하고 앉아있을 때가 아니다." 하며 총 들고 싸우다가 가평지구 전투에서 전사했습니다.

미국 장군의 아들은 35명이 죽거나 다쳤는데, 한국 장군의 아들은 단 1명 죽었습니다. 그렇다면 이 전쟁은 도대체 어느 나라 전쟁입니까! 어디에서 일어났습니까! 고위층 자녀들의 전사자 수를 보면, 미국에서 일어난 전쟁 같습니다. 한국에서 일어난 전쟁인데, 미국 지도자의 아들들이 한국 지도자의 아들들보다 35배나 많이 죽었습니다. 35대 1. 이것이 강대국과 약소국의 차이입니다. 동시에 가족신에 매여 있는 나라와, 만국과 열방의 하나님을 섬기는 나라의 차이입니다.

미국은 세계 최강의 패권국입니다. 그런데 막상 미국에서 살아보면, 사람들이 똑똑해 보이지만은 않습니다. 오히려 한국 사람들이 더 우수하다는 느낌이 들기도 합니다. '어떻게 저런 사람들의 나라가 세계를 다스리지?' 우수한 국민을 가진 대한민국이 세계 1등이 되지 못한 아쉬움에 화가 나기도 합니다.

실제로 한국 사람들이 미국사람에 비해 훨씬 똑똑한 것 같습니다. 재주도 많고 재능도 다양합니다. 그런데 우수한 대한민국 국민은 자기나라도 제힘으로 지키지 못해서, 미군이 대신 지켜주고 있습니다. 부끄럽기도 하고 화도 나지만, 바로 이것이 역사의 정의입니다.

우수하고 재주가 많아봤자, 머릿속에 '가족'이라는 관념이 박혀있으니, 모든 것이 가족의 테두리에 갇힐 수밖에 없습니다. 넓은 세상으로 뻗어나가지 못합니다. 가족신의 사슬에 묶여 있는 사람과 '세계'를 품은 사람 중에서, 누가 세계 지도자의 역할을 맡는 것이 정의일까요?

대한민국은 대단한 나라입니다. 건국 후 불과 70여 년 만에 세계 5대 공업국가, 7대 무역국가로 우뚝 섰습니다. 국민들도 똑똑합니다.

전 세계인들을 대상으로 지능지수(IQ) 테스트를 하면 1등을 차지합니다. 위대한 나라에서 사는 똑똑한 국민들이라면 저절로 신이 나고 즐거워야 할 텐데, 왜 점점 힘들다는 푸념이 늘어날까요? 가혹하게 말해서, 나라이지만 나라가 아니기 때문입니다.

대한민국은 '국가'라기보다는 '씨족사회'에 더 가깝습니다. 좌파이든 우파이든, 가족신의 범주를 벗어나지 못한 사람들이 지도자가 되니, 국가의 안녕보다 가족, 일가친척, 피붙이의 부귀영화를 우선시합니다. 법치를 확립해야 할 법무부 장관이 서류를 위조해서 자식을 좋은 대학에 집어넣습니다. 역대 대통령들의 형제, 자녀, 일가친척들이 줄줄이 비리에 엮였습니다. 이쯤 되면 국가 지도자라기보다, 우파 '씨족' 지도자이거나 좌파 '씨족'지도자입니다. 씨족 지도자들이 다스리니 국가발전에 한계가 있을 수밖에 없습니다.

평등을 부르짖는 좌파들도 마찬가지입니다. 〈B급 좌파〉라는 책을 쓴 좌파논객 김규항이 소위 '진보' 인사의 자식들을 조사해 보았습니다. 매일 평등을 읊어대는 정치인들 중에, 자녀를 일반 고등학교에 진학시킨 사람이 단 =한 명도 없더랍니다. 노무현의 재임시절, 교육부총리가 실업계 고등학교에 가서 학생들에게 말했습니다. "여러분이 인문계에 못가고 실업계에 진학한 것은 대한민국이 부조리하기 때문이고, 기득권 세력 때문입니다."

기득권을 비판하며 실업계 학생들에게 이상한 피해의식을 심어주던 교육 부총리는, 정작 자기 자식을 특목고에 진학시키고, 조기유학까지 보냈습니다. 한국의 반미(反美)주사파도 마찬가지입니다. 반미를 외쳐서 국회의원 자리에도 오르고, 반미와 친북정책을 추진해서 나라를 망가뜨리면서 돈도 벌고 명예도 얻어서, 자식을 미국으로 유학 보냅니다. 좌파나 우파나 가족우선주의에는 별 차이가 없습니다.

 이번 장에서 시종일관 가족신 숭배를 비판했습니다. 그렇다면 가족보다 무엇을 우선해야 할까요? 가족신을 버리고 국가신을 모셔야 할까요?

 독일의 히틀러가 자살하며 유언을 남겼습니다. "나의 모든 정책은 독일을 사랑해서, 독일을 위해서 실행되었다." 히틀러의 하나님은 독일이었고, 게르만 민족이었습니다. 그래서 독일의 경제력을 좌우하고 각 분야에서 영향력을 끼치며, 게르만 민족과 결혼하여 "혈통을 더럽히는" 유대인들은 죽어야 했습니다. 히틀러는 나름대로 독일을 사랑했고, 독일을 위해 유대인을 학살합니다.

 예나 지금이나 파일럿은 뛰어난 엘리트들입니다. 2차 세계대전 당시, 공들여 길러낸 파일럿들이 단체로 자살 작전에 뛰어듭니다. 그들이 일본의 가미카제 특공대입니다. 일본 최고의 인재들이 전투기를 몰고 폭탄처럼 투하되어 자기 몸을 부수었습니다. 폭사하기 직전, 인생의 마지막 유언을 남깁니다. "천황 폐하 만세!"

 히틀러의 나치, 일제의 가미카제는 분명히 가족신의 한계를 뛰어넘었습니다. 그들에게는 국가가 신이었습니다. 그러나 가족이든 국가든, 하나님 이외의 모든 것들이 절대시되면 그것이 곧 우상입니다. 애국운동을 하시는 분들이 종종 저에게 말합니다. "대한민국이 가족신을 벗어나서 국가신으로 가야 한다." 사랑하는 여러분, 가족신을 극복한다면서 국가를 신격화하면, 대한민국이 히틀러 시대의 독일이나 진주만을 기습한 일본이 되어버립니다.

그러면, 가족신을 뛰어넘어서 어디로 가야 할까요? 일본의 개신교 사상가, 우치무라 간조(内村鑑三)가 신학을 공부하기 위해 미국으로 유학을 갑니다. 기독교 정신이 깊이 배어있는 미국에서 공부를 하며 충격을 받습니다. 미국과 기독교를 알면 알수록, 우상숭배에 찌들어 있는 일본을 가슴 아파하게 됩니다. 애국자이자 신앙인이었던 그의 젊은 가슴에 민족을 향한 고통과 절망, 동시에 비전의 불이 붙습니다.

그는 미국 유학 중에 일본을 기독교로 개혁하겠다고 결심합니다. 죽기엔 아직 젊은 나이였던 33세에, 우치무라 간조는 자신의 묘비명을 일기장에 적습니다. 미국에서 썼던 묘비명은 훗날 일본의 도쿄에 있는 그의 무덤에 그대로 새겨집니다.

"I for Japan, Japan for the World, The World for Christ, and all for God."

"나는 일본을 위하여, 일본은 세계를 위하여, 세계는 그리스도를 위하여, 그리고 이 모든 것은 하나님을 위하여"

멋진 묘비명입니다. '그리스도인에게 조국은 어떤 의미인가', '내가 사랑하는 조국은 어떤 국가가 되어야 하는가', 애국자라면 화두(話頭)처럼 고민하는 질문입니다. 애국자의 질문에 우치무라 간조가 모범답안을 제시합니다. "나는 일본을 위해서 살아야 한다. 그런데 내가 헌신하는 일본은 다른 나라를 괴롭히고 침략하는 일본이 아니다. 그 일본은 세계를 섬기는 일본이 되어야 한다. 그리고 세계는 그리스도를 위한 세상이 되어야 한다. 결국 이 모든 것은 하나님의 영광을 위하여 이루어져야 한다." 기억하고 간직하고 묵상해야 할, 기독교적 애국관입니다.

1905년 2월 10일, 42세의 우치무라 간조가 잡지 〈성서연구〉에 칼럼을 기고합니다.

> "우리에게는 천지간에 사랑하는 이름이 두 개 있을 뿐이다. 그 하나는 예수이며 다른 하나는 일본이다. 우리는 이 두 이름을 위해 목숨을 바칠 준비가 되어있다. 우리의 미래는 예수에게 있고 우리의 현재 삶은 일본에 있다. 우리의 신앙은 우리의 조국을 위해, 우리의 애국심은 그리스도를 위해 존재한다. 우리가 그리스도를 떠나 진정으로 조국을 사랑할 수 없듯이 조국과 분리되어서는 진심으로 그리스도를 사랑할 수 없다.
> 우리가 기독교 신앙을 믿는 가장 중요한 이유는 유일하게 그것으로, 오직 예수 그리스도만으로 사랑하는 일본을 구할 수 있으리라 믿기 때문이다. 나 자신이 구원을 받고 받지 않고 하는 문제는 중요하지 않다. 오직 생명보다 더 사랑하는 일본이 구원 받기를 원한다. 오 하나님, 이 비참한 나의 조국을 구원해 주옵소서."
> - 〈실망과 희망, 일본의 미래〉

가슴이 뜨거워지는 기독교 애국자의 호소입니다. 특히 마지막 문장에는 깊은 반전(反轉)의 울림이 있습니다. 이 글이 쓰여진 1905년에 일본은 승승장구했습니다. 세계에서 제일 큰 나라인 러시아와의 전쟁에서 승리해서, '열강'의 반열에 오르던 시기입니다. 빠르게 발전하는 일본을 향해서 전 세계가 찬사를 보냈습니다. 일본 국민의 평균소득이 늘어나고 정치, 경제, 사회, 문화 모든 면에서 국력(國力)이 신장됩니다. 모두가 박수를 치고 팡파레를 울릴 때, 우치무라 간조는 기도합니다. "이 비참한 나의 조국을 구원해 주옵소서." 그리고 예언합니다.

"일본이 아시아평화에 기여해야 나라에 장래가 있다. 지금처럼 서구 제국주의 흉내를 내서 이웃나라들에 대한 침략을 계속하면, 하나님이 일본의 하늘에 불벼락을 내리실 것이다."

우치무라 간조가 글을 쓸 무렵, 일본은 이미 대만을 합병하고 청일전쟁을 치르고 러일전쟁에서 승리하면서 침략전을 확대했습니다. 그 후에는 한국을 합병하고, 만주를 침략하고, 중일전쟁과 태평양전쟁을 일으킵니다. 일본인들이 욱일승천(旭日昇天)하는 제국주의에 열광했지만, 우치무라 간조는 피로 물든 행보에 심판을 예견합니다. "주변 나라들을 괴롭히고 못된 짓만 했다가는 하나님이 일본에 불벼락을 내리신다."

결국 그의 예언대로 도쿄가 공습을 당하고 히로시마와 나가사키에 원자폭탄이 떨어졌습니다.

"일본은 오직 성서위에 세워져야 한다." - 우치무라 간조

그는 신실한 크리스천이었습니다. 일본인임에도 천황숭배를 반대했습니다. 자신의 조국을 향해서 불벼락을 받는다고 저주했습니다. 그러니 일본열도 어디에서도 직장을 구할 수 없었습니다. 조선의 독립운동을 지지했던 그는 매국노로 낙인찍히고, 온갖 암살협박을 받았습니다.

취직도 할 수 없고, 마음 놓고 외출할 수도 없는 우치무라 간조는 성경공부반을 조직합니다. 6평 정도 되는 작은 방에 모였으니, 많이 앉아봐야 12명입니다. 이 소수의 청년들에게 우치무라 간조는 최선을 다해 성경을 가르쳤습니다. 훗날 그의 좁은 방에서 공부한 제자들이 걸출한 인재로 성장합니다. 동경대학교 총장 4명, 교육부 장관 4명, 수상 1명이 작은 성경공부방 출신입니다. 제국주의 일본이 패망한 뒤, 우치무라 간조는 국가의 악행을 비판하고 새로운 시대를 준비한 양심으로 존경받았습니다.

국가의 우상을 극복한 우치무라 간조의 이야기를 한국에도 적용할 수 있습니다. 어렵지 않습니다. 간조의 묘비명에서 '일본'을 '한국'으로 바꾸면 됩니다.

"I for Korea, Korea for the World, The World for Christ, and all for God."
"나는 한국을 위하여, 한국은 세계를 위하여, 세계는 그리스도를 위하여, 이 모든 것들은 오직 하나님의 영광을 위하여!"

우치무라 간조를 통해서 기독교적 애국노선이 무엇인지 알 수 있습니다. 원시적 샤머니즘인 가족신 종교를 벗어나, 국가우상으로 빠지지 않고, 세계를 다스리시는 하나님을 믿는 크리스천이 되시기를 그리스도의 이름으로 축원합니다.

그리스도인은 왜 애국자가 되어야 할까요? 지극히 현실적인 관점에서도 그 대답을 발견할 수 있습니다. 여러분은 세상의 빛이 되고 소금이 되어야 합니다. 그것이 예수님이 명령하신 그리스도인의 사명입니다. 그렇다면 빛과 소금의 역할을 가장 현실적이고 효과적으로 감당할 수 있는 지역이 어디일까요? 대한민국입니다.

영국에서 빛과 소금의 역할을 담당하려면 항공료가 많이 듭니다. 일본의 빛이 되고 소금이 되려면 일본어, 일본 역사, 일본인들의 풍습, 그네들의 심성… 배워야할 것이 참으로 많습니다. 빛이 되고 싶어도, 언어가 통하지 않고 깊은 이해가 없으면 빛이 되기가 어렵습니다. 물론 그리스도인이 세계 각지로 진출해야 합니다. 외국에서 외국인들을 대상으로 빛과 소금이 되어야 하는 특별한 사명자들도 있습니다.

하지만 특별한 부르심이 아니고서는, 한국에 살면서 외국을 위한 사명을 감당하기가 쉽지 않습니다. 매일 다른 나라로 왕복할 수도 없습니다. 반면 대다수의 한국 그리스도인이, 한국 땅에서는 어렵지 않게 빛과 소금이 될 수 있습니다. 한국에서는 날마다의 삶에서 무엇이든지 선한 일을 할 수 있습니다. 한국인이 한국에서 말씀에 순종하고 이타적으로 살기가, 외국에서 하기보다 훨씬 쉽습니다. 그래서 한국인이라면 먼저 한반도에서 빛과 소금이 되어야 합니다. 한국의 빛과 소금이 되려면, 이 나라와 이 땅의 백성들을 사랑해야 합니다.

대한민국을 사랑한다면, 대한민국을 우상시해도 될까요? 천만의 말씀입니다. 대한민국이 하나님이 기뻐하시지 않는 방향으로 나아간다면, 우리는 대한민국의 반(反)체제 인사가 되어야 합니다. 하나님의 말씀을 따라서 나라가 바로 서도록 투쟁해야 합니다.

하나님의 말씀대로 세상의 빛과 소금이 되고, 이타심을 실천하는 현실적이고도 효과적인 방법은 애국입니다. 현실적으로 하나님의 말씀을 제대로 실천하기 위해 노력하면, 대한민국의 범주 안에 집중하게 됩니다. 한반도의 범주는 한국인들에게 주어진 가장 구체적인 현실입니다. 그래서 그리스도인은 애국자가 되어야 합니다.

대한민국의 현재 상황은 밝지 않습니다. 정치, 경제, 사회, 문화, 교육 어느 분야 할 것 없이 혼란의 수렁에 빠졌습니다. 그러나 역설적으로 생각해 보면, 위기는 곧 기회입니다. 현재의 위기는 뜻있는 청년들에게 기회가 될 수 있습니다.

구약 성경에 하나님께서 지도자를 세우시는 장면이 있습니다. 하나님의 명령을 받은 사무엘이 이새의 집을 방문합니다. 그의 아들들 가운데 이스라엘의 왕이 있다며, 아들들을 모두 불러오라고 말합니다. 이새가 아들들을 모두 데리고 왔지만, 그들 중에는 하나님이 세우실 왕이 없었습니다. 사무엘이 묻습니다. "아들이 이게 다냐?" 이새가 답합니다. "막내가 있지만 들판에서 양을 칩니다."

분명히 사무엘이 아들을 모두 데리고 오라고 했는데, 이새는 다윗을 부르지도 않았습니다. 다윗은 아버지에게 아들로 취급 받지 못하던 처지였습니다. 다윗은 자신의 상황을 시편에 기록합니다. "내 부모는 나를 버렸으나 여호와는 나를 영접하시리이다."가슴 아픈 이야기입니다. 다윗은 아버지에게 버림받은 아들이었습니다.

형들에게도 마찬가지였습니다. 다윗이 블레셋과 싸우는 형들에게 도시락을 배달합니다. 그때 전쟁터에서 우연히 골리앗의 외침을 들습니다. 골리앗이 고래고래 소리 지르며, 하나님과 이스라엘 백성을 모욕합니다. 거인의 도발에 다윗의 분개합니다. 그래서 유명한 다윗과 골리앗의 싸움이 벌어집니다. 다윗이 물맷돌을 들고 돌진하며 선포합니다.

"다윗이 블레셋 사람에게 이르되 너는 칼과 창과 단창으로 내게 나아 오거니와 나는 만군의 여호와의 이름 곧 네가 모욕하는 이스라엘 군대의 하나님의 이름으로 네게 나아가노라"(사무엘상 17장 45절)

골리앗이 하나님을 모욕할 때, 하나님은 이스라엘을 주목하셨습니다. 이스라엘에는 재벌도 있고 장군도 있고 명문대생도 있고 왕도 있고 권세자도 있었습니다. 각 분야에 뛰어난 인물들이 등용되어 있었습니다. 그러나 하나님의 이름이 땅에 떨어질 때, 내로라하는 인재들은 골리앗 앞에서 벌벌 떨기만 했습니다.

"내 백성 가운데 나를 위해서 분노할 자도 없고 싸울 자도 없구나, 온통 비겁자들 뿐이구나…" 하나님이 한탄하실 때, 열일곱 살의 목동 다윗이 물맷돌을 던져 골리앗을 쓰러뜨립니다. 정말 하나님의 마음이 통쾌해지시는 순간이었습니다. 다윗을 보고 하나님이 말씀하십니다.

"내가 이새의 아들 다윗을 만나니 내 마음에 맞는 사람이라 내 뜻을 다 이루리라…"(사도행전 13장 22절)

이스라엘에는 부자도 있고, 박사도 있었습니다. 왕, 장관, 장군도 있었습니다. 예술가, 작가, 가수도 다 있었습니다. 그러나 하나님의 마음에 합한 사람은 없었습니다.

뜻 있는 청년들이 주목해야 할 메시지입니다. 이스라엘에는 사회를 이끌어가는 지도자들이 포진해 있었습니다. 지도자를 지원하는 관료조직도 구축되어 있었습니다. 나라를 운영하는 제도도 마련되어 있었습니다. 하지만 골리앗의 공격이라는 문제를 해결하지 못했습니다. 기존의 리더와 시스템과 조직과 관료와 돈과 군대가 문제를 해결하지 못하는 위기였습니다.

역설적이게도, 이스라엘의 위기는 다윗에게 기회였습니다. 이스라엘 장군들이 골리앗을 물리쳤다면 다윗이 왕이 될 수 있었을까요? 이스라엘의 재벌들이 돈으로 골리앗을 매수해서 나라를 구했다면, 다윗이 왕조를 건설할 수 있었을까요? 사울 왕과 관료들이 전심으로 금식해서 하나님께 매달려 나라를 지켜냈다면, 기존의 시스템과 인재들로 골리앗이라는 문제가 해결되었다면, 예수 그리스도에게 '다윗의 후손'이라는 칭호는 붙여지지 않았을 것입니다.

정치 지도자, 재벌, 지식인, 권력자가 문제를 해결 할 수 없었습니다. 그들은 하나님의 마음에 합한 자들이 아니었습니다. 그래서 아버지에게 아들 취급도 못 받고, 들판에서 비를 맞고 바람을 견디며 양이나 치던 다윗에게 기회가 주어졌습니다.

한국의 침체기는 당분간 지속됩니다. 청년실업률은 상승곡선에 올라있고 경제는 하락곡선을 타고 내려옵니다. 암울한 현실입니다. 그러나 세상이 정상적으로 돌아가면, 오히려 젊은 세대가 치고 올라갈 틈이 없습니다. 사회가 잘 작동하고 있으면, 어른들이 맺은 열매를 누릴 뿐, 젊은이들이 뜻을 펼칠 기회는 적습니다. 나라가 위태롭기 때문에 청년들에게 기회가 열렸습니다. 이스라엘이 위기에 처했기 때문에, 17세의 다윗이 왕이 될 수 있는 기회를 잡을 수 있었습니다.

뜻을 세운 청년 여러분, 하나님의 말씀을 믿으십니까? 말씀이 살아서 역사함을 믿습니까? 다윗 시대의 이야기가 오늘날 대한민국에서 재현 될 수 있음을 정말로 믿으십니까? 그렇다면 지금이야말로 거대하고 매혹적인 기회의 시대입니다. 대한민국이 삐걱거리고 있기 때문에, 하나님의 마음에 합한 사람을 찾아볼 수 없기 때문에, 하나님께 정말로 기도해야 할 시간입니다.

"하나님 제가 여기 있습니다. 제가 대단한 인물이 아니고 금수저가 아니고 세도가(勢道家)의 자식도 아닙니다. 하지만 주님을 찾습니다. '여호와의 눈은 온 땅을 두루 감찰하사 전심으로 자기를 찾는 이에게 복 주시는 이심이니라'는 말씀을 따라 나누어지지 않은 마음으로, 전심으로 하나님을 바라봅니다. 나를 사용하여 주시옵소서. 나를 통일한국의 리더로 세워주시옵소서. 나를 한국형 크리스천 리더로 세워주시옵소서."

사랑하는 여러분, 리더의 꿈을 가지시기 바랍니다. 크리스천 리더가 되시기 바랍니다. 대한민국에 흑암이 드리운 오늘날, 하나님 마음에 합한 한국형 크리스천 리더가 어두움을 사르는 불꽃으로 일어나기를 예수 그리스도의 이름으로 축원합니다.

▲ 아펜젤러(Henry Gerhard Appenzeller, 1858-1902)와 배재학당

아펜젤러가 세운 배재학당은 훌륭한 국제학교이자, 기독교 교육기관이었다. 배재학당은 우리 역사를 찬란하게 빛낸 많은 인재들, 특히 기독교의 기라성 같은 지도자들을 배출했다. 아펜젤러는 배재학당의 교육 철학을 이렇게 표명했다.

"유용한 인재는 갈보리에서 돌아가신 주의 피로써 구원받지 않고는 양육 될 수 없다. 학생들은 길을 묻고 있는 중이다. 우리의 기도와 심령의 소원은 이 학교를 특별한 영적인 힘이 넘치는 기관으로 만드는데 있다."

이승만의 예수체험

부모는 자녀에게 절대적인 영향을 끼칩니다. 사고방식, 인성, 성격 등 인생의 근간이 되는 요소들은 부모님의 영향을 받아서 빚어집니다. 종교도 마찬가지입니다. 이승만의 어머니는 독실한 불교 신자였습니다. 어머니의 영향으로, 어린 시절의 이승만은 불교식 교육을 받으며 자랍니다.

이승만의 아버지는 조선의 왕족인 전주 이(李)씨 가문의 5대 독자였습니다. 아내를 만나 두 아들을 낳았습니다. 하지만 유아사망률이 높았던 당시에 두 아들이 모두 어린 나이에 죽습니다. 왕족의 대를 잇지 못할 위기에 처하자, 이승만의 어머니는 북한산에 위치한 문수사(文殊寺)에 매일 드나들며, 부처에게 기도를 드리고 공양을 바쳤습니다. 그리고 당시에는 할머니가 되었을 나이인 40이 넘어서 아이를 임신합니다. 그 아이가 이승만입니다. 이승만은 그의 어머니가 부처에게 정성을 바친 뒤에 낳은 아들이었습니다.

이승만의 아버지는 유교에 심취했습니다. 유학(儒學) 중에서도 족보(族譜)를 연구하는 보학(譜學)에 정통했습니다. 족보 학자인 이승만의 부친은 가문의 족보를 소책자로 만들어 어린 이승만이 늘 지니고 다니게 했습니다. 족보를 타고 내려오는 가문의 자랑스러운 설화들을 아들에게 끊임없이 이야기했습니다. 가끔은 소년 이승만이 교육 내용을 잘 기억하고 있는지, 점검도 했습니다. 풍수지리(風水地理)에도 능통해서, 전국을 누비며 조상의 못자리를 알아보고, 조상의 묘를 명당자리에 이장(移葬)하기도 했습니다.

부처에게 아들을 달라고 매달렸던 어머니, 유학자로서 족보에 정통하고 풍수지리에 해박했던 아버지, 이승만의 종교적인 배경은 대단히 이교도(異敎徒)적입니다. 이승만은 어머니의 영향을 받아 불교에도 능통했고, 아버지의 영향을 받아 유교에도 박식했습니다. 어릴 적부터 종교적으로 뛰어난 인재였습니다.

이승만은 유교의 기본 경전인 사서삼경(四書三經)을 18세가 되기도 전에 독파하며, 젊은 유학자(儒學者)로 성장합니다. 조선의 지식인이 출세하려면 과거시험을 치러야했습니다. 이승만도 열심히 공부하며 과거를 준비합니다. 그러나 1895년에 시행된 갑오개혁(甲午改革)으로, 과거제가 폐지됩니다.

졸지에 출세 길이 막힌 이승만이 방황하고 있을 때, 서당에서 함께 공부했던 동료들인 신흥우, 신긍우 형제가 찾아와서 권유합니다. "더 이상 불교나 유교로 나라를 개혁할 수 없다. 세계를 호령하는 나라가 있다. 미국, 영국, 프랑스, 독일이다. 조선도 발전하려면 세상으로 뻗어나가는 서양학문을 배워야 한다." 절친한 벗들이 서양 문물을 배울 수 있는 학교로, 배재학당을 소개합니다.

아펜젤러(Henry Gerhard Appenzeller) 선교사가 세운 배재학당은 훌륭한 국제학교이자, 기독교 교육기관이었습니다. 배재학당은 우리 역사를 찬란하게 빛낸 많은 인재들, 특히 기독교의 기라성 같은 지도자들을 배출했습니다. 아펜젤러는 배재학당의 교육 철학을 이렇게 표명했습니다.

"유용한 인재는 갈보리에서 돌아가신 주의 피로써 구원받지 않고는 양육 될 수 없다. 학생들은 길을 묻고 있는 중이다. 우리의 기도와 심령의 소원은 이 학교를 특별한 영적인 힘이 넘치는 기관으로 만드는데 있다."

아무리 유용한 인재라도, 갈보리의 십자가에 달려서 죽으신 예수 그리스도를 구주로 모셔야만 올바르게 양육될 수 있음을 인정한 고백이요, 표류하는 인생의 길이 기독교에 있다는 대답이요, 학교는 마땅히 성령충만해야 한다는 뚝심입니다.

그러나 조선은 선교사의 진심을 몰라주었습니다. 오히려 오해하고 핍박했습니다. 이승만도 마찬가지였습니다. 이승만은 이미 미국의 역사를 공부했습니다. 특히 하와이 병합의 과정에 주목했습니다.

하와이의 원주민들이 세운 왕국 시기에, 미국 선교사들이 복음을 증거하기 위해 하와이에 갑니다. 뒤이어 미국의 기업들이 물건을 판매하기 위해 하와이에 진출합니다.

그런데 시간이 흐르면서, 왕국은 멸망해 버리고 하와이는 미국의 한 주로 편입됩니다. 하와이가 미국에 병합되는 왕국 멸망의 역사에, 제일 먼저 등장한 사람들이 선교사들입니다. 선교사들을 제국주의의 앞잡이라고, 오늘날까지도 반미(反美)주의자들이 기독교와 미국을 비판할 때 예시하는 대표적인 사례 중의 하나입니다.

이승만도 하와이 왕국의 역사를 보며 분노했습니다. 선교사들을 "조선을 집어삼킬 장래의 병합을 준비하기 위해 미국 정부가 파견한 앞잡이들"이라고 정의하기까지 합니다. 훗날 한미동맹을 맺어낸 이승만이 젊은 시절에는 반미(反美)적 성향이었음을 보여주는, 흥미로운 장면입니다. 이승만은 배재학당이 서양의 종교를 가르치는 기독교 학교라는 점에서 분명하게 거부합니다 : "그들이 천상천하의 질서를 마음대로 바꿀 수 있어도 나는 내 모친(母親)의 종교를 버리지 못한다."

이렇게까지 고집부리면 포기할 법한데, 이승만의 친구들은 포기하지 않습니다. "발달된 서양문물을 배워야 하고, 서양문물을 배우기 위해선 영어를 알아야 한다."하며 몇 달 동안 이승만을 설득합니다. 나중에는 인정에 호소하기까지 합니다. 친구들이 하도 간청을 해서, 이승만이 어쩔 수 없이 배재학당을 방문합니다.

배재학당에서 이승만은 난생 처음으로 이상한 소식을 듣습니다. 그것은 1900년 전, 이스라엘 땅에서 처형당한 '예수'라는 목수의 이야기였습니다. 예수가 죄인으로 정죄를 받고 죽었는데, 사실은 예수의 죄 때문이 아니라 나의 죄 때문이라는 설교였습니다.

나와 같은 시대를 살고, 같은 나라에서 살던 사람이 죽더라도, 대개는 나와 관련이 없는 죽음입니다. 하물며 1900년 전, 지구 반대편에 위치한 이스라엘에서, 반역자로 몰려 처형된 목수가 나의 죄 때문에 죽었다는 가르침은 그야말로 궤변처럼 들립니다. 궤변에서 한 걸음 더 나가서, 나 때문에 죽었다는 목수를 믿으면 죄 용서함을 받고 천국에 들어간다는 주장은 맨 정신으로는 도저히 이해할 수 없는 거짓말처럼 느껴졌습니다.

친구들에게 이끌려 배재학당에 가기 전, 이승만은 걱정했습니다. '혹시라도 내가 기독교에 물들지는 않을까?' 복음을 접하고 나서 이승만의 걱정은 흔적도 없이 사라집니다. 그는 이렇게 확신했습니다.

"위대한 불교의 지식이나 유교의 지혜를 가지고 있는 교양 있는 학자는 결코 이와 같은 교리에 미혹(迷惑)되지 않는다."

기독교의 교리는 도저히 믿을 수 없는 것이었습니다. 확신에 찬 이승만은 비로소 어머니에게 배재학당에 갔다는 사실을 고백합니다. 열렬한 불자였던 어머니는 아들이 조상 제사도 지내지 않는다는 기독교에 물들까 걱정했지만, 이승만은 "기독교 따위의 거짓말에 속지 않는다. 나는 그저 나라의 발전을 위해 영어와 발달된 서양문물을 배우겠다."며 어머니를 안심시킵니다.

기독교에 대한 염려에서 벗어난 이승만은 본격적으로 배재학당에서 공부합니다. 서양의 발달된 학문과 문물을 배우다가, 그의 인생을 뒤흔드는 가르침을 발견합니다.

"배재학당에 입학할 당시 나의 큰 욕심은 거기서 영어, 한 가지만
을 배우는 것이었다. 그러나 나는 그곳에서 영어보다 더 중요한 것
을 배웠음을 깨달았다. 그것은 정치적 자유의 개념이었다."

조선에는 자유가 없었습니다. 임금님이 명령하면 만백성이 벌벌
떨었습니다. 임금님 아래에는 양반님이 계셨습니다. 신분제 사회였
기 때문에, 윗분들이 말씀하시면 아랫것들은 복종하고 따를 뿐, 자
유롭게 스스로의 인생을 개척할 수 없었습니다.
그런데 기독교 국가에서는 만백성이 자유를 누리고 있었습니다.
일반 백성도 원하는 직업을 가질 수 있었고, 정치적인 발언도 할 수
있었습니다. 심지어 백성들이 투표를 해서 국가의 최고 지도자를 선
출하는, 조선에서는 있을 수 없는 일도 일어나고 있었습니다.

"한국의 일반 백성이 무지하게 당하는 정치적 억압의 개념에 대하
여 조금이라도 아는 사람이라면, 한 젊은이가 평생 처음으로, 기독
교 국가에서는 국민들이 법에 의해 지배자의 횡포로부터 보호받는
이야기를 들었을 때, 그의 마음속에 어떠한 혁명이 일어났을 지를
쉽게 상상할 수 있을 것이다.
나는 속으로 '우리가 그와 같은 정치적 원칙을 채택한다면 나라의
핍박받는 동포들에게 커다란 축복일 것이다.'라고 다짐하였다."

이승만은 서양의 국가들처럼, 백성들에게 자유를 주는 체제로 조

선을 개혁해야겠다고 결심합니다. 그런데 국민들에게 자유를 주는 국가들을 연구해 보니, 모두 기독교문화권에 속하는 국가라는 사실을 발견합니다. 이승만은 자유의 개념을 접한 후에 다시 한번 충격 받습니다. 기독교와 기독교 국가 모두를 혐오하던 이승만이, 자유의 개념을 발견하고 나서 기독교 국가에 대한 인식을 바꾸게 됩니다. 기독교는 거부하더라도, 기독교 국가는 수용하게 되지요. '기독교의 복음은 거짓말이지만, 기독교 국가에는 자유가 있구나. 기독교는 믿을 필요는 없다. 그러나 기독교의 자유와 민주주의는 받아들여야 한다.' 이것이 '자유'를 깨달은 청년 이승만의 생각이었습니다.

기독교 국가에 호감을 느끼면서, 기독교 예식에 대해서도 조금씩 긍정적으로 생각하게 됩니다. 그러면서 새벽예배에 참석하기도 합니다. 당시 조선에는 가족과 가문을 중심으로 한 이기주의가 팽배했습니다. 가문과 자식의 출세가 우선이었고, 나라의 흥망성쇠(興亡盛衰)는 뒷전이었습니다. 이승만은 그런 조선을 바라보며, '제 식구의 이익만 살피는 이기심 때문에 나라가 망했다'고 분개했습니다.

그런데 새벽예배에서 조선인들이 살아가는 방식과는 전혀 다른 가르침을 듣습니다. 선교사들은 기독교 신앙에 근거한 '형제애'(兄弟愛)'와 '봉사애'(奉仕愛)를 설교했습니다. 혈육뿐 아니라 온 인류가 형제라고 가르치고, 형제처럼 섬기라고 합니다. 이승만이 깊은 감동을 받으면서 깨닫습니다. '이기적인 조상숭배 신앙에 매몰되어 나라가 망할 지경인 조선에게 기독교의 가르침이 해답이 되겠구나…' 성경의 통찰력에 감복한 이승만은 예수를 재평가합니다.

"그리스도는 공자(孔子)와 동일한 위치에 있는지도 모른다."

공자는 동양에서 신적으로 숭배되는 성현(聖賢)입니다. 예수를 공자와 동격(同格)에 놓았으니, 굉장한 변화입니다. 이렇게 이승만은 기독교와 복음에 대해 조금씩 마음의 문을 열게 됩니다.

부정적으로만 평가했던 기독교를 긍정적으로 받아들이면서, 이승만은 영어뿐 아니라 서양의 문명과 문화도 수용하려 노력합니다. 이승만의 각고의 노력을 보여주는 대표적인 사례가 단발(斷髮) 사건입니다. 1895년 김홍집 내각이 을미개혁을 추진하며 단발령을 선포합니다. 상투를 자르라는 명령입니다.

상투는 고조선 시대부터 내려온 전통이었습니다. 유교 조선에서는 신체발부(身體髮膚)는 수지부모(受之父母)라고 하여, 우리 몸의 머리부터 발끝까지 부모가 주셨다고 가르쳤습니다. 부모님이 물려주신 머리를 자르는 행위는 짐승이나 오랑캐가 하는 짓으로 여겼습니다. 그런데 정부가 짐승 짓을 하라고 하니, 양반들이 격분합니다. 이때 유행했던 말이 "차두(此頭)는 가단(可斷)이요 차발(此髮)은 불가단(不可斷)이라"입니다. 차라리 목이 잘릴지언정, 머리를 깎을 수는 없다는 뜻입니다. 조선의 선비들은 목숨을 걸고 단발에 저항했습니다.

배재학당의 단발 사건은 협성회에서 비롯되었습니다. 협성회는 주로 배재학당의 학생들을 중심으로 결성되어, 조선의 개혁을 위해서 다양한 주제를 놓고 토론했습니다. 자유롭게 토론하고, 그 결과를 민주적인 투표로 결정했기에, 우리 역사 최초로 민주주의를 실험했던 선구적인 단체였습니다. 1898년, 이승만이 협성회에 가입하여 토론회에 참여합니다. 협성회의 36회 토론회의 주제는 '음력을 버리고 양력을 씀이 가함'입니다. '조선의 발전을 위해서 정확하지 않은 음력달력을 버리고 서양이 쓰는 양력달력을 써야하는가'에 대한 토론입니다.

토론 결과 '양력달력을 씀이 가함'으로 결론이 내려졌습니다. 토론을 마치고 나서, 참여자들이 한 가지 질문을 던집니다. "동양달력을 버리고 서양달력을 쓸 뿐 아니라, 조선의 상투문화도 버려야 하는 것은 아닐까?"

당시의 조선에서 가장 뜨거운 논쟁의 주제였습니다. 그 자리에서 논의하고 투표를 해보니 '자르자'는 반응이 압도적이었습니다. 결론이 났으니 행동으로 옮겨야지요. 조선의 선각자들이 가위를 들고 상투를 자르려고 하는데, 눈에서 눈물이 흐르고 다리가 덜덜덜 떨립니다. 상투를 자르면 호적에서 파내어질 수도 있고, 굶어 죽거나 맞아 죽을 수도 있습니다.

모두들 겁이 나서 엄두조차 내지 못하고 있을 때에, "내가 먼저 자르겠다"며 이승만이 일어섭니다. 그러나 도저히 스스로 상투를 자를 용기가 나지 않습니다. 감히 상투를 잘라줄 동료도 없습니다. 결국 제중원(濟衆院) 원장을 지낸 에비슨(Oliver R. Avison) 선교사가 이승만의 상투를 잘라줍니다. 이승만을 따라서 협성회의 회원들이 하나씩 상투를 자릅니다.

스스로 자른 상투였지만, 눈물을 흘리고 통곡을 합니다. 그만큼 어렵고 고통스러웠던 결단이었습니다. 목을 자르기보다 어려웠던 상투를 자름으로써, 이승만은 돌아올 수 없는 강(江)을 건넜습니다. 그것은 개화(改化)와 선각(先覺)의 강이었습니다.

협성회는 독립협회로 발전합니다. 독립협회는 우리 역사상 최초의 민주주의적인 집회인 '만민공동회'(萬民共同會)를 개최합니다. 만민공동회가 열리던 조선의 풍경은 '멸망'입니다. 나라는 걷잡을 수 없이 기울어 갔고, 애국자들은 무너지는 나라를 다시 일으키기 위해 온갖 투쟁을 전개합니다. 20대의 이승만은 만민공동회에서 뛰어난 연설로 명성을 떨쳤습니다. 부패한 정부를 비판하고 외세에 대항해서 싸웠습니다.

목숨을 걸고 투쟁하는 독립협회와 열혈(熱血) 이승만은 곧 수구파와 외세의 표적이 됩니다. 고종황제는 당시에 국가가 동원하는 물리력이었던 보부상들을 풀어서 독립협회 회원들을 습격합니다. 친러파를 비롯한 러시아 세력은 이승만을 제거하려고 합니다. 실제로 이승만이 수구파에게 맞아서 죽었다는 신문 기사가 실리기도 합니다. 생사(生死)를 넘나드는 독립투쟁의 길에서, 이승만은 신뢰할 만한 동료들을 만나게 됩니다. 그들은 대부분 기독교인들이었습니다. 그 시절에 이승만은 아래와 같은 기록을 남깁니다.

"그 힘든 시절에 나는 좋은 친구들을 알게 됐는데, 조선의 최고 지성들이었다. 우리 집단의 어떤 회원은 기독교 신자가 되었다. 그러나 나는 아직 오랜 종교 신념에 배어 있었고, 선교단(기독교)을 계속 불신하고 있었다. 나는 그들 중 많은 사람들과 접촉하면서 나도 모르게 그들의 진심을 믿게 됐다."

이승만은 배재학당에서 교육을 받았지만, 복음을 거짓말이라고 생각해서, 서양 선교사들을 의심했습니다. 예수의 죽음이 나를 위한 것이었고, 예수를 믿으면 구원받는다는 이야기는 선교사들 본인도 믿지 않을 거라고 생각했습니다. 본인들도 믿지 않는 미신을 퍼뜨려서 조선을 미개하게 만든 다음에 합병하려고 한다고, 지독하게 의심했지요.

하지만 독립협회에서 투쟁하던 고통스러운 시절에, 조선을 사랑하고 애국자들을 아껴주는 선교사들의 진심이 거짓이 아님을 알게 되었습니다. 이승만은 선교사들에게 마음을 열고 그들의 진심을 인정합니다.

점차 기독교를 향하여 마음이 열리던 1898년, 이승만은 고종황제 폐위 음모에 가담했다가 체포당합니다. 한성감옥에 수감되어 최고의 고문 기술자 박달북에게 고문당합니다. 사형수에게 가해지는 고문에는 자비가 없었습니다. 쇠붙이를 불에 달구어 팔다리를 지집니다. 살갗을 파고드는 포승줄에 두 팔을 묶어서 공중에 매달아 놓습니다. 다리 사이에 장대를 넣고 주리를 틉니다. 손가락 사이에 대나무 가지를 끼워서 비틀고, 손가락이 부서지도록 때립니다. 거꾸로 매달아 놓고 콧구멍에 고춧가루를 넣고 물을 붓습니다. 가혹한 고문을 당하면서 몸이 찢겨지고, 언제 죽을지 모르는 사형수 신세가 됩니다.

더 이상 내려갈 데가 없는 인생 밑바닥까지 추락한 이승만에게, 배재학당의 기억이 떠올랐습니다. 간간히 들었던 성경 말씀과, 성경을 읽으면 마음에 위로가 된다는 이야기였습니다. 살이 찢기고 뼈가 부러지며 몸이 으스러지는 처참한 지경에서, 이승만은 마음의 위로라도 얻기 위해서 성경을 찾습니다. 평생 이승만을 도와주었던 서양 선교사들이 몰래 감옥에 성경을 넣어줍니다. 손에는 수갑을 차고, 발은 족쇄에 묶이고, 등허리는 쇠사슬로 동여매고, 목에는 무게 10Kg의 칼을 쓴 채로 죄수 이승만이 성경을 읽습니다.

"나는 감방에서 혼자 있는 시간이면 성경을 읽었다. 그런데 선교 학교[배재학당]에 다닐 때에는 그 책이 나에게 아무런 의미가 없었는데 이제 그것이 나에게 깊은 관심거리가 되었다.

이 이야기의 가장 고무적인 부분은 예수가 다른 사람들의 구원을 위해 자신의 생명을 저버린데 있다. 어두운 감방 안에서 일부 죄수들은 죽음의 시간을 고통스럽게 기다리고 있었고, 어떤 자들은 교수대로 끌려갔고, 또 다른 이들은 마치 사탄 자신이 영원히 옥좌에서 군림하고 있는 듯 희망의 빗줄기라고는 하나도 없이 끝없이 고통을 받고 있었다.

그런 시간과 그런 상황에서 우리 각자는 예수가 다른 사람들의 구원을 위해 고통을 받았다고 믿었고, 예수가 당한 무고와 불의는 너무나 현실적이고 참된 것이어서 우리 각자가 이상스럽게도 가슴이 뜨거워지는 경험을 하였다."

배재학당의 이승만에게는 복음이 '교양 있는 학자가 미혹되지 않을 교리'였습니다. 그러나 비현실적이고 기괴하기만 했던 예수의 죽음이, 한성감옥에서 고문당하던 이승만에게는 '너무나 현실적이고 참된 것'이 되었습니다.

생각해 봅시다. 이승만은 어떤 범죄를 저질러서 감옥에 갇혔을까요? 강도짓인가요, 살인인가요? 죄라면 그저 멸망하는 조국을 살리기 위해서 애국했던 죄입니다. 나라가 망하면 백성들이 비참해지니, 조선 사람을 살리기 위해서 목숨 걸고 싸웠다가, 정말 목숨이 위태로운 억울한 지경에 처했습니다. 심신(心身)이 고통스러운 처지에서 성경을 읽으니, '예수도 나와 같은 고난을 겪으셨구나, 성경이 이렇게나 현실적이구나', 억울하게 고난당하는 이승만에게 억울하게 고난당하셨던 예수가 느껴집니다. 이승만의 가슴이 뜨거워집니다.

 이 대목에서 기억해야 할 점이 있습니다. 우리 모두 성경을 열심히 읽어야 합니다. 그런데 성경을 읽는 행위 못지않게 중요한 점이 있습니다. 바로 성경을 읽는 상황입니다. 어떤 상황에서 읽느냐가 대단히 중요합니다. 배부르고 등 따신 상태에서, 혼자서 편안하고 복 받기를 바라는 마음으로, 일신(一身)의 안위(安慰)나 살피면서 읽는 성경은 남의 얘기가 됩니다. 진리를 외치다가 고문당하고 순교한 선지자들의 이야기가 실감(實感)이 나지 않습니다.
 그러나 하나님 나라를 위해 뛰어드는 상황에서는 성경의 메시지에 실감이 나고 몰입이 됩니다. 내가 어떤 자리에서 성경을 읽고 있는가를 살펴보십시오. '이 일이 하나님의 뜻이다'라고, 확신을 주시는 일에 여러분의 인생을 던져보십시오. 인생을 던져 짓밟혀 보고 욕도 먹고 핍박도 받아보십시오. 그러면 성경을 펼치기만 해도 눈물이 줄줄 나오고 은혜가 임합니다.
 몸이 으스러지는 사형수의 처지에서 성경을 읽으니, 비현실적이라고만 생각했던 복음이 현실적이고 참된 도(道)임을 깨닫습니다. 성경을 깊이 파고들던 이승만은 내세(來世)를 인정하게 됩니다. 성경의 가르침을 따라서 기도도 하게 됩니다. 그는 자신의 기도하는 이유를 기록합니다.

"나는 이제 이 세상에 있는 것이 아니다. 조금만 있으면 다른 세상에 가 있게 될 터인데, '저 외국 사람들이 나에게 말해 준 예수를 믿지 않았기 때문에 그 세상의 감옥에 가 있게 될 것이다'라는 생각이 들었다."

언제 죽을지 모르는 사형수 신세에서, 죽음 이후의 세계를 인정하게 된 이승만은 지옥에 가게 될 것을 두려워했습니다. 처음에는 미신으로 치부했던 기독교가 그의 마음 속 깊이 파고들었음을 확인할 수 있는 대목입니다. 고난 당하는 예수에게 공감(共感)하고, 성경을 실감하며, 내세까지 인정하게 된 이승만은 드디어 회심(回心)의 다리를 건넙니다.

"어느 날 나는 선교학교에서 어느 선교사가 하나님께 기도하면 하나님께서 그 기도에 응답해 주신다고 했던 말씀이 생각이 났다. 그래서 나는 평생 처음으로 감방에서 '오, 하나님 나의 영혼을 구해 주십시오. 오, 하나님 우리나라를 구해주십시오.'(Oh God, save my soul and save my country)라고 기도하였다.

그랬더니 금방 감방이 빛으로 채워지는 것 같았고, 나의 마음에 기쁨이 넘치는 평안을 누리면서 나는 완전히 변한 사람이 되었다. 동시에 그때까지 내가 선교사들과 그들의 종교에 대해서 갖고 있었던 증오감, 그리고 그들에 대한 불신감이 사라졌다. 나는 그들이 우리에게 자기들 스스로 값지게 여기는 것을 주기 위해서 왔다는 것을 알게 되었다."

이승만이 예수를 영접한 회심의 순간에 대한 기록입니다. 그의 회심에서 아주 중요한 사실들을 발견합니다. 첫째로, 천국과 지옥이 있다고 인정했기 때문에 기도하게 되었다는 사실입니다. 오늘날 기독교를 문화적, 사상적, 심리적으로 해석하는 경향이 한국에서도 널리 퍼지고 있습니다. 지옥에 대해서 설교를 하지 않는 교회들도 많습니다. 기독교 대안학교 연합단체의 책임자가 "예수천당 불신지옥" 같은 소리는 안 한다고, 자랑스럽다는 듯이 말하는 모습도 보았습니다.

그러나 이승만은 현대의 교회들이 외면하는 바로 그 지옥에 대한 무서움 때문에 기도하기 시작했습니다. 천국과 지옥에 대한 복음적인 신앙이 있어야 기도하게 됩니다.

둘째로, 이승만은 기독교를 받아들이는 순간부터 '나의 조국을 구원하여 주소서'라고 기도했습니다. 대한민국 건국 대통령이 믿었던 기독교는 애국하는 기독교였습니다. 하나님을 사랑하고 나라를 사랑하는 신앙의 전통이 한성감옥에서부터 세워졌습니다.

셋째로, 예수님을 믿고 변화되었더니 처참한 감옥에 빛이 채워집니다. 고통스러웠던 마음에 기쁨과 평안이 찾아옵니다. 하나님의 나라는 성령 안에 있는 의와 희락과 평강(로마서 14장 17절)입니다. 변화된 마음에 하나님의 나라가 임합니다.

넷째로, 선교사들에 대한 증오가 사라졌습니다. 처음에는 선교사들을 지독할 정도로 불신하고 의심했는데, 그러던 성향이 점차 약해지다가, 회심하고 나서야 선교사들의 희생과 헌신을 이해하게 됩니다.

국부(國父) 이승만의 체험을 통해 우리는 희망을 갖습니다. 이 나라의 좌파들, 공산주의 세력, 동성애 옹호자들은 한결같이 기독교를 싫어합니다. 이승만도 마찬가지였습니다. 영적으로 거듭나지 않으면, 변하고 싶어도 변할 수 없습니다. 하나님이 눈을 열어주시지 않으면, 영적인 세계를 보고 싶어도 보지 못합니다. 이승만이 예수님을 믿고 영적인 세계가 바뀌니, 세상을 보는 인식도 바뀌고 선교사를 보는 관점도 바뀌게 됩니다.

지금도 이런 일이 일어납니다. 전국을 돌아다니며 강연을 하고 여러 가지 활동을 하면서, 하나님이 바꾸어주셨다는 간증을 많이 듣습니다. 골수 운동권 학생이 예수님을 믿고 뒤집어져서, 동성애 합법화를 반대하는 운동에 앞장섭니다. 가족과 친구들이 모두 좌파인데, 예수님을 믿으면서 눈이 열려서 이승만을 알리는 책을 쓴 작가도 있습니다.

그래서 기독교 애국자와 그냥 애국자가 다른 점이 바로 기도에 있습니다. 우리는 하나님을 믿기에, 변화가 가능하다는 사실도 믿습니다. 하나님을 모르고 하나님을 대적하는 세력들과 싸우면서, 동시에 그들의 눈이 열려서 하나님을 알고 진리를 알도록, 그리스도인은 기도해야 합니다.

기도만 하고 활동하지 않는 신앙에는 문제가 있습니다. 동시에 활동만 하고 기도하지 않는 신앙도 올바르지 않습니다. 기독교 애국투쟁은 영적인 세계가 열려야 되는 일입니다. 이승만이 영적인 세계가 열려 바른 인식을 갖게 된 것처럼, 대한민국 국민들도 성경적인 진리 위에 영적으로 바로 서면, 올바른 인식을 가지게 됩니다. 그러면 세상이 바로 보이고 세상을 바로잡게 됩니다.

이승만의 신앙은 복음적인 신앙이었습니다. 천국을 인정하고, 하나님을 창조주로 인식하며, 하나님의 도리를 따르는 제자도를 주장합니다. 이승만은 머리와 손이 일치하여, 행동으로 신앙을 실천합니다.

1902년 가을, 콜레라가 조선을 휩쓸어 2만 3천 명이 죽었습니다. 감옥은 전염병이 창궐하기에 너무나 적합한 환경입니다. 좁고, 더럽고, 죄수들이 밀집되어 있지요. 이승만이 수감된 감옥에서 죄수 1인당 차지하는 면적이 0.23평, 가로 85cm 세로 85cm 정도입니다. 공간이 좁으니 죄수와 죄수가 몸을 붙여서 지내야 했습니다.

몸을 밀착한 채로 생활하는데, 나와 살을 맞댄 죄수가 콜레라에 걸렸다면 어떨까요? 콜레라는 고열, 설사, 구토, 근육경련을 동반합니다. 나에게 몸을 맞댄 죄수가 벌벌 떨면서 경련하고, 고열을 일으킵니다. 바로 붙어있는 사람이 구토를 하고 설사를 합니다. 그렇지 않아도 '생지옥'이라고 불렸던 악명 높은 한성감옥인데, 그야말로 끔찍해집니다. 감옥에 콜레라가 퍼져서 죄수들이 죽어 나갔습니다. 이승만이 보는 앞에서만 60명이 죽었습니다. 하루에 17명이 눈 앞에서 죽기도 했습니다. 죄수들 중에서 거의 유일하게 살아남은 생존자가 이승만이었습니다.

사람들이 죽어갈 때, 기독교로 개종한 이승만은 무엇을 했을까요? 자신의 상투를 잘라주었던, 선교사이자 의사인 에비슨에게 부탁하여 약과 음식을 구합니다. 그리고 콜레라가 유행하는 생지옥에서, 본인도 전염되어 죽을 수 있는 상황에서, 이승만은 있는 힘을 다해 죽어가는 죄수들을 간호합니다. 음식과 약을 먹여주고, 격려하고,

위로해 주면서 복음을 전합니다. 이승만의 성자(聖者) 같은 모습을 보고 감옥의 간수들도 감동을 받습니다. 이승만이 자신에게 감동한 간수들을 전도하여, 그들도 기독교인이 됩니다.

밑바닥 인생들이 모인 감옥에 전염병이 창궐했던 지옥과도 같은 한 철, 1902년 가을을 보내고, 이승만은 1903년 5월에 조선의 유일한 신학잡지였던 〈신학월보〉에 '옥중전도'라는 글을 투고합니다.

"성신(聖神)이 나와 함께 계신 줄 믿고 마음을 점점 굳게 하여 영혼의 길을 확실히 찾았으며… 작년 가을에 괴질(콜레라)이 옥중에 먼저 들어와 사오일 동안에 육십여 명을 눈앞에서 끌어내릴 새, 심할 때는 하루 열일곱 목숨이 앞에서 쓰러질 때에 죽는 자와 호흡을 상통하며 그 수족과 몸을 만져 시신과 함께 섞여 지냈으나, 홀로 무사히 넘기고 이런 기회를 당하여 복음 말씀을 가르치매 기쁨을 이기지 못함이라."

감옥에는 환자들의 구토와 설사가 홍건합니다. 온갖 오물과 시체 썩는 냄새가 뒤섞여 악취가 진동합니다. 그러나 처참한 감옥에서 죽어가는 사람들을 정성으로 섬겨주었더니, 이승만의 마음에 기쁨이 샘솟았다는 기록입니다. 참혹한 환경도 이겨낸 기쁨, 썩어가는 시체의 냄새도 막을 수 없는 기쁨, 구토한 토사물과 설사한 오물들도 빼앗아 갈 수 없는 기쁨. 오직 하나님이 주시는 절대적인 기쁨입니다. 인간은 한 순간의 쾌락, 일시적인 재미를 추구합니다. 그러나 하나님은 영혼의 기쁨을 주십니다. 하나님의 뜻을 행할 때에만 누리는 기쁨이 있습니다.

빌립보서는 사도 바울의 옥중(獄中)서신입니다. 감옥에서 썼으니, 투옥된 심정이 그대로 담겨 있습니다. 보통 사람 같았으면 '억울하다, 슬프다, 원통하다'고 썼을 텐데, 편지의 내용은 그렇지 않습니다 : 나는 매였으나 복음은 매이지 않았으니 이로써 기뻐하고 기뻐하노라. 바울은 절망에 빠지지 않고, 감옥에서도 열심히 전도했습니다. 억울하게 갇혔지만 열심히 하나님의 일을 하면서 기쁨을 고백합니다. 4장짜리 짧은 서신에 기뻐한다는 말이 19번 나옵니다. 빌립보서는 옥중서신인 동시에 기쁨의 서신입니다.

우리 민족에게도 감옥에서 쓰여진 기쁨의 서신이 있습니다. 이승만의 '옥중전도'입니다. 바울은 빌립보서에서 '기뻐하고 기뻐하노라'고 말하고, 이승만은 '옥중전도'에서 '기쁨을 이기지 못함이라'고 고백합니다. 피조물에겐 창조주의 뜻을 행함이 가장 큰 기쁨입니다.

지금까지 이승만이 예수를 믿고, 예수를 체험하는 과정을 나누었습니다. 복음을 미신으로 생각했던 그가 성경적 진리를 깨닫고 하나님의 말씀을 실천하는 놀라운 경지까지 성장합니다. 참혹한 감옥에서도 하나님의 뜻을 행했더니 기쁨이 넘쳤습니다. 영혼 깊은 곳에서 솟구쳐서 넘쳐흐르는 기쁨을 체험하며 이승만이 깨닫습니다. '하나님의 말씀대로 살면 나도 살고 나라도 살고 모든 것이 다 살아나는구나. 하나님을 믿는 것이 제일 중요하구나.' 결국 본인이 그토록 부인하고 회피했던 기독교가 모든 것의 근원이고 시작이라는 진리를 깨닫게 됩니다.

1904년에 완성된 이승만의 「독립정신」은 '한국 자유주의의 대헌

장'이라고 불리는 불후의 명저(名著)입니다. 그 책이 쓰여진 곳 역시 한성감옥이었습니다. 이승만은 「독립정신」의 마지막 장에서, 우리나라가 나아가야 할 방향을 제시합니다.

"지금 우리나라가 쓰러진 데서 일어나려 하며 썩은 데서 싹이 나고자 할진데, 이 교 [예수교]로써 근본을 삼지 않고는 세계와 상통하여도 참 이익을 얻지 못할 것이요. 우리는 마땅히 이 교 [기독교]로써 만사에 근원을 삼아 각각 나의 몸을 잊어버리고 남을 위하여 일하는 자 되어야 나라를 일심으로 받들어 영·미 각국과 동등이 되게 하자."

세계에서 제일 가난한 나라, 멸망하는 식민지 조선이 예수님을 잘 믿고, 만사의 근원을 예수 그리스도로 삼으면, 영국과 미국에 버금가는 부강한 나라가 된다는 거대한 포부입니다. 이것이 바로 이승만의 '기독교 입국론(立國論)'입니다. 감옥에서 세웠던 건국의 이념은 파란만장한 세월을 거쳐서 구체적인 국가로 탄생합니다. 기독교로 나라를 세워야 한다는 이승만의 사상을 따라서 실제로 역사의 지평에 등장한 나라가 대한민국입니다.

이승만의 기독교 입국론을 문명사(文明史)적 시각에서 정리해 봅시다. 서양의 영향력이 밀려오던 서세동점(西勢東漸)의 시대에, 동양에서는 '동도서기(東道西器)'가 지식인들의 이념이었습니다. '동도(東道)'는 동양의 도입니다. '서기(西器)'는 서양의 기술과 문물입니다. 종교와 철학, 정신적인 영역은 동양의 전통을 지키고, 기술적인 면은 서양의 신문물을 받아들이자는 이론입니다. 서양의 기술을 받아들이지만, 정신만은 동양의 전통을 고수한다는 주장이 자주적이고 낭만적으로 보입니다. 정말 그런지, 구체적인 현실에서의 사례를 찾아봅시다.

청나라에서 서양의 기술을 받아들여 철도를 깔았습니다. 그런데 철길이 완성된 뒤에도 사용하지 않고 방치해두었습니다. 왜 그랬을까요? '동도(東道)' 때문입니다. 새로 설치한 철길 근처에 황제의 릉이 있었습니다. 동양의 도는 죽은 황제의 귀신이 릉에서 잠을 자고 있다고 가르칩니다. 기차가 릉의 옆을 지나가다가, 주무시고 계시는 황제의 귀신을 깨우기라도 하면, 단잠에서 깬 황제귀신이 노하여 재앙을 내릴 수도 있습니다. 황제귀신을 깨울까 무서워서, 청나라 사람들은 국민의 세금을 쏟아 부어서 만든 철도를 사용하지도 않았습니다.

수천 년 동안 내려온 조상의 종교와 철학과 사상, 빛나는 문화유산을 계승하면 유익할 것 같은데, 사실은 그렇지 않은 경우도 많습니다. 오랫동안 계승되어 온 문화가 결국 귀신숭배, 우상숭배이기 때문에 동도(東道)를 지켰던 청나라는 결국 멸망합니다.

청나라에 동도서기(東道西器)가 있었다면, 일본에는 화혼양재(和魂洋才)가 있었습니다. '화혼(和魂)'은 일본의 혼입니다. '양재(洋才)'는 서양의 기술을 뜻합니다. 일본의 혼은 무사도, 사무라이 정신입니다. 사무라이들이 서양기술을 받아들여 메이지 유신을 일으키고 대일본제국을 건설했습니다.

발달된 서양문물을 받아들여 국가는 발전하고 부강해졌는데, 일본인들의 혼은 바뀌지 않았습니다. 싸움을 일삼고 사람을 죽이는 사무라이의 습성이 사라지지 않았습니다. 사무라이의 정신으로 서양의 문물을 받아들이니, 칼로 전쟁하던 사무라이가 전투기, 항공모함을 만들어 세계대전을 일으킵니다.

전쟁으로 천만 명이 넘는 사람들을 죽인 군국주의 일본제국은 결국 원자폭탄을 맞고 패망합니다. 청나라는 동도서기를 지키다가 멸망했고, 일본은 화혼양재를 고수하다가 패전했습니다.

중국과 일본이 동도서기와 화혼양재를 외칠 때, 조선의 이승만은 특이하게도 기독교 입국론을 주장합니다. 동도서기와 화혼양재는 겉으로 드러난 서양문물만 수용하려 했습니다. 이승만의 기독교 입국론은 서양의 문명을 발달시킨 정신, 기독교에 집중합니다. 겉으로 보기에는 문명이 찬란해 보입니다. 그러나 정말 중요한 요소는 찬란한 문명을 낳게 한 종교이며, 그 바탕을 이루는 영성(靈性)입니다. 영성의 뿌리에서 종교의 줄기가 솟고, 사상과 기술의 가지가 뻗어가서, 마침내 문명의 꽃이 피어납니다.

서양이 언제부터 개명(開明)했을까요? 서양의 민족들은 본래 미개한 야만족들이었습니다. 야만인들이 복음을 받아들이고 예수님을 믿으면서, 기독교화 되고 문명화합니다. 성경에 근거한 사상과 이념이 만들어지고, 그에 따라 민주주의가 발전합니다. 기독교 교육이 계속되면서 백성들이 각성하여 우수한 인재들이 길러집니다. 개인과 사회가 함께 성장하면서, 마침내 부강한 나라가 탄생합니다.

이승만이 꿰뚫은 핵심이 바로 기독교에 근거한 서양의 발전사(發展史)입니다. 야만인들도 예수님을 믿고 나서 찬란한 문명국을 건설했습니다. 야만족으로 하여금 문명국 건설을 가능케 한 위대한 책이 성경이었습니다. 그러니 조선인들도 기독교를 받아들이고 예수를 믿으며 성경의 진리를 따르면, 찬란한 문명국을 얼마든지 건설할 수 있습니다. 이것이 동도서기, 화혼양재와는 차원이 다른, 기독교 입국론입니다.

이승만은 어떻게 기독교 입국론을 구상할 수 있었을까요? 청나라와 일본의 지식인들은 예수님을 믿지 않았습니다. 믿을 생각도 없었습니다. 현실적으로 서양의 선진문명을 습득하지 않으면 뒤처지기 때문에, 어쩔 수 없이 기술과 문물을 받아들이는 정도였습니다. 그러니 서양 문명의 결과만을 받아들이는 동도서기, 화혼양재에 그쳤습니다. 그 문명을 낳게 한 뿌리요 모태(母胎)가 되는 기독교에까지 이르지는 못했습니다.

이와는 대조적으로 이승만은 예수를 체험했습니다. 감옥에서도, 시체가 쌓이는 지옥과도 같은 계절에도, '기쁨을 이기지 못함이라'는 영혼의 감탄이 터져 나오는 절절한 체험이었습니다. 세상에서 제일 좋은 것이 예수님을 믿는 신앙임을 깨달았습니다.

기독교인이 되어 서양의 역사와 문명을 보니, 대단하게만 보이지는 않습니다. 오히려 우리도 할 수 있다는 마음이 듭니다. '한국 사람이 예수님을 믿으면, 서양 사람들보다 더 잘할 수 있을 텐데…' 이 마음이 이승만의 신념으로 자라납니다. 그 신념이 실현되어, 이승만은 훗날 기독교 입국론으로 대한민국을 건국합니다.

우리의 현대사는 한성감옥에서 탄생한 기독교 입국론을 확증하는 역사였습니다. 처음 출발할 때의 대한민국은 세계에서 제일 가난한 나라, 식민지에서 독립하자마자 전쟁을 만난 재앙의 나라, 고아와 거지가 득실대는 나라였습니다. 그러나 도저히 불가능할 것 같았던 기적이 도저히 안 될 것 같은 나라에서 계속해서 일어났습니다. 한 강의 기적으로 눈부신 경제 성장을 이루었습니다. 2차 대전 이후 독 립한 신생국가들 가운데 유일하게 산업화와 민주화에 모두 성공했 습니다. 국토 면적 109위에 불과한 작은 나라가 5대 공업국가, 7대 무역국가가 되었습니다. 원조를 받는 나라에서 원조를 주는 나라로 유일하게 변신했습니다.

대한민국은 반만년 역사상 유례없는 평화와 번영을 이룩합니다. 우리 조국의 기적적인 성취의 출발점에는 우리의 건국이념인 기독 교 입국론이 있습니다. 수천 년을 이어온 약소국의 슬픔과 굶주림의 비극을 반세기가 채 되지 않는 기간에 끝내버릴 만큼, 기독교 입국 론에 담긴 복음의 힘은 강력합니다.

복음에 담긴 인격적인 실체는 예수 그리스도이십니다. 한성감옥 에서 자신을 만나주신 예수님을 한민족의 주인으로 삼기 위해서 우 리의 건국 대통령은 거대하고 치열한 생애를 바쳤습니다. 이승만을 변화시키신 예수 그리스도가 한민족의 가슴에 새겨지면서, 마침내 우리의 역사에 거대한 변혁이 일어났습니다.

선각(先覺) 이승만의 길은 크리스천 리더의 전형적인 길입니다. 개인구원에서 민족구원으로, 개인의 예수체험에서 국가의 예수체험 으로, 개인적 신앙에서 나라 구원의 신앙으로 가는 길입니다. 먼저 개인적인 차원에서 진정성 있는 예수체험이 있어야 합니다. 나를 변화시키시고 내 인생을 새롭게 하시는 예수님을 만나야 합니다. 나에게서 불가능을 가능케 하신 예수님이 다른 사람들에게도 전능한 역사를 행하심을 믿어야 합니다. 그리고 나와 다른 이들이 함께 만들어가는 우리들의 세상과 우리들의 나라에서 예수님이 주인이 되시도록 전하고 행동하고 헌신해야 합니다.

예수 그리스도의 복음이 사람을 살리고 세상을 살리고 나라를 살립니다. 인생의 새날을 여시는 예수님이 역사의 새 아침을 여십니다. 예수님은 길이요 진리요 생명이십니다. 이승만의 길이시며 이 민족의 진리이시며 대한민국의 생명이십니다. 예수님의 길을 따라가면 진리로 자유하게 되고, 생명으로 풍성해집니다.

예수 그리스도를 전하여 역사를 새롭게 하는 길, 대한민국의 국부 (國父)가 걸으셨던 바로 그 길을 따라서, 기울어가는 나라를 새롭게 회복하는 영(靈)의 군사들이 일어나기를 기원합니다.

▲ 죄수 이승만과 신학월보

1903년 8월, 한성감옥의 죄수 이승만의 논설 "예수교가 대한 장래의 기초"가 <신학월보> 실렸다. "예수교는 본래 교회 속에 경장(更張)하는 주의를 포함한고로 예수교가 가는 곳 마다 변혁하는 힘이 생기지 않는데 없고 예수교로 변혁하는 힘인즉 피를 많이 흘리지 아니하고 순평(順平)히 되며 한번 된 후에는 장진(長進)이 무궁하야 상등(上等)문명에 나아가나니 이는 사람마다 마음으로 화(化)하야 실상에서 나오는 연고니라."

기독교
경장(更張)주의

<삼국지연의>는 동양인들이 오랫동안 사랑했던 소설입니다. 복숭아나무 아래에서 맹세했다는 도원결의(桃園結義)의 의형제들인 유비, 관우, 장비가 주인공입니다. 그중에서 관우는 긴 수염을 휘날렸던, 의리의 화신으로 묘사됩니다. 서기 200년대에 청룡언월도를 휘둘렀던 관우가, 조선 말기에 국가적인 숭배를 받은 신(神)이 됩니다. 어떻게 중국 사람이 1700년이나 지난 다음에 조선의 신이 되었을까요?

1882년에 일어난 임오군란(壬午軍亂)이 발단입니다. 고종의 왕비 민씨 일가의 정책에 반감을 품었던 군인들이 폭동을 일으켜 민 씨를 죽이려고 합니다. 민비가 급하게 도망쳐 충청도의 충주까지 도피하

여 은신합니다. 민비가 은신하게 되자, 권력의 공백이 생겨납니다. 이때 대원군이 다시 등장하여 정권을 장악합니다.

민비는 생명의 위협을 느끼며 은신한 채로, 기약 없는 세월을 보내고 있었습니다. 왕비인 동시에 최고 권력자였던 그녀가 지방에 숨어있자니, 얼마나 힘들고 불안했겠습니까. 고통의 나날을 보내던 어느 날, 민비의 측근이 유명한 무당을 데리고 옵니다.

무당이 민비를 보고 예언합니다. "내가 왕비를 만난 오늘을 기점으로 50일 이내, 8월 중순 쯤 대궐로 돌아가게 될 겁니다."

그때는 대원군이 권력을 장악했기 때문에, 환궁(還宮)할 방법이 없었습니다. 누가 보아도 불가능한 일이었는데, 무당이 가능하다고 말합니다. 그런데 갑자기 신기한 사태가 벌어집니다. 청나라 군대가 조선에 들어와서 대원군을 납치합니다. 아무도 예측하지 못했던 일입니다. 지금의 상황으로 설명하면, 외국 군대가 기습공격을 해서 대한민국의 대통령을 납치해간 격입니다. 있을 수 없는 일이지요. 대원군이 납치된 후, 민비가 대궐로 돌아와서 권좌에 복귀합니다. 환궁한 날짜는 무당이 점을 쳐주면서 예측했던 바로 그 날이었습니다.

충주에서 만난 무당의 영험(靈驗)함에 감격한 조선 왕실은, 그녀에게 '진령군(眞靈君)'이라는 칭호를 하사합니다. 칭호의 뜻이 어마무시합니다. 진령, 진짜로 신령하다는 의미입니다. 임금이 정실부인을 통해 낳은 아들이 '대군(大君)'이고, 후궁을 통해 낳은 아들이 '군(君)'입니다.

군과 대군에 모두 사용되는 한자인 '군(君)'의 의미는 임금입니다. 즉 군과 대군은 모두 임금이 되어 왕위를 계승할 가능성이 있는 왕자를 가리킵니다. 왕위를 이어갈 적장자는 '대군'이지만, 조선왕조에서는 '군'이 왕위를 이어받은 경우도 많았습니다. 단종, 선조, 광해군, 인조, 경종, 영조가 군으로 왕이 되었습니다. 심지어 철종과 고종처럼 군의 아들이 왕이 되기도 했습니다.

그런데 무당이 군이 되었으니, 엄청난 사건입니다. 더군다나 진령군은 여자였고 천민(賤民)이었습니다. 엄격한 신분제 조선에서 여자가 군이 된 것도 유일하고, 천민이 군이 된 것도 유일합니다. 충주 출신 무당이 진령군이 된 일을 통해서 민비를 비롯한 조선 왕실이 얼마나 무당에게 빠졌는지 알 수 있습니다.

진령군이 민비와 함께 입궁(入宮)하여 실권자가 됩니다. 그녀는 민비에게 받은 권력으로 온갖 부정부패를 저지릅니다. 자신과 가족들에게 뇌물을 바치는 사람에게 높은 벼슬을 나눠줍니다. 진령군의 세도(勢道)가 하늘을 찌르니, 조선의 유명한 대감, 선비, 지도자란 자들이 앞을 다투어 진령군과 의남매를 맺습니다. 요즘 말로 하면 장관, 총리들이 '진령군이 내 의누님이시다!'하고 자랑하는 꼴입니다. 진령군의 양아들 행세를 하고 다니는 권문세족들도 늘어납니다.

고종과 민비 사이에서 태어난 아들, 조선의 마지막 왕이 되는 순종은 몸이 약했습니다. 몸이 약한 대군을 위해 치성을 드린다며, 진령군이 매일 왕궁에서 굿판을 벌입니다. 왕실을 번창하게 한다는 명목으로 금강산 봉우리마다 제물을 바칩니다. 한 봉우리당 쌀 한 섬, 돈 천 냥, 무명 한 필을 바치지요. 금강산이 무려 1만 2천 봉입니다. 그 많은 봉우리마다 제물을 바쳤으니, 규모가 엄청납니다. 나라는 망해가고 백성들은 굶주리며 사방에서 민란(民亂)이 일어나던 난세에,

백성들의 주린 배를 채울 식량이 산봉우리에 바쳐졌습니다.

진령군은 관우 귀신에게 점괘를 받는다며, 관우의 딸을 자처했습니다. 관우의 사당을 지어야 한다며, 국가재정을 투입하여 '북묘(北廟)'라는 사당을 만듭니다. 북묘에 비석이 세워졌는데, 그것이 지금도 국립중앙박물관에 보존되어 있는 '북묘비'입니다. 북묘비에 남겨진 필체의 주인공은 고종입니다. 임금이 친히 무당을 위해 붓을 들어 글을 쓰고 비석에 새겼습니다. 북묘비에 적힌 글 일부를 아래에 소개합니다.

> 왕과 왕비의 꿈에 관운장(관우)께서 나타나셨다. 임오년 변란 때 관운장 덕분에 살아났고, 갑신년 변란 때도 관운장 덕분에 우리가 살았다.

나라 꼴이 이 지경이면, 망하지 않을 수 없습니다. 개화파 선각자였던 윤치호 선생이 굿과 무당, 미신에 빠진 왕과 왕비의 모습을 일기에 기록했습니다.

> 어느 날 저녁 무당이 마른 참나무 가지를 왕의 머리 위에 흔들면서 춤을 추다가 "나는 태조 대왕이다. 네가 왕위에 오르게 된 것은 누구 덕이냐?"고 소리를 질렀다. 태조의 영혼이 무당에게 들어온 것이다. 그러자 상감마마는 그 무당이 실제로 그의 조상인양 엎드려 큰절을 하고 안절부절 하고 있었다. 그리고는 상궁에게 명하여 선왕께서 원하시는 바가 무엇인지 알아보라고 지시했다.

> 무당은 태조의 이름으로 제사를 드리고 제물을 제공하라고 명하였는데, 많은 양의 돈과 비단을 주라는 것이었다. 안타까운 일은 폐하께서는 그런 어처구니없는 일에 아직 흠뻑 빠져 계신다는 점이다.

고종이 언제부터 미신에 빠졌는지는 정확하게 확인하기 어렵습니다. 최소한으로 계산해도, 1882년 8월 1일 환궁하면서 진령군이 실세가 된 때부터라고 할 수 있습니다. 그렇다면 윤치호 선생이 일기를 쓴 날짜가 1898년 5월 6일이니, 아무리 적게 잡아도 16년 이상의 기간에 미신에 흠뻑 빠져 있었음을 알 수 있습니다. 아마 그 후로도 미신 숭배가 계속되었으리라고 추측할 수 있습니다. 멸망하는 나라를 구하기 위해서 애국자들이 피를 흘리고 있는 동안, 왕은 무당의 호통에 벌벌 떨면서 백성들의 고혈(膏血)에서 짜낸 제물을 귀신에게 바치고 있었습니다.

미신과 함께 조선이 멸망해 가던 시대, 나라를 살리기 위한 개혁을 고민하는 선각자들이 일어납니다. 대표적인 인물이 조선 최고의 천재로 명성을 떨치던 청년 이승만입니다. 이승만은 스물세 살에 무능하고 부패한 고종황제를 몰아내기 위한 혁명을 모의하다가 체포됩니다. 역적으로 몰려서 몸이 깨어지는 고문을 당하면서 성경을 읽다가 기독교인이 됩니다. 한성감옥에서 이승만은 '기독교 경장(更張)주의'를 정립합니다. '경장'을 오늘날의 용어로 말하면 '개혁'입니다.

이승만은 국난(國難)의 해결책으로 기독교 경장주의를 제시합니다. '미신에 물들어서 망한 나라를 살릴 길은 기독교 밖에 없다. 예수

믿는 나라가 되어야 이 민족이 멸망하지 않고 다시 살아날 수 있다.'
는 주장입니다. 1903년 8월 〈신학월보〉에 쓴 이승만의 논설 "예수
교가 대한 장래의 기초"를 소개합니다.

예수교는 본래 교회 속에 경장(更張)하는 주의를 포함한고
로 예수교가 가는 곳 마다 변혁하는 힘이 생기지 않은데 없
고 예수교로 변혁하는 힘인즉 피를 많이 흘리지 아니하고 순
평(順平)히 되며 한번 된 후에는 장진(長進)이 무궁하야 상등
(上等)문명에 나아가나니 이는 사람마다 마음으로 화(化)하
야 실상에서 나오는 연고니라.
우리나라 사람들이 마땅히 이 관계를 깨달아 서로 가르치
며 권하여 실상 마음으로 새 것을 행하는 힘이 생겨야 영원히
기초가 잡혀 오늘은 비록 구원하지 못하는 경우를 당할 지라
도 장래에 소생하야 다시 일어서 볼 여망이 있을 것이오.

문장을 하나하나 살펴봅시다. "예수교는 본래 교회 속에 경장(更
張)하는 주의를 포함한고로", 이승만은 기독교 안에 개혁의 사상, 경
장하는 주의가 포함되어 있다고 지적합니다. 예수님을 믿는 순간 성
령이 임하셔서, 우리 안에 내재(內在)하십니다. 못된 짓을 하면 성령
의 역사로 마음이 괴로워지고, 하나님의 뜻을 행하면 성령의 감화로
마음이 기뻐집니다. 그러니 성령이 임하신 신자의 삶이 변화되지 않
을 수 없고, 개혁되지 않을 수 없다는 것이 이승만의 논리입니다.
이승만의 예수교가 여러분의 기독교와 같습니까? 같아야 정상적
인 믿음입니다. 예수님을 믿으면 사람이 변화될 수밖에 없습니다.

내가 주인이고 돈이 주인이고 쾌락이 주인이었던 인생에서 주인이 바뀌면, 변화되지 않을 수 없습니다. 10년, 20년씩 교회를 다니고도 변화되지 않았다면, 정말 믿음이 있는 사람인지, 진지하게 고민해 보아야 합니다.

"예수교가 가는 곳 마다 변혁하는 힘이 생기지 않은데 없고 예수교로 변혁하는 힘인즉 피를 많이 흘리지 아니하고 순평(順平)히 되며 한번 된 후에는 장진(長進)이 무궁하야 상등(上等)문명에 나아가나니", 개혁에는 대가가 따릅니다. 오랫동안 흘러온 역사의 물줄기를 돌려야 하니, 고통이 수반됩니다.

때로는 정치꾼들이 개혁이라는 명분을 악용하기도 합니다. 개혁이니 적폐청산이니 하면서, 반대파를 숙청하여 세상을 피로 물들입니다. 그런데 이승만은 예수교로 개혁하면 피를 흘리지 않는다고 말합니다. 유혈(流血)의 참극을 겪지 않고, 개혁이 순조롭게 이루어지며, 계속 발전해서 상등문명을 이룩할 수 있다고 설명합니다.

"이는 사람마다 마음으로 화(化)하야 실상에서 나오는 연고니라", 출혈 없이 개혁을 이룰 수 있는 비결은 사람의 마음에 있습니다. 예수교의 개혁은 마음을 고치고 영혼을 새롭게 하는 영적인 혁명이기에, 안전한 개혁의 방법입니다.

"우리나라 사람들이 마땅히 이 관계를 깨달아 서로 가르치며 권하여 실상 마음으로 새 것을 행하는 힘이 생겨야 영원히 기초가 잡혀 오늘은 비록 구원하지 못하는 경우를 당할 지라도 장래에 소생하야 다시 일어서 볼 여망이 있을 것이오", 이승만은 기독교를 이상으로 삼았던 이상주의자였습니다. 동시에 기독교 입국으로 가는 길이 험난하다는 사실도 파악했던 현실주의자였습니다. 그래서 기독교를 깨닫고 전파할 때 나라의 기초가 생긴다고 말합니다.

당장 부강한 나라의 건물이 세워지는 것이 아니라, 기초가 놓일 뿐입니다. 그러나 그 기초는 영원하신 하나님을 믿는 신앙에 근거한 기초이기에, 영원한 기초입니다. 비록 당장 나라를 구할 수는 없을지라도, 영원한 기초가 준비되면 언젠가는 나라가 다시 일어설 수 있다는 희망을 고백합니다. 이것이 1903년, 감옥에 갇힌 스물여덟 살의 죄수가 품었던 국가소생의 열망이요, 기독교 입국론입니다.

이승만의 분석을 역사를 통해서 확인해 봅시다. 18세기, 프랑스와 영국의 상황은 비슷했습니다. 빈부격차가 극심해서 부자는 사치를 즐겼고, 가난한 사람들은 밤낮없이 일하면서도 굶주렸습니다. 빈부의 양극화로 범죄가 만연했고 곳곳에서 폭동이 일어났습니다. 두 나라가 모두 심각한 빈부의 갈등으로 골병이 들어있었습니다. 그런데 그들의 역사는 다르게 전개됩니다.

프랑스에서는 대혁명이 일어났습니다. 폭동과 방화, 약탈이 번져갔고 수도 없이 사람들이 죽어갔습니다. 혁명의 끝에는 독재가 있었습니다. 왕을 처형했는데, 정작 나폴레옹이 황제로 등극합니다. 나폴레옹은 유럽 각국을 향해 전쟁을 일으킵니다. 대혁명과 전쟁의 파도에 휩쓸려, 대략 85만에서 100만 명 정도가 죽었습니다.

그런데 프랑스와 유사한 문제가 있었던 영국에서는 대규모 유혈사태가 일어나지 않았습니다. 이승만의 논설처럼, 나라가 순평히 발전해서 상등문명으로 나아갔습니다. 같은 시대에 비슷한 문제가 있었는데, 왜 프랑스에서는 피의 혁명이 일어나 100만 명이 죽고, 영국은 순탄히 발전할 수 있었을까요?

위대한 역사가 토마스 칼라일(Thomas Carlyle)의 해석입니다. "프랑스에서는 피의 혁명이, 영국에서는 영(靈)의 혁명이 일어났다." 영국에서도 프랑스와 같은 혁명의 기운이 무르익어 가던 위기의 순간에, 존 웨슬리(John Wesley)가 등장합니다. 그가 영국 전역을 누비며 복음을 증거 했습니다. 그를 따르는 감리교도들이 교회를 세우고 성경을 가르치면서 부패한 사회를 성경적으로 개혁하는 대각성 운동을 전개했습니다.

영국에서는 성령의 대혁명이 일어나서 사회가 개혁되고 나라가 부강해졌습니다. 프랑스에서는 예수 믿는 사람을 잡아 죽이는 무신론 혁명이 일어나서 100만 명이 죽었습니다. 영국과 프랑스의 역사는, 이승만이 감옥에서 주장한 기독교 경장주의, 경장의 순평론을 입증합니다.

예수교로 나라를 개혁해야 한다고 주장한 이승만은, 구교(舊敎)와 신교(新敎) 중에서 신교에 주목합니다.

독일 사람 마틴 루터라 하는 사람이 일어나 천주교의 압제와 학정을 반대하고 신교를 설시하여 국교의 결박을 면한 후에 인심이 일제히 열려 새 빛을 밝히며 옛 학문이 읽히더니 지리를 밝히며 밝은 사람이 점점 많이 생기며 바다 건너 다니는 자 크게 성하며…
- 이승만, "서양에서 동양으로 뻗어오는 힘"(1), 〈제국신문〉 1902. 11. 14

> 신교를 받드는 나라는 점점 흥왕하고 구교를 받드는 나라
> 는 점점 쇠하여 가니 이는 각국 정치가 다 교회에서 근본이
> 됨이라.
> - 이승만, "문명의 세력"(2), 〈제국신문〉 1902. 8. 21

개신교를 많이 믿어야 나라가 제대로 된다는 이승만의 혜안(慧眼)
입니다. 국민들이 예수님을 제대로 믿어야 합니다. 신실한 그리스도
인들이 중심이 되어 정부를 구성해야 나라가 제대로 세워집니다. 어
느 나라가 번영하는지, 역사를 살펴보니, 루터의 종교개혁을 따라간
프로테스탄트(개신교) 국가들이 융성한다는 사실을 이승만이 감옥
에서 깨달았습니다.

경장의 수단은 개신교로 정해졌습니다. 그러면 경장은 어떻게 실
현해야 할까요? 정치제도를 통하여 기독교 경장을 이룩할 수 있을까
요? 수감되기 전의 이승만은 급진적이고 과격한 혁명론자였습니다.
멸망하는 나라를 지키기 위해서, 피의 혁명이라도 일으켜, 왕을 쫓
아내고 정치제도를 뜯어 고쳐한다고 생각했습니다. 급진적 혁명론
자였던 이승만은 한성감옥에서 예수를 만나고 나서, 내면적이고 영
적인 기독교 입국론자가 됩니다.

임금을 쫓아내고 제도를 고친다고 해서, 사회적 문제가 해결되지
않습니다. 정치제도만 바꾸면 나라가 개화 될 줄 알았는데, 이승만
이 예수를 믿고 나서, 제도개혁만으로는 부족하다는 사실을 알게 됩
니다. 제도개혁에 앞서, 국민들 한 사람 한 사람이 기독교 신앙을 받
아들이고 내면으로부터 혁명이 일어나야 한다고 믿게 됩니다.

회심(回心) 이전의 이승만은 밖으로부터의 혁명, 외적이고 정치적

인 혁명을 추구했습니다. 회심 이후의 이승만은 안으로부터의 혁명, 내적이고 영적인 혁명, 국가, 제도, 정치보다 더 중요한 개인의 혁명, 한 사람이 예수님을 믿는 복음의 혁명에서 시작되어야 함을 깨닫습니다.

감옥에서 이승만에게 큰 영향을 끼친 영문 잡지가 있습니다. 훗날의 건국 대통령이 노인이 된 이후에도 내용을 줄줄 외울 정도로 탐독했던 잡지가 〈The Outlook〉이었습니다. 그 잡지에 실린 라이먼 애보트(Lyman Abbott)의 글을 소개합니다.

> 과거의 [썩어빠진] 제도를 타도했다고 하더라도 사람의 기질(氣質)의 변화가 동반되지 않는 한 아무 소용도 없다. 사회의 제도는 사람들이 만드는 것이기 때문이다.
> - Lyman Abbott, "Christ's Law of Life: Hopefulness," The Outlook, February 3, 1900.

정치를 바꾼다고 해서 개혁을 완성할 수 없습니다. 정치제도를 바꾸더라도 사람이 바뀌지 않으면, 악한 사람이 좋은 제도를 이용하여 악한 일을 추진할 수 있습니다. 제도개혁도 중요하지만, 사람을 바꾸는 것이 더 중요합니다.

역사의 주관자는 하나님이십니다. 하나님은 사람을 통해서 역사를 이끌어 가십니다. 세상의 모든 일은 사람이 합니다. 정치도 경제도 교육도 목회도 예술도 사람이 합니다. 개인의 교화(敎化)가 중요한 이유가 이 점에 있습니다. 악한 사람이 정치를 하면, 악한 정치가 됩니다. 악한 사람이 경제를 다루면, 나쁜 경제가 됩니다. 모든 제도도 결국 사람이 만들기 때문에, 사람을 고치지 않으면 개혁에 한계가 있습니다. 이것이 감옥에서 나라 구원의 길을 고민하고 또 고민하던 이승만이 깊이 깨달은 사실입니다.

이승만은 자신의 깨달음을 기록합니다. 논설의 제목이 "입국이교화위본(立國以敎化爲本)", '나라를 세움에 있어서는 교화로 근본을 삼아야 함'이라는 의미입니다. 글의 주요 내용을 나누고 싶습니다.

> 백성이 만약 백성답지 못하면 나라가 나라다울 수 없다.

나라가 나라답지 못한 이유는 백성이 백성답지 못했기 때문이라는 해석입니다. 이는 조선이 멸망해가는 원인에 대한 이승만의 진단입니다. 무릇 백성에게는 개인적으로 남 탓, 사회적으로 나라 탓을 하기 좋아하는 습성이 있습니다. 하지만 국가를 먼저 비판하기보다, 과연 자신은 국민답게 살았는지 스스로를 돌아보라고, 한성감옥의 청년 죄수 이승만이 직언(直言)합니다.

> 한 사람이라도 나라를 위하는 공평한 마음이 없다면, 이는 천만인이 천만의 사사로운 마음을 가진 셈이다. 각자가 사사로운 마음을 가지고 사사로운 이익을 도모한다면… 승냥이와 이리, 뱀과 전갈의 숫자가 더욱 많아질수록 해독이 더욱 심해지는 것과 같게 된다.

국민이 천만 명이더라도 천만 명이 다 사사로운 마음에 빠져있습니다. 자기의 이익과 욕망만 추구합니다. 나의 만족을 위해서 얼마든지 남을 이용하고 배신합니다. 이처럼 이기적인 사람들로만 가득하다면, 그곳이 사람 사는 세상일까요? 모두가 자기 욕망을 위해 남을 짓밟으면, 이승만이 묘사한 '승냥이와 이리, 뱀과 전갈'의 세상이 됩니다.

> 오늘날의 선비가 참으로 나라를 위한 계책을 세우려고 한다면, 반드시 먼저 백성을 위하는 데서 시작해야 한다. 진실로 백성을 위하려고 한다면 반드시 먼저 백성들로 하여금 나라를 위하는 마음을 갖게 해야 한다. 진실로 백성들로 하여금 나라를 위하는 마음을 갖게 하려면 반드시 먼저 교화를 우선시해야 한다.

국민들이 서로를 염려하고 도와주려는 마음을 가지면 살기 좋은 세상이 됩니다. 나라를 위하는 마음으로 가득하면 나라도 발전합니다. 그렇다면 어떻게 국민들에게 이기심을 버리게 하고, 이타심을 갖게 할까요? 이승만의 대답은 '교화'(敎化)입니다. 그는 교화의 내용을 설명합니다.

> 반드시 전지하고 전능하신 성신(聖神)으로써 마음을 다스리는 법관을 삼고 지극히 어질고 지극히 선한 교화로써 어둠을 밝히는 법감(法鑑)으로 삼아야 한다. 그리하여 백성으로 하여금 하나님의 다스림은 천상, 지하 수중의 만물, 만생과 모든 인간이 평생 행하는 바를 하나도 빠짐없이 정확하게 알고 밝게 보고 있다는 것을 알게 해야 한다.

이승만이 주장하는 교화는 성신이 백성들의 마음에 들어가시는 것으로, 기독교에서 말하는 성령의 내재(內在)입니다. 마음 속에 성령님이 임하는 교화의 과정을 거쳐야만 진정으로 나라를 사랑할 수 있습니다. 교화의 요소는 두 가지입니다.

첫째로, '성령을 법관으로 삼음'입니다. 이는 대단히 의미 있는 통찰입니다. 한국 교회는 '성령'과 함께 '위로', '충만', '능력' 등의 단어를 주로 사용합니다. 그런데 성령을 법관이라고 생각해 보신 적 있으신가요? 성경을 읽어보면 성령이 법관적인 사역을 행하심을 발견할 수 있습니다.

법관은 기록된 법조문에 따라서 판결을 내리는 업무를 수행합니다. 그래서 법관은 법조문을 기억해서 원고와 피고에게 적용해야 합니다. 이와 유사하게, 요한복음은 '보혜사 성령이 오시면 내가 너희에게 말한 것을 가르쳐 생각나게 하시리라'고 증언합니다. 성령은 그리스도인의 법인 하나님의 말씀을 생각나게 하십니다. 성령은 절대로 성경말씀과 분리되어 역사하지 않습니다.

말씀이 생각나게 하셔서, 악을 행하려 할 때 마음을 괴롭게 하십니다. 선한 일을 할 때에는, 피곤하고 힘들어도 그렇게 행하라고 판결하시고 명령하십니다. 성령님이 우리 안에서 감동을 주셔서, 가야 할 곳에 가게 하시고 멈춰야 할 곳에서 멈추게 하십니다. 성령이 우리의 법관이 되셔야 진정한 교화입니다. 예수님을 믿고 성령께서 인도하시는 대로, 하나님의 말씀을 따라 살아야 교화된 인생입니다.

교화의 두 번째 요소는 '온 우주의 통치자이신 하나님이 나의 일생을 지켜보고 계심'을 인정함입니다. 사람이 없는 곳에도 하나님이 계십니다. 사람들이 듣지 못하는 말을 들으시고 보지 못하는 행동을 보십니다. 언제나 어디서나 지켜보시는 하나님 앞에서 바르게 사는 것이 교화입니다.

결국, 이승만이 말하는 교화는 곧 '기독교화'입니다. 예수님을 믿고 성령충만하여 말씀에 순종할 때, 사회를 개혁하는 개화된 국민이 될 수 있습니다.

여기까지의 내용을 정리해 보겠습니다. 이승만이 주장한 경장의 길은 개신교입니다. 개신교 신앙에 따른 경장은 개개인의 내면을 새롭게 하는 '교화'를 통해서 가능합니다. 경장의 길도 찾았고 방법도 알았으니 이제 경장을 실천하는 일만 남았습니다. 그런데 그것이 어렵습니다. 경장의 출발점인 교화가 어려운 이유를 이승만이 1902년 9월 4일 자 〈제국신문〉에 집필합니다. 논설의 제목이 "국민이 함께 침익(沈溺, 어떤 일에 정신이 빠짐)하며 가는 근인(近因, 직접적인 원인)"입니다.

> 달에 절하고, 별을 보고 점을 치고, 삼신께 기도하며 풍수의 말을 추신하고 귀신의 노예가 되며… 요귀의 도움을 얻어 복을 빌려하여 나라나 백성이나 모두 손 놓고 앉아 신명이 재물과 복록을 져다가 맡기기만 기다리니 평생의 일심 경력이 전혀 허구한 요귀에게 정신과 힘을 허비할 뿐이라.

이승만은 우리 민족이 우수하다고 믿었습니다. 하지만 아무리 우수해도 소용이 없다고 지적합니다. 우수한 자질을 가진 민족이, 정열을 다하고 정성을 다 바쳐 달에게 절하고, 별을 보고 점을 치다가 나라가 멸망해버렸다는 분석입니다. 청년 애국자는 미신숭배에 이어서 조선의 병폐를 열거합니다. 1904년 12월 30일 자 〈제국신문〉

에 실린 "나라의 폐단을 고칠 일(2)"입니다.

> 일은 일심을 결박함이니, 어려서부터 신체를 능히 활동치 못하여 기운을 능히 펴지 못하고 항상 굽히며 줄여서 자유자주하는 생각이 나지 못하며 세상을 어리석게 만들어…

유교 조선에서는 노동을 천시했습니다. 몸을 쓰지 않게 만들었지요. 육체노동을 천시해서 움직이지 않으니, 몸이 다 굳어집니다. 국가의 지도자라는 선비들이 굳어진 몸으로 공자 왈 맹자 왈 하면서 중국만 숭상하다가 나라가 망했습니다.

조선 말기에 웃지 못 할 에피소드가 많았습니다. 고종황제가 미국 선교사를 만납니다. 선교사의 얼굴이 피곤해 보여요. "왜 그렇게 피곤한가?" 고종이 물었더니 선교사가 "테니스를 너무 많이 쳤습니다" 하고 답했습니다. 그러자 고종황제가 이해를 하지 못해서 되물었습니다. "그렇게 힘든 건 하인한테 시키지, 왜 직접 하는가?" 유교 조선에서는 육체를 사용하는 모든 행동은 하인의 일이었습니다. 몸을 건강하게 가꾸기 위해서 운동하는 상식조차도 없던 나라였습니다.

조선의 명문가, 귀족들은 손톱을 길게 길렀습니다. 긴 손톱은 고위 관료들의 자랑이었습니다. 왜 남자들이 손톱을 기르고 자랑까지 했을까요? 손톱이 길면 손을 쓰고 손으로 일하기가 어렵습니다. 명문 귀족들이 손톱을 기른 이유는 "나는 손 하나 까딱하지 않고, 명령만 하는 대단한 양반"이라고 과시하기 위해서입니다.

조선의 유교와는 정반대로, 기독교는 육체노동을 신성하게 여김니다. 하나님이 최초로 만드신 사람은 선비가 아니었습니다. 양반도 아니고 관리도 아니었습니다. 최초의 인간 아담의 직업은 에덴동산을 관리하는 농부였습니다. 하나님께서 인간을 만드실 때, 노동하는 존재로 창조하셨습니다.

하나님의 아들이 이 땅에 오셨습니다. 그분의 직업이 무엇이었을까요? 조선시대 유교적 관점으로는 선비 중의 선비, 대제학이 되셔야 어울립니다. 실제로 조선에서는 대제학을 많이 배출한 가문을 최고의 명문가로 숭상했습니다. 그러나 예수님은 힘을 쓰고 땀을 흘리며 몸을 움직여서 일하는 목수이셨습니다. 기독교의 초석을 놓은 위대한 사도였던 바울도 가죽을 다루는 기술자였습니다.

기독교는 노동, 일, 생산을 신성하고 소중하게 여깁니다. 그래서 기독교적 세계관이 국민들의 마음에 새겨지면, 기술이 발전하고 생산력이 증대되어 나라가 부강해집니다. 반대로 기술과 노동을 멸시했던 성리학적 세계관에 찌든 조선은 가난하게 연명하다가 멸망당했습니다. 이승만은 몸을 움직이지 않았던 조선의 가르침이 "세상을 어리석게" 만들었다고 지적합니다. 미신과 노동천시 경향에 이어서 이승만은 사대주의(事大主義)와 신분제적 차별을 비판합니다.

일은 큰 것을 섬기는 주의니… 상놈은 의례히 양반의 종으로 알며, 백성은 의례히 윗사람을 위하여 생긴 것으로 알며, 약한 자는 의례히 강한 자의 밥으로 알며 소국(小國)은 의례히 대국(大國)의 노예로 알아 경위와 법을 다 버리고라도 복종하는 것이 도리로 알며 혹 그렇지 아니하면 곧 큰 변괴라 하나니… 이는 노예의 생각을 기르는 폐단이오.

한반도 안에서는 상놈이 양반을 섬겼습니다. 한반도 밖에서는 작은 나라 조선이 큰 나라 중국을 섬겼습니다. 개인과 나라가 모두 노예근성에 절어 있었습니다. 이승만은 찌들대로 찌든 노예근성을 버려야 한다고 부르짖습니다.

하나님은 인간을 자유인으로 창조하셨습니다. 그러므로 노예근성은 하나님의 창조섭리에 어긋납니다. 상놈이 양반을 섬기고, 작은 나라가 큰 나라를 섬기는 것은 당연한 일이 아닙니다. 조선의 사대부들이 가르쳤던 대로 하늘이 정한 이치도 아닙니다. 오히려 사람을 자유롭고 평등하게 창조하신 하나님의 뜻을 거역하는 죄악입니다.

노동을 천시하고 사람을 차별하니, 조선이라는 나라가 제대로 돌아갈 수 없습니다. 사회는 부패하고 온갖 병폐가 들끓습니다. 온갖 문제의 근본을 이승만이 한 글자로 꿰뚫어 통찰합니다. 1902년 10월 21일 자 〈제국신문〉에 실린, "사랑함이 만국만민을 연합하는 힘 (1)"입니다.

> 마땅히 그 본원을 궁구하여 그 뿌리를 먼저 고쳐야 이 귀찮은 세상도 한 번 변하여 즐겁고 반가운 세월이 되어 볼지라. 대개 그 근본인즉 사랑 애(愛)자를 자세히 모르는 연고라.

사랑 애(愛), 이 한 글자를 잊어서 세상이 비참해지고 악이 창궐한다는 통찰입니다. 신약성경에 예수님을 찾아온 서기관 이야기가 있습니다. 그가 성경에 기록된 많은 계명들과 유대인들이 전통을 따라 지켜온 수천의 계명 중에서, 무엇이 으뜸인가를 질문합니다. 이에 예수님께서 대답하십니다. "네 마음을 다하고 목숨을 다하고 뜻을 다하고 힘을 다하여 주 너의 하나님을 사랑하라 하신 것이요 둘째는 이것이니 네 이웃을 네 자신과 같이 사랑하라 하신 것이라 이보다 더 큰 계명이 없느니라(마가복음 12장 30-31절)."

성경의 가장 큰 계명은 사랑 애(愛)입니다. 모든 사람이 하나님 앞에서 형제자매입니다. 형제자매 된 사람마다 첫째는 하나님을 사랑하고 둘째는 이웃을 사랑해야 합니다. 성경의 가장 큰 계명, 사랑 애를 삶의 원리로 삼는 과정이 교화이고 기독교 경장입니다.

개개인이 예수님을 믿고 변화되면, 기독교로 경장한 개인들을 바탕으로 좋은 정부가 세워집니다. 1903년 9월에 쓴 "두 가지 편벽됨"에서 이승만은 교화, 기독교회, 그리고 정부의 관계를 논합니다.

> 정치는 항상 교회본의로서 딸려나는 고로 교회에서 감화한 사람이 많이 생길수록 정치의 근본이 스스로 바로 잡히나니 이럼으로 교화로써 나라를 변혁하는 것이 제일 순편(順便)하고 순리한 연유(緣由)이라.
>
> 이것을 생각하지 않고 다만 정치만 고치고자 하면 정치를 바로 잡을만한 사람도 없으려니와 설령 우연히 바로 잡는다 할지라도 썩은 백성 위에 맑은 정부가 어찌 일을 할 수 있으리오. 반드시 백성을 감화시켜 새 사람이 되게 한 후에야 정부가 스스로 맑아질지니 이 어찌 교회가 정부의 근원이 아니리요.

우리가 기억해야 할 명문장이 있습니다 : 썩은 백성 위에 맑은 정부가 어찌 서리오. 백성들이 썩으면, 지도자를 뽑아도 썩은 지도자를 뽑습니다. 썩은 지도자들이 만드는 정부도 역시 썩은 정부입니다. 따라서 정부가 썩었고 지도자가 썩었다고 비판하기 전에, 먼저 백성이 썩지는 않았는지를 살펴야 합니다.

썩은 백성을 맑게 만드는 길은 기독교 밖에 없습니다. 하나님의 말씀에 순종하여 영혼이 맑아진 백성들이 많아져야, 맑은 백성들 가운데 맑은 지도자가 나옵니다. 맑은 지도자들이 정부를 구성해야 맑은 정부가 되고, 맑아진 사람들이 사회의 각 분야로 진출해야 맑은 사회가 됩니다. 썩은 정부의 시작이 썩은 백성이요, 맑은 정부의 출발이 맑은 백성이니, 백성은 정부의 근원입니다.

바로 여기에 교회의 국가적인 사명이 있습니다. 맑은 정부를 만들어낼 맑은 백성들은 교회에서 하나님의 말씀을 통해서 길러집니다. 그래서 이승만은 "정치는 항상 교회본의로 딸려나온다"고 통찰합니다. 교회가 바로 서서 하나님의 말씀을 제대로 가르치고, 국민들은 전심으로 예배드리며 하나님께 순종해야 맑은 정부가 세워질 수 있습니다.

당시에 가장 시급했던 국가적 과제는 독립이었습니다. 그런데 조선은 독립을 지키기 어려웠습니다. 왜 어려웠을까요? 이승만이 제일 먼저 진단한 원인은 백성들의 의식이었습니다. 나라의 주인으로서, 주인의식을 가져야 할 백성들이 오히려 독립의 필요성을 모르고 노예근성에 매여 있었습니다.

조선이란 나라에게, '독립'은 낯설었습니다. 애초에 나라를 세울 때부터, 명나라 황제에게 사신을 보내어 국호(國號)를 정해달라고 부탁했습니다. 왕위를 계승할 세자를 책봉할 때에도 중국의 황제에게 허락을 받았습니다. 백성들에게도 '독립'은 경험된 적이 없었습니다. 상놈은 당연히 양반의 지배를 받아야 한다고 배웠습니다.

사람 사이에도 차별이 있었고, 나라 사이에도 차별이 있었던 조선조의 500여 년이었습니다. 차별하고 차별받는 것이 하늘이 정한 이치(理致)인 줄 알았습니다. 그러니 차별에서 벗어나 개인을 자유롭게 하는 '독립'을 조선인들이 이해하지 못했습니다. 오히려 상놈이 양반을 섬기지 않고 조선이 대국을 섬기지 않고 독립을 주장하면, 천하에 몹쓸 죄악으로 여겼습니다.

이런 식으로, 백성들의 심성과 국가의 골수에 깊숙이 박혀있는 노예근성을 극복해야, 개인이든 나라든 독립할 수 있습니다. 이승만은 노예근성을 뜯어고칠 수 있는 유일한 방법이 예수교에 있다고 주장합니다. 1903년 11월 〈신학월보〉에 쓴 "교회경략"입니다.

> 예수교로써 변화시키지 않으면 독립할 생각이 들 수 없는 고로 유지각한 이들은 다 대한 장래의 여망을 예수교에 바라는 바라.

하나님이 사람을 차별하지 않으셨습니다. 하나님이 나라들을 대국과 소국으로 구별하지도 않으셨습니다. 하나님은 개인과 국가에게 자유를 주셨습니다. 개인이 독립적인 존재가 되고, 나라가 독립국이 되어 선(善)을 행하는 것이 하나님의 뜻입니다. 하나님은 자유와 독립을 주시기를 원하십니다.

이런 주장은 오늘날에는 당연하게 들립니다. 하지만 사대주의와 신분제의 조선에서는 상상도 못할 주장입니다. 당시로서는 시대를 앞서가는 자유와 독립의 생각을 품기란, 예수교를 믿고 변화되어야 가능합니다. 그래서 이승만은 예수교로써 변화되지 않으면, 독립을 아예 생각하지도 못한다고 말했습니다. 생각을 바꾸고 세상을 바꾸는 힘이 예수교에 있기에, 예수교가 '대한 장래의 여망'(輿望)입니다.

여기에서 한 가지 질문을 던질 수 있습니다. 서양에서는 이미 기독교 경장을 이루었습니다. 기독교적 개혁으로 선진국 반열에도 올랐습니다. 하지만 서양의 경장에는 뚜렷한 한계가 있었습니다. 사실, 한계 정도가 아니라 죄악입니다. 그들은 백인종이 황인종보다 우월하다는 인종차별을 주장했습니다.

서양이 먼저 추진했던 개혁을 우리도 해야 한다고 주장했던 이승만은 이 점에 대해서는 어떻게 이해했을까요? 이승만의 서양 이해를 보여주는 글, 1902년 8월 21일 자 〈제국신문〉에 실린 "문명의 세력 (2)"입니다.

> 지금 우리가 개화라 문명이라 일컬을진대 사람마다 영국법이나 미국법으로 알 뿐이어서 그 내력은 알지 못하며, 우리 황인종은 당초에 백인종만 못하며 우리 아시아주는 등분이 구라파주나 아메리카주만 못한 줄로 여기니 어찌 어둡지 않으리오.
>
> 예수교는 아시아에서 받지 아니하는 고로 구라파로 건너가온 구주를 덮으니…
>
> … 통히 말할진대 교화문명이 다 동양에서 나서 서양으로 가서 자라나 다시 동양으로 돌아옴이니

조선에서도 개화(改化)를 주창하는 인물들이 있었습니다. 이승만은 그들이 말하는 개화가 단순히 미국법, 영국법을 따라 하는 복제 수준에 불과하다고 비판했습니다. 복제보다도 심각한 문제는 그 바탕에 깔린 가치관이었습니다. 조선의 선각자들조차도, 황인종이 백인종보다 열등하다고 믿었습니다. 백인종이 우수하기에 서양이 우수하다는 인종차별의 논리를 무비판적으로 수용했습니다.

이승만은 이를 "어찌 어둡지 않으리요"라고 비판합니다. 그리고 서양이 발전한 원인이 인종의 우월함이 아니라, 기독교에 있다고 지적했습니다. 유럽과 미국이 기독교를 받아들였기 때문에, 선진국 반열에 올랐고 선진문명을 구축했던 것이지, 인종적으로 우월했기 때문은 아니라고 날카롭게 분석합니다. 백인종이 황인종보다 유전적으로 우수하기 때문에 선진문명을 이룩했다는 논리를 이승만은 거부했습니다.

세계사를 살펴보면, 동양이 서양보다 훨씬 더 오랜 기간 동안 앞서 있었습니다. 위대한 문명과 종교가 동양에서 시작되었습니다. 실제로 인류의 4대 발명품 모두가 동양에서 만들어졌습니다. 동양에 비하면 서양은 오히려 야만적이었습니다. 하지만 서양이 기독교를 받아들이면서 개화되어 마침내 동양을 추월했습니다. 동양에서는 임금이 만백성을 노예로 부릴 때, 서양은 기독교로 개화되어서 한 사람 한 사람이 자유인임을 자각합니다. 자유인의 의식이 깨어나, 서양이 상등문명으로 발전하여 동양을 앞지르게 됩니다.

이승만은 기독교의 출발점이 동양이라는 사실을 주목했습니다. 기독교가 동양에서 시작되어 서양으로 넘어가 부강한 문명을 이룬 후에, 다시 동양으로 돌아오고 있다고 해석했습니다. 그러므로 동양이 기독교를 받아들이면, 서양 못지않게 발전할 수 있다는 것이 이승만의 논리였고 확신이었습니다.

서양의 발전 원인이 기독교이듯, 미국의 부강 원인도 기독교라고 이승만은 말합니다. 1904년 8월 〈신학월보〉에 실린 "대한 교우들의 힘쓸 일"입니다.

> 당초 미국이 독립하여 저렇듯 영원무궁한 복락의 기초를 잡은 것이 다 하나님의 이치를 밝혀 모든 사람이 다 하나님께 평등으로 타고났다는 말을 깨달아 된 것인 고로, 그 독립선고문을 전국 신민이 지금껏 외워오며 감동하는 바라.

미국이 강대국이 된 원인을, 이승만은 그네들의 〈독립선언문〉에서 발견합니다. 실제로 미국인들이 자랑스럽게 여겨, 암송하는 대목입니다. 그것은 모든 사람이 평등하게 창조되었다는 성서적 선언입니다. 하나님이 인간을 자유롭게 평등하게 창조하셨다는 이치를 깨달은 결과로 개인의 능력이 개발되고, 그런 개인들이 모인 나라가 발전했습니다. 미국의 사례에서 확인되듯이, 하나님의 말씀이 개인과 국가의 번영을 가능하게 하는 기초가 됩니다.

이승만의 글에는 세계사적, 사상사적 의미가 있습니다. 왜냐하면 그 당시에 유행했던 주류 이론이 제국주의적 인종차별론이었기 때문입니다. 1901년에 오스트리아에 란스 슈타이너(Karl Landsteiner)가 혈액형을 발견합니다. 혈액형 이론이 진화론과 결부됩니다.

진화론은 동물이든 사람이든, 진화가 잘 된 것과 덜 된 것을 구분합니다. 진화론이 만들어낸 악습 중의 하나가 인종차별이지요. 진화가 많이 된 인종을 백인종, 진화가 덜 된 인종을 황인종과 흑인종으로 낙인찍습니다. 진화가 잘된 백인종이 당연히 우수하기에, 진화가 덜 되어 미개한 황인종과 흑인종을 다스리는 것이 합당하다는 논리입니다. 기독교인이라는 백인들이 진화론을 내세워서 나쁜 짓을 많이 했습니다.

혈액형을 발견한 후, 백인들을 조사했더니 40% 이상이 A형입니다. B형은 10%도 채 되지 않았습니다. 아시아인들의 혈액형을 조사하니 B형이 20%가 넘었습니다. 황인종의 B형 비율이 백인들보다 3배 더 많습니다. 이 사실에 착안해서 인종우월주의자들이 만들어낸 이론이 'A형 우수론'입니다. 혈액형 가운데 가장 진화가 많이 된 형태가 A형이라는 이론입니다.

A형이 진화되고 우수한 혈액형이라면, A형이 많은 백인종이 B형이 많은 황인종을 다스리는 것이 합당하다는 논리가 됩니다. 백인들이 이런 식으로 아시아를 식민지화하기 위한 이론을 만들어냅니다. A형 우수론이 등장하는 시기가 1901년에서 1905년 사이입니다.

바로 그 시기에 이승만은 한성감옥에서 정반대의 주장을 전개합니다. "동양이 서양보다 열등하지 않다. 서양이 기독교를 받아들여서 동양보다 발전했을 뿐이다. 만약 서양도 우상을 숭배했으면 조선보다 더 형편없었을 것이다. 조선 사람들도 예수를 잘 믿으면 우수하게 된다.", 이승만의 뜨거운 목소리는 기독교의 역설과 역전 현상을 보여줍니다.

분명히 발달된 기독교 국가들은 서양에 있었습니다. 그러나 서양의 제국주의는 기독교의 이름으로 인종을 차별하는 거짓 이론을 만들었고, 지금까지도 인종차별의 악습이 남아 있습니다. 기독교의 불모지였던 동양에서, 동양열국 중에서도 멸망하던 식민지 조선에서, 조선에서도 최악의 밑바닥 한성감옥에서 이승만은 오히려 인종차별에 반대하는 기독교적 논리를 전개합니다.

기독교의 간판을 달고 차별을 정당화한 백인들이 거짓이라면, 기독교 신앙으로 차별에 반대한 이승만이 참입니다. 강대국의 유명인들이 거짓을 말하고 약소국의 죄수가 참을 말했으니 역설이요, 세상의 강약이 하나님 앞에서는 뒤집어졌으니 역전입니다. 청년 죄수 이승만은 기독교의 본질을 추구했던 선각자요 개혁자였습니다.

이승만은 제국주의의 침략을 받아 멸망하는 나라에 대한 글을 많이 썼습니다. 1903년 2월 27일과 28일 자 〈제국신문〉에 실린, "패망한 나라들이 당하는 사정"과 "패망한 나라들의 당한 결실"에서 러시아에게 멸망당한 폴란드의 이야기를 조선인들에게 전합니다.

> 창자에 가득한 피를 한 조각 종이에 토함이로다… 러시아 병정들이 쳐들어와 무수히 노략하고 경향에 편만(遍滿)하여 부녀와 노약을 한없이 살해하고… 나라를 팔아먹던 권문세가(權門勢家)들의 부인을 겁측하며 재물을 탈취하고 고국을 생각하는 자는 시베리아 황무한 땅으로 귀향 보내어 부자형제가 평생을 보지 못하게 하며 …
> 백성으로 하여금 본국 말을 서로 통하지 못하게 하여 혹 우연히 옛말을 쓸진 데 순검이 잡아 혹 가두고 중벌도 행하며,

> 혹 말꼬리에 달아 몇 십 리씩 말을 몰고 가기도 하였다. 그 나
> 라 상하 신민 된 자들에게만 미칠 뿐 아니라 심지어 산천초목
> 까지도 앙화를 입지 않는 곳이 없더라.

남의 나라 이야기를 하는데, 창자에 피가 가득합니다. 왜냐하면
남의 이야기가 아니기 때문입니다. 폴란드는 멸망했고, 조선은 멸망
해 가고 있습니다. 폴란드의 역사에 조선이 겹쳐 보이는 지경입니
다. 나라가 망하니, 호의호식하던 권문세족의 부인들이 노예로 전락
합니다. 애국자들은 얼어붙은 시베리아로 끌려갑니다. 심지어는 산
천초목(山川草木), 산과 강, 나무와 풀까지 해를 입습니다. 나라가
망하니 자연까지 망합니다.

이는 정확한 사실입니다. 북한에서도 같은 역사가 되풀이 되었습
니다. 탈북민들에게 나무껍질 이야기를 여러 번 들었습니다. 식량이
없어서 나무껍질을 벗겨서 먹어야 하는데, 나무조차도 없습니다. 사
람도 나무도 모두 헐벗고 굶주린 땅이 북한입니다.

어느 자매의 집에서 나무가 있는 곳까지 가는 데만 한 시간이 걸렸
다고 합니다. 북한은 겨울에 영하 20도 이하로 내려갑니다. 그 자매
의 어머니가 강추위를 견뎌가며 한 시간을 걸어가서 나무껍질을 벗
기고 다시 한 시간을 걸어와서 자식들을 먹였다고 합니다. 그러던
어느 날, 어머니가 나무껍질을 벗기러 갔다가, 돌아오지 못하셨습니
다. 생사(生死)도 확인하지 못한 채, 어머니와 이별해야 했던 비극입
니다.

한반도와 주변의 기후가 이상합니다. 남한에 비가 옵니다. 만주에
도 비가 옵니다. 그런데 남한과 만주 사이에 위치한 북한에는 비가

오지 않는 경우가 있습니다. 이런 날씨가 지속되어서 만주와 남한에는 산천초목이 울창한데, 북한에서는 풀 한 포기, 나무 한 그루 찾기가 어렵습니다.

김일성, 김정일, 김정은 3대의 어버이 수령을 신으로 섬긴 대가로 400만 명이 굶어 죽고, 한겨울에 나무껍질을 구하기 위해서 두 시간을 왕복하다가 지쳐서 쓰러지는 나라로 전락했습니다. 망하는 나라의 사정이 이렇습니다. 나라가 망하면 국민들은 물론 나무 한 그루, 풀 한 포기까지 비참해집니다. 그래서 남의 일 같지 않은 폴란드 멸망사(滅亡史)를 쓰며, 이승만의 창자에 피가 가득했습니다.

나도 비참해지고 가족들도 비참해지고 나무와 풀도 비참해지는 멸망을 당하지 않으려면, 국민들이 정신 차려야 합니다. 이승만은 '국민으로서의 존재감'을 질문합니다. 1901년 5월 6일 자 〈제국신문〉에 실린 "신문은 국민 합심의 매개체"에서 말합니다.

> 나라 일에 저승같이 막혀 있어 동편에 큰 일이 있을지라도 서편에서는 잠만 자니 그런 백성은 없느니만 못한지라.

청년 죄수 이승만의 질문을 자신에게 던져봅시다. 나에게는 '국민으로서의 존재감'이 있습니까? 내가 대한민국 국민으로 살기 때문에 우리나라가 조금이라도 좋아지거나, 우리 사회가 조금이라도 살만한 세상이 되나요? 우리 국민 중에 몇 사람이라도 나 때문에 행복해지면, 나로 인해 나라가 좋아졌으니 국민으로서의 존재감이 있는 것입니다.

반대로 생각해 봅시다. 법적으로는 대한민국 국민이지만, 나로 인해 이 나라가 좋아지지도 않고 나빠지지도 않는다면, 국민으로서의 존재감이 없다는 말입니다. 나라에 무슨 일이 있든지 관심도 없고 상관하지도 않는다면, 그런 국민은 있으나 마나입니다. 그래서 이승만은 일갈(一喝)합니다. "동편에 큰 일이 있을지라도 서편에서는 잠만 자니 그런 백성은 없느니만 못한지라."

이승만은 청년 시절부터 창자에 피를 가득 채우며 약소국의 멸망사를 기록했습니다. 감옥에서 나온 뒤에는 미국에 유학을 가서 동양인 최초의 프린스턴 대학교 국제법 박사가 되었습니다. 훗날 대통령이 되는 우드로 윌슨(Woodrow Wilson)에게 약소민족 해방론을 역설하기도 했습니다. 약소국의 역사에 정통했던 이승만은 60대의 노인이 되어 멸망의 원인을 통찰합니다. 1940년 6월 8일 자 <태평양주보>에 실린 "참화를 당한 나라에 동정"입니다.

한 개인이나 한 국가나 나 혼자만 편안히 살겠다는 생각은 곧 멸망의 길을 자초하는 것이라.

나랏일에 관심이 없는 "없느니만 못한" 백성이, "혼자만 편안히 살겠다는 생각"을 하는 것이 바로 "멸망의 길"입니다. 없느니만 못한 백성들이 멸망하는 길로 몰려가는 대열에 기독교인들도 끼어있다는 사실을, 이승만은 가차 없이 폭로합니다. 1903년 9월 <신학월보>에 쓴 "두 가지 편벽됨"입니다.

내 일신이나 돌아보아 교회 중에 육신의 평생을 부탁하여 가지고 세상시비에 상관하지 말며 믿음으로써 일후에 영원한 복이나 구하리라 하여 전국 동포가 다 죽을 고초를 당하였다 하여도 조금도 마음을 움직이지 아니하며 일국 강토가 어찌 되든지 알 수 없다 하여도 들은 체 아니하며 다만 기도하는 말은 나의 몸을 구제 하소서, 나의 집안과 부모처자와 친척 친구에게 복 많이 주소서 할 뿐이라.

이 어찌 예수의 본이며 하나님이 기뻐 들으시는 바이리요. 이는 이른바 교를 편벽되이 주의함이라… 저 편벽되이 교회로 일신의 이익을 만들려는 자인 즉 또한 사사뜻에 병이 든지라.

하나님이 우리에게 육신을 주시어 현실 세계에 살게 하신 것은 기독교 신앙으로 현실에 뛰어 들어서 개혁하라는 뜻입니다. 그러나 오래전부터, 현실에 관심이 없는 기독교인들이 있었습니다. 교회에 몸을 의탁하고, 세상의 시비에 상관하지 않고, 본인의 구원과 부모, 처자, 친척, 친구의 복만을 빕니다. 이것이 진정한 신앙인가, 세상에 나서지 않는 신앙이 과연 기독교인가를, 이승만이 질문합니다.

기독교화 되어야 나라가 살아납니다. 그러려면 교회당 안에 갇혀서 개인적인 종교 생활에만 치우치는 편벽됨을 경계해야 합니다. 만왕의 왕이요 만주의 주이신 예수님을 믿는다면, 사람의 그릇이 커져야 합니다. 신앙과 인격의 그릇에 사람을 품고 세상을 품어야 합니다. 그러나 교(敎)에 편벽되면, 예수님을 믿는다고 하면서도 사람이 좁아집니다. 세상에서 도피하여 마음의 위안이나 찾고 개인적인 이익이나 챙기려고 합니다.

세상의 바다에 뛰어들어서, 거친 파도처럼 몰아치는 현실과 싸우며 기독교 정신으로 경장하는 것이 참된 신앙입니다. 이기적으로 좁아져서 편벽되이 치우치는 것은 "사사뜻에 병이 든" 증상이라고 이승만은 역설합니다.

> 예수는 우리를 대신하여 돌아가시니 이는 세상을 구원하심이라. 우리가 남의 환란질고와 멸망함을 돌아보지 아니 할진데 우리의 신은 어디 있으며 우리의 일은 어디 있으리오. 마땅히 세상을 생각하며, 나라를 생각하며, 이웃을 생각할 지라. 적으나 크나 남을 위하여 일하는 것을 보아야 그 사람의 믿음을 알지니 열매가 없으면 어찌 그 나무가 쓸데 있다 하리오.
> 한 마음으로 일어나 부지런한 일군들이 되어야 할지니 지금은 우리의 할 일은 씨 뿌리는 데 있는지라. 복음의 좋은 씨를 바삐 바삐 사람의 마음에 심어줄지어다.

우리는 모두 심판받아서 지옥에 갈 수밖에 없는 존재였습니다. 그러나 예수님께서 우리를 대신해서 십자가에서 죽으시고 삼일 만에 부활하심으로, 구원의 길을 여셨습니다. 십자가의 은혜는 하나님의 아들이 친히 우리의 환란, 질고, 멸망을 대신하신 대속(代贖)의 은혜입니다.

그런데 예수님의 은혜를 받은 우리가 남의 환란, 질고, 멸망을 돌아보지 않는다면, 예수님을 믿는다고 할 수 있을까요? 이승만은 나라에 관심이 없고 남에게 관심이 없는 기독교인들에게 질문합니다. "우리의 신은 어디 있으며 우리의 일은 어디있으리오." 그리고 그리스도인이라면 당연히 걸어야 할 길을 제시합니다. "마땅히 세상을 생각하며, 나라를 생각하며 이웃을 생각할지라."

이승만의 질문을 다시 한번 우리에게 던집니다. 한국의 기독교인 이신 여러분, 기독교인으로서의 존재감이 있으십니까? 여러분이 이 나라의 기독교인으로 살기 때문에, 누군가가 예수님을 믿게 되었습 니까? 여러분이 한 사람의 신앙인으로 이 땅에 현존(現存)하기에, 세상이 조금이라도 살만해지고 아름다워집니까? 지금도 여러분의 영향력이 흘러 나가고 있을까요? 그렇다고 대답하실 수 있으면, 존 재감이 가득한 기독교인입니다. 베드로전서 2장 9절의 말씀을 읽겠 습니다.

"너희는 택하신 족속이요 왕 같은 제사장들이요 거룩한 나라요 그 의 소유가 된 백성이니…"

말씀의 규모가 어마어마합니다. 택하신 족속, 왕 같은 제사장, 거 룩한 나라, 그의 소유가 된 백성이라니, 스케일이 거대합니다. 나라 와 백성과 족속이 모두 거대한 단위입니다. 하나님이 우리를 큰 사 람으로 부르셨습니다. 왕 같은 제사장들인 여러분이 민족을 위해 기 도하고, 지도자를 위해 기도하고, 역사의 지평을 열기 위해 기도하 면 하나님이 들으십니다. 말씀을 증거하며 실천하는 여러분의 신앙 이 사람들에게 영향을 끼친다면, 그리스도인으로서의 존재감이 충 만해집니다.

그리스도인들은 왕 같은 제사장이요, 하나님이 택하신 족속이며,

그분에게 소유된 나라입니다. 이처럼 중요한 존재가 이기심에 갇혀서 편벽되이 살아갈 수는 없습니다. 대한민국의 국민으로 그리고 하나님 나라의 시민으로, 역사에 존재감을 남기는 생애가 되시기를 예수님의 이름으로 축원합니다.

▲하와이 한인학교(위)와 6.25전쟁의 전시학교(아래)

청년 이승만은 한성감옥에 "감옥학교"를 열어 소년 죄수들을 가르쳤다. 대통령이 된 후에는 의무교육제를 실시하고 문맹퇴치 운동을 벌어서, 5천 년 역사에 처음으로 90%가 넘는 국민들이 글자를 읽게 되는 혁신에 성공했다. 감옥학교에서 시작된 이승만의 "학교 세우기"는 망명시절의 하와이 한인학교, 6.25 전쟁 중의 "전시(戰時)학교"로 이어졌다. 감옥에 갇혀도, 나라가 망해도, 전쟁이 터져도, 이승만은 교육으로 국민들을 깨우치는 기독교 경장(更張)을 일평생 실천했다.

한국형 크리스천 리더십 4

어떻게
경장(更張)을
실천할 것인가

한성감옥에서 이승만은 기독교 입국론의 비전을 품었습니다. 기독교로 나라를 세우기 위해서 현실적으로 필요한 작업이 '경장'(更張, 개혁)이었습니다. 기독교 정신으로 경장해야 할 대상은 경제, 정치, 사회, 문화, 교육 등 국가의 모든 영역입니다. 이승만은 각 분야에 대한 개혁을 구체적으로 구상했습니다. 감옥에서 남긴 글 가운데, 경제 분야에 대한 개혁 총론이 있습니다. 1901년 4월 19일 자 <제국신문>에 실린 "이젠 천하근본이 농사가 아니라 상업이다"입니다.

> 혹 점잖은 사람들은 말하기로 아무리 양반이 죽게 되기로 어찌 장사할 수가 있느냐하고 앉아서 일 푼이라도 돈을 내 나

성리학에 찌든 조선은 사람을 양반과 상놈으로 차별하고, 직업도
귀한 일과 천한 일로 구별했습니다. 양반은 굶어 죽을 지경이 되어
도, 천하디 천한 상업 같은 것은 할 수 없다고 믿었습니다. 잘못된
종교와 잘못된 생각 때문에 "나라가 점점 빈약하여 백성들이 도탄에
들어 필경은 지탱하지 못할 지경에까지" 이르게 되었습니다.

생각이 사람을 죽이고 사회를 무너뜨립니다. 비슷한 사례가 북한
에서도 있었습니다. 1990년대, 북한에서 말하는 소위 '고난의 행군'
시절에, 3백만이 넘는 동포들이 대기근으로 죽었습니다. 그 참혹한
세월에 살아남기 위해서, 주민들은 공산주의적인 이상을 포기하고,
집안에 있는 물건을 있는 대로 들고 나와서 암시장에 팔았습니다.

하지만 평생 공산주의를 가르치고 믿어왔던 학교의 교사들 중에
는 차마 그럴 수 없는 사람들이 있었습니다. 암시장에서 물건을 파
는 행동이 자본주의적으로 여겨져서, 일평생 지켜온 신념을 버리는
것처럼 느꼈기 때문입니다. 결국 끝까지 시장을 거부하는 사회주의
사상을 지키다가, 굶주림으로 죽었던 선생님들이 있었습니다. 먹지
못해서 죽어가는 선생님을 보다 못해서 제자들이 먹을 것을 가져다
주었다는 증언도 들었습니다. 예나 지금이나, 생각이 사람을 살리기
도 하고 죽이기도 합니다. 그래서 철학(哲學)이 중요합니다.

백성들을 비참하게 하고 나라를 멸망하게 하는 잘못된 생각을 이

승만은 정면으로 뒤집습니다. 상업이 천한 일이 아니라, 오히려 천하의 근본이라고 주장합니다. 인구가 많고 농토는 적은 한반도에서 농업이 근본이 되면, 백성들의 배를 채울 수 없습니다. 가난과 기아(饑餓)에 시달릴 수밖에 없습니다. 굶주림의 문제를 해결하려면, 근본적으로 생각을 바꾸어야 합니다. 이승만은 상업을 근본으로 삼아 세계를 대상으로 무역하는 나라가 되어야 한다고 주장합니다. 청년 죄수의 가슴에는 오대양 육대주를 누비는 무역 강국 코리아가 있었습니다.

변화와 개혁은 기독교의 본질이요 생명력입니다. 예수님을 믿으면 개인이 변화되고, 변화된 개인이 세상을 개혁하게 됩니다. 그런데 기독교인이면서도 세상에는 관심이 없고, 그저 구원받고 축복받아서 제 한 몸 편하기를 바라는 경향이 있습니다. 이승만은 그것을 "편벽됨"이라고 지적하며 신랄하게 비판했습니다. 1904년 8월 〈신학월보〉에 실린 "대한교우들의 힘쓸 일"입니다.

> 충군애국이 무엇인지 세상을 건지는 것이 무엇인지도 모르고 다만 제 몸 하나와 제 영혼 하나의 구원 얻는 것만 제일이라 할진데 이는 결단코 하나님의 참 이치와 예수의 근본 뜻을 알지 못한다고 할 것이다.

개인적인 차원에만 매몰된 신자는 "하나님의 참 이치와 예수의 근본 뜻"을 모르는 사람입니다. 그런 믿음을 바른 믿음이라고 할 수는 없습니다. 이승만은 모세, 예수, 미국 선교사를 "하나님의 참 이치"를 실천했던 사례로 소개합니다.

모세는 세계 최강의 제국 이집트에서 공주의 아들로 입양되었습니다. 모세의 양어머니가 파라오의 후계자 수업을 받던 공주였기에, 모세에게도 왕위를 계승할 가능성이 있었습니다. 그러나 모세는 '잠시 죄악의 낙'을 누리는 것보다 '하나님의 백성과 함께 고난 받기를'(히브리서 11장 25절) 즐거워했습니다.

예수님은 만왕의 왕이요 만주의 주로 경배 받으실 하나님의 아들이신데, 오히려 천국의 보좌를 버리시고 이 땅에 내려오셨습니다. 죄에 빠진 인간을 불쌍히 여기서서, 직접 십자가에 달려서 대신 죽으셨습니다.

이승만은 미국 선교사들이 대부분 명문대학 출신이라는 점을 지적합니다. 선진국에서 좋은 학벌을 가지고 얼마든지 호의호식(好衣好食)할 수 있습니다. 그런데 굳이 조선에 와서 복음을 증거 하다가, 부인도 죽고 자식도 죽고 본인도 병들어 죽은 사람들이 많습니다. 조선을 위해서 순교의 피를 흘리기도 했습니다.

이승만은 모세와 예수님과 미국 선교사들의 예를 들면서, 조선의 그리스도인에게 도전합니다. 동족들에게 예수를 전하고, 기울어가는 나라를 다시 일으키고, 짓밟히는 백성을 구출해야 한다고 촉구합니다. 멸망의 비극에서 나라를 살려내는 애국이 진정한 기독교라고, 이승만은 거듭해서 강조했습니다.

건국 대통령의 평생은 기독교 경장을 실천했던 거대한 생애였습니다. 수많은 개혁이 그를 통해서 실현되었습니다. 우리 역사에서 토지는 언제나 양반과 귀족의 차지였습니다. 대부분의 백성들은 소작농이나 노비였습니다. 뼈 빠지게 일해서 거둔 수확의 절반 정도를 지주(地主)들에게 바쳐야 하니, 고생은 고생대로 하고도 입에 풀칠하기조차 어려웠습니다.

이승만 대통령은 기독교 정신에 근거한 농지개혁(農地改革)을 단행했습니다. 그것은 5천 년 만에 처음으로, 농민이 땅을 소유하게 된 획기적인 사건이었습니다. 상놈과 머슴들이 지주가 되는 기적이 대한민국에서 일어났습니다.

우리 역사의 어느 시대에나, 글자를 읽을 줄 아는 사람은 극소수였습니다. 거의 대부분의 백성들은 제 이름조차 쓰지 못하는 문맹(文盲)이었습니다. 그런데 이승만 대통령이 교육혁명을 일으킵니다. 취학연령의 아이들 중에서 96%를 입학시키고, 전 국민을 대상으로 대대적인 문맹퇴치 운동을 전개했습니다. 그 결과로 국민들의 문자 해독률을 90%까지 끌어올렸습니다. 국민 열 명 중에서 아홉 명이 글자를 읽게 된 것도 우리 역사상 처음 일어난, 기적적인 사건입니다.

농지개혁, 문맹퇴치, 한미동맹, 60만 병력 증강 등, 이승만의 경장에는 우리 역사상 처음으로 시도되고 실현된 대역사가 많았습니다. 반만 년 동안 이어온 흐름을 끊어버리고, 기독교적으로 전환시킨 일대개혁입니다. 이승만의 개혁이 성공을 거두어, 대한민국은 5천 년 역사상 전무후무(前無後無)한 번영을 누리게 되었습니다.

먹지 못해서 굶어 죽는 백성이 허다했던 나라였는데, 이제는 먹을 것이 넘쳐서 비만이 문제가 되는 나라가 되었습니다. 이승만의 기독교 입국과 박정희의 조국 근대화는 국민들의 체중에까지 영향을 끼쳤습니다. 정치가 국민의 체형(體型)까지도 바꾸니, 참으로 중요합니다.

청소년 집회에서 이승만의 기독교 경장사(史)를 강의하면, 학부모들이 제일 먼저 반응합니다. 아이들에게 다그치듯이 말합니다. "너도 이승만 박사처럼 훌륭한 사람이 되거라." 그런데, 그 다음의 논리가 이상합니다. "그러기 위해선 지금은 공부에만 집중하고, 좋은 대학 나와서 높은 자리에 올라간 후에, 큰 일을 하면 된다."

비슷한 논리로 자녀들의 신앙적인 열심을 가로막기도 합니다. 청소년기에 교회에 열심을 내면 그리스도인이라는 부모들이 대부분 말립니다. "교회는 대학에 간 다음에 얼마든지 다닐 수 있어. 일단은 좋은 대학에 가는 게 먼저야."

이 논리를 분석해 봅시다.

- 1단계 : 이승만처럼 위대한 인물이 되려면, 대통령이 되거나 높은 자리에 올라가야 한다.
- 2단계 : 높은 자리에 올라가기 위해서는 좋은 대학에 가야 한다. 그러기 위해선 교회 출석도 자제하고 공부만 해야 한다.
- 3단계 : 좋은 대학 나와서 높은 자리에 오른 후에 하나님께 위대하게 쓰임 받을 수 있다.

결국은 성공하고 출세해야 하나님의 일을 할 수 있다는 주장입니다. 그렇다면 생각해 봅시다. 학창 시절에 신앙생활을 제대로 하지 않던 자녀가 좋은 대학교에 진학하기만 하면, 갑자기 성령 충만해질까요? 하나님께 드리지 못했던 헌신을 두 배 세 배로 할까요? 특별한 일이 일어나지 않는 한, 그렇지는 않습니다.

우리는 기독교 경장주의의 메시지를 나누고 있습니다. 기독교로 경장하려면, 반드시 높은 자리에 올라야할까요? 그렇다면 낮은 자리에 처해있을 때 신앙으로 개혁해봤자 티도 나지 않는다며 출세에만 집중하던 사람이, 출세한 후에는 갑자기 성령 충만해져서 본인의 삶과 주변을 거침없이 개혁할 수 있을까요?

그렇지는 않습니다. 오히려 지위도 없고 돈도 없고 내세울 것도 없는 위치에서부터 열심히 개혁했던 인물이 높은 자리에 오르고 나서도 기독교 경장을 계속할 가능성이 높지 않을까요? 이 세상을 조금이라도 아름답게 만들어보려고, 별 볼 일 없는 자리에서도 몸부림쳤던 사람이, 나중에 별 볼 일 있는 자리에 올라가서도 경장을 할 수 있는 건 아닐까요?

이승만은 몰락한 왕족으로 과거에 계속해서 낙방했던 불우한 시절에도 애국청년이었습니다. 감옥에서 고문당하던 밑바닥 인생이었을 때에도 나라를 위해서 기도하고 애국의 길을 밝히는 수백 편의 논설을 썼습니다. 높은 자리에 올라가서 큰 일을 한 것이 아니라, 낮은 자리에서도 큰 일을 해냈던 큰 그릇이었습니다. 가슴에 민족을 담았던 이름 없는 청년 죄수가, 마침내 민족의 최고지도자로 찬란하게 쓰임 받았던 일생이었습니다.

성경을 통해서 확인해 봅시다. 낮은 자리에서 높은 자리까지의 극적인 변화를 보여주는 대표적인 인물이 창세기의 요셉입니다. 요셉은 형들에게 미움을 받아서, 노예로 팔려갔습니다. 제일 낮은 신분이었던 노예에서 더 낮아져서 죄수로 전락합니다. 그러다 한 방에 인생역전해서 강대국의 총리가 되었습니다. 밑바닥에서 더 밑바닥으로 추락했다가, 하늘 높이까지 치솟았던 생애였습니다.

요셉은 아버지의 편애(偏愛)를 받다가, 갑작스레 노예로 팔려갔습니다. 게다가 요셉을 팔아넘긴 사람들이 피를 나눈 형들이었습니다. 가족에게 버림받으면 우울증, 불면증, 화병에 걸리지 않기가 어렵습니다. 하지만 요셉은 상처를 받으면서도 최선을 다했습니다. 노예가 되어서도 굉장히 성실했습니다. 요셉의 최선은 집주인 보디발의 눈에도 분명히 보였습니다. 히브리인 노예를 하나 사 왔더니, 집안의 규모가 달라집니다. 보디발은 새로운 노예가 예사롭지 않음을 눈치 챕니다.

그(보디발)가 요셉에게 자기 집과 그 모든 소유물을 주관하게 한 때부터 여호와께서 요셉을 위하여 그 애굽 사람의 집에 복을 내리심으로 여호와의 복이 그의 집과 밭에 있는 모든 소유에 미친지라(창세기 39장 5절)

창세기의 말씀은 '자리'와 '리더십'이 다를 수도 있음을 깨우칩니다. '자리가 리더십이다'라는 생각이야말로, 한국인의 머릿속에 있는 대표적인 미신입니다. 어떤 사람이든 높은 자리에 올라간 사람이 리더라고 생각합니다. 그건 세상이 만들어낸 거짓말입니다.

요셉을 보십시오. 보디발의 집에서 제일 높은 사람은 보디발입니다. 요셉은 노예이니, 제일 낮은 사람입니다. 그런데 하나님이 보디발의 집에 복을 주셨습니다. 누구 때문에 복을 주셨느냐 하면, 높은 보디발이 아니라 낮은 요셉 때문이었습니다. 성경은 하나님이 "요셉을 위하여" 복을 내리셨다고 말합니다. 하나님의 관심은 요셉에게 있었습니다. 그래서 하나님이 축복을 내리시는 지, 안 내리시는 지의 여부는 보디발이 아니라 요셉에게 달려있었습니다.

리더십은 결과의 예술입니다. 좋은 결과를 만들어내는 사람이 좋은 리더로 인정받습니다. 그런데 좋은 결과를 내기 위해서 제일 좋은 것은 하나님의 축복입니다. 하나님이 축복하시면 안될래야 안될 수가 없습니다. 그 축복이 임하게 하는 사람이라면, 제일 좋은 리더요 중요한 리더입니다.

그렇다면 보디발의 집에서 리더는 누구였을까요? 누가 제일 중요한 인물인가요? 집주인 보디발이 아니라 노예였던 요셉입니다. 하나님이 요셉에게 복을 내리시는 바람에 보디발, 보디발의 가족, 모든 하인들과 소유물까지 축복을 받았습니다.

요셉은 축복이 임하게 하는 리더였고 동시에 실질적으로 리더의 역할을 감당하는 리더였습니다. 보디발은 애굽의 시위대장으로, 장군이자 땅을 많이 가진 지주였지요. 오늘날에 비유하면 고위 공직자인 동시에 우량한 기업의 소유자였습니다. 그런데 성경은 보디발이 요셉에게 "자기 집과 그 모든 소유물을 주관"하게 했다고 기록합니다.

보디발에게 속한 모든 땅, 그 땅에서 일하는 사람들, 으리으리한 집, 집에 딸린 제반 업무와 하인 하녀들, 수입과 지출, 수확과 분배의 모든 업무를 요셉이 처리했습니다. 세도가와 대지주의 가문을 관리하고 유지하는 실질적인 리더는 요셉이었습니다. 높은 자리에 앉은 사람은 보디발이었지만, 실권을 가지고 실제로 사람들을 지휘해서 일이 되게 했던 리더는 요셉이었습니다.

자리가 곧 리더십은 아닙니다. 하나님의 축복은 노예의 자리에 있었던 요셉에게 임했습니다. 높은 자리를 깔고 앉았다고 리더가 아닙니다. 실제로 일을 할 줄 알아야 리더입니다. 리더십은 자리가 아니라 영향력입니다.

요셉은 노예로 팔려 가서 최선을 다했습니다. 하나님이 축복도 주셨습니다. 그렇다면 노예 상태에서 풀려날 것 같은데, 그렇지 않습니다. 오히려 노예보다 더욱 낮아집니다. 요셉은 누명을 쓰고 죄수가 됩니다. 억울하게 팔려온 노예에서 억울하게 누명을 쓴 죄수가 되었으니, 그야말로 기구한 인생입니다.

요셉이 감옥에 간 이유는 '거룩' 때문입니다. 보디발의 아내가 요셉을 유혹했는데, 그 유혹을 뿌리쳤습니다. 그러자 앙심을 품은 여인이 요셉을 강간미수범으로 모함합니다. 하나님의 말씀을 따라 거룩을 지켰는데, 상은 커녕 벌이 내려집니다. 이 정도면 하나님을 원망하고 자포자기 할 만한데, 요셉은 그러지 않았습니다. 감옥에서도 성실하고 바르게 살았습니다. 요셉을 눈여겨본 감옥의 우두머리(전옥)가, 감옥의 운영에 대한 제반 업무를 요셉에게 맡깁니다.

전옥은 그의 손에 맡긴 것을 무엇이든지 돌아보지 아니하였으니 이는 여호와께서 요셉과 함께 하심이라 여호와께서 그의 범사에 형통케 하셨더라(창세기 39장 23절)

요셉이 노예였을 때와, 죄수였던 때의 기록이 똑같습니다. 노예 요셉이 보디발 가문의 모든 업무를 담당했습니다. 죄수가 된 요셉도 감옥을 운영하고 죄수를 관리하는 일을 감당합니다. 노예였을 때는 요셉 때문에 주인의 집안 전체가 복을 받았습니다. 죄수였을 때도 하나님이 범사에 형통하게 하셔서, 요셉 때문에 감옥의 일들이 원활하게 처리됩니다.

요셉은 복덩어리입니다. 그가 가는 곳마다 주변 사람들이 다 복을 받습니다. 이 대목에서 성경이 증거하는 리더십의 원리가 다시 한번 확인됩니다. 감옥에서 높은 자리를 차지한 사람은 누구였을까요? 전옥과 간수들입니다. 그에 비해서 요셉은 낮은 자리에 있는 죄수입니다. 그런데 하나님이 요셉을 축복하셔서 감옥의 모든 일이 형통해졌습니다. 실제로 감옥의 제반 업무를 요셉이 처리했고, 그가 하는 일마다 잘되었습니다. 그렇다면 감옥이 잘 운영되고, 죄수들이 제대로 관리되도록 했던 리더는 요셉이었습니다. 요셉은 죄수이면서도 리더였고, 감옥에서조차 리더였습니다. 다시 한번 강조합니다. 리더십은 자리가 아니라 영향력입니다.

어느 날, 감옥에 대단한 사람들이 들어옵니다. 이집트의 왕이었던 파라오의 술 담당 관원과 빵 담당 관원입니다. 옛날에는 왕이 먹는 음식에 독을 타서 암살하는 독살(毒殺)이 많았습니다. 그래서 왕이 제일 신뢰하는 신하에게 음식에 독이 있는지 없는지를 철저히 검사하는 업무를 맡겼습니다. 당시에 왕의 술 담당과 빵 담당이라면 측근 중에서도 측근으로, 권력의 핵심에 있는 인물입니다.

고관대작이었던 두 사람이 파라오의 노여움을 사서 감옥에 왔는데, 어느 날 꿈을 꿉니다. 꿈의 의미를 몰라서 심란해하다가, 감옥의 총무였던 요셉에게 상담을 신청합니다. 요셉이 이야기를 듣고 해몽하기를, 빵 담당 관원은 처형되고, 술 담당 관원은 복직된다고 말합니다. 우리는 이 장면에서 하나님의 오묘한 섭리를 발견합니다. 파라오의 빵을 담당하고 술을 담당하는 고위직 관리들에게, 조언하고 가르칠 수 있는 사람이 누구일까요? 장관이나 대통령 비서실장 위에 있는 사람이라면, 총리입니다.

하나님은 제일 낮은 자리에서 제일 높은 곳에 오를 수 있는 훈련을 시키셨습니다. 죄수인 요셉에게 장관과 비서실장들을 상담하고 돌보아주고 그들에게 지시하는 경험을 하게 하셨습니다. 감옥에서 본인도 모르는 사이에 총리가 되는 훈련을 받게 하셨습니다.

요셉의 말이 그대로 이루어집니다. 파라오의 술을 담당하던 관원이 복직되어서, 다시 왕궁으로 돌아갑니다. 세월이 흐른 뒤, 파라오가 꿈을 꾸고 해몽할 사람을 찾습니다. 그때 술 담당 관원이 요셉을 기억해서 파라오에게 추천합니다. 마침내 요셉이 파라오에게 불려가서 해몽해 주자, 파라오가 그의 지혜에 감탄합니다. 요셉을 총리로 임명하고 대제국 이집트의 국사(國事)를 일임합니다.

요셉이 걸었던 궤적에 하나님의 비밀이 있고, 리더십의 비결이 있습니다. 노예로 팔려갔으니, 불쌍하고 처참할 것 같았는데, 오히려 하나님은 리더십 1단계로 훈련하셨습니다. 요셉은 세도가와 대지주의 가업을 관리하고 경영하는 유능한 실력자로 성장했습니다.

한 번 더 곤두박질쳐서 감옥에 떨어졌을 때, 누가 보아도 억울하게 실패한 인생이었는데, 하나님은 리더십 2단계로 훈련하셨습니다. 다양한 죄수들을 돌보아주며 사회의 그늘까지도 파악하게 하셨습니다. 전옥과 간수들과 함께 일하며 공무원과 행정체계를 배우게 하셨습니다. 장관을 상대하고 비서실장의 고민을 들어주며 총리급 경험을 쌓게 하셨습니다.

만약에 요셉이 죄수 생활을 하지 않고, 곧바로 총리가 되었다면 어땠을까요? 요셉이 만약 감옥을 거치지 않고 총리에 임명됐다면, 어떤 꼴을 당했을까요? 처음 출근하는 길부터 두려움에 벌벌 떨었을 겁니다. 요셉은 떠돌이 노예 출신입니다. 요셉이 다스려야 할 장관들은 집안도 좋고 학력도 높은 엘리트들입니다. 장관들의 눈에는 총리인 요셉이 만만해 보였을 겁니다. 장관들에게 무시당해서는, 국정을 순탄히 운영하기가 어렵습니다.

하지만 총리 요셉은 꿀리지 않고, 기가 죽지도 않고, 당당하게 장관들을 지휘했습니다. 어떻게 그럴 수 있었을까요? 감옥에서 상대해 보았기 때문입니다. 죄수 시절에 요셉은 술 담당 관원과 빵 담당 관원이 도저히 이해하지 못한 꿈을 해석해 주면서 분명히 깨달았습니다 : "하나님이 장관들보다 크시고 지혜로우시다!"

사람이 아무리 높아도, 하나님보다 높지 못합니다. 이렇게 말하고 듣기는 당연하지만, 현실에서는 당연하지 않습니다. 보이지 않으시는 하나님께 줄 서기보다, 보이는 권력자에게 줄을 서려고 합니다. 하나님의 말씀을 통해서 지혜를 구하기보다, 세상의 권력자들의 말에 귀를 기울이고 목을 맵니다. 하나님 빽보다 사람 빽을 더 좋아합니다. 높은 지위, 대단한 학벌, 엄청난 가문 출신들 앞에서는 움츠러들고, 기가 죽고, 인간이 그렇습니다.

하지만 요셉은 위정자(爲政者)들보다 크고 높고 지혜로우신 하나님을 감옥에서 체험했습니다. 하나님이 함께 하시면, 권력자들도 별 것 아님을 감옥에서 깨달았습니다. 하나님이 주신 지혜로 세상의 권력자들을 얼마든지 가르치고 지시할 수 있음을 감옥에서 경험했습니다. 그 깨달음과 체험과 경험이 있었기에, 요셉은 대단한 사람들 앞에서도 기가 죽지 않았습니다. 변방에서 팔려온 노예에 죄수 출신인 그가, 제국의 심장부에서 장관들을 다스리며 강대국을 경영했습니다.

요셉의 말과 같이 일곱 해 흉년이 들기 시작하매 각국에는 기근이
있으나 애굽 온 땅에는 식물이 있더니(창세기 41장 54절)

7년이나 연속으로 흉년이 들었다면, 경제가 붕괴되고 사람들이 굶
어 죽는 대기근입니다. 그런데 여러 나라에 있는 기근이 이집트에는
없었습니다. 반대로 다른 나라들에 없는 식량이 이집트에는 있었습
니다. 왜냐하면 이집트의 총리가 요셉이었기 때문입니다.

7년의 흉년 이전에 7년의 풍년이 있었습니다. 풍년기에 요셉은 흉
년기를 대비해서 식량을 비축해 놓았습니다. 이집트의 전 국민이 먹
고, 주변 나라들까지 도와줄 수 있을 정도로 넉넉하고 철저하게 준
비했습니다. 현명한 총리의 풍년 관리와 식량비축 정책이 있었기에,
이집트는 대기근의 시기에 오히려 국부(國富)가 늘어났습니다. 주
변 나라 백성들에게 먹을 것을 나누어주어서 존경받는 나라가 되기
도 했습니다.

여기에서 다시 한번 리더십의 본질을 발견합니다. 요셉이 노예였
을 때는 주인이었던 보디발의 집에 복이 임했습니다. 요셉이 죄수였
을 때는 감옥의 범사가 형통했습니다. 요셉이 총리가 되니, 나라 전
체가 대기근에도 오히려 번영하는 축복을 받았습니다.

요셉은 한 번도 1인자가 된 적이 없습니다. 보디발의 집에서는 노
예, 감옥에서는 죄수, 왕궁에서 총리직에 올라도 2인자였습니다. 요
셉은 단 한 번도 최고 지도자였던 적이 없습니다. 그러나 요셉은 가
는 곳마다 위대한 리더였습니다. 요셉이 머무르는 곳마다 형통했습
니다. 요셉이 낮은 곳에 있으면 낮은 곳이 잘 되었고, 높은 자리에
올라가면 높은 곳이 잘되었습니다. 이것이 바로 크리스천 리더십입

니다. 리더십은 영향력이요, 크리스천 리더십은 기독교적 영향력입니다.

생각해 봅시다. A라는 사람이 높은 자리에 올라갔습니다. 하지만 자리만 차지할 뿐, 아무런 기독교적 영향을 끼치지 않습니다. 잘 먹고 잘 살면서 자랑이나 합니다. 세상은 그를 리더라고 착각할지라도, 하나님이 보시기엔 있으나 마나 한 사람입니다.

B라는 사람은 높은 자리에 올라가서 악한 짓을 합니다. 그러면 그 자리에 올라가지 않는 편이 세상에 이롭습니다. 리더십은 자리가 아니라 영향력입니다. 썩어져가는 세상에 소금의 맛을 내고, 어두워져가는 세상에 빛을 비추는 영향력입니다. 때로는 영향력이 자리와 상관없이 발휘됩니다. 낮은 자리에서도 얼마든지 리더가 되고 리더십을 실천할 수 있습니다.

앞에서 던졌던 질문으로 돌아가겠습니다. 기독교 경장은 높은 자리에 올라야만 가능할까요? 그렇지 않습니다. 우리가 자주 목격하는 실제는 이렇습니다. 높은 자리에 올라가기 위해 수단과 방법을 가리지 않습니다. 수단과 방법을 가리지 않아서 높은 자리에는 오릅니다. 하지만 수단과 방법을 가리지 않는 습성이 몸에 배었으니, 기독교 경장은 불가능해집니다.

이 나라에 기독교인 국회의원, 기독교인 사장, 기독교인 장관, 사회 각 분야의 기독교인 고위직은 많은데도 나라가 어지러운 이유가 여기에 있습니다. 높은 자리를 차지한 기독교인은 많은데, 정작 크리스천 리더가 없기 때문입니다. 높은 자리에 올라간다고 저절로 크리스천 리더가 되지는 않습니다. 낮은 자리에 있을 때부터 기독교인

답게 살아야, 높은 자리에 올라서도 기독교인다운 영향력을 발휘할
수 있습니다.

오직 너희는 택하신 족속이요 왕 같은 제사장들이요 거룩한 나라
요 그의 소유가 된 백성이니 이는 너희를 어두운 데서 불러 내어 그
의 기이한 빛에 들어가게 하신 이의 아름다운 덕을 선포하게 하려
하심이라(베드로전서 2장 9절)

택하신 족속, 왕 같은 제사장, 거룩한 나라, 하나님의 소유된 백성
: 예수님을 믿는 저와 여러분을 지칭하는 단어입니다. 이 단어들에
미래시제는 없습니다. 택함을 받게 될 족속, 왕이 될 제사장, 거룩함
을 입게 될 나라, 그가 소유하게 될 백성이 아닙니다. 우리가 거듭난
그 순간부터 택하신 족속, 왕 같은 제사장, 거룩한 나라, 하나님의 소
유된 백성입니다.

그런데 나중에 높은 자리에 올라가서 성경의 말씀을 따르겠다고
요? 일단은 좋은 대학에 들어간 다음에 교회는 나중에 가도 된다고
요? 성공하고 출세해서 하나님께 영광 돌리라고요? 오늘 순종하지 않
고 내일로 실천을 미루는 회피는 교묘한 거짓말입니다. 나를 속이는
짓이고 세상을 속이는 짓입니다. 하지만 하나님은 속지 않으십니다.

말씀을 '오늘' 받아들여서, 하나님이 나를 '지금' 리더로 쓰신다고
믿고, 하루하루를 크리스천 리더로 영향력을 발휘하면서 살아가시
기 바랍니다. 기독교 경장은 자리와 지위를 전제로 한 개념이 아닙
니다. 말씀을 전제로 한 개념입니다. 하나님의 말씀을 따라, 내일 리
더가 된다고 미루지 마시고, 오늘부터 리더로 살아가시기를 주님의

이름으로 축원합니다.

이승만은 감옥에서 기독교 경장을 주장했습니다. 그렇다면 본인이 말한 대로, 감옥에서도 경장을 실천했을까요? 이승만은 한성감옥에서 중요한 업적들을 남겼습니다. 첫째로, 감옥에 학교를 세웠습니다. 학교를 세우려면 관리에게 허락을 받아야 하지요. 한성감옥의 최고 책임자 김영선(金英善)에게, 이승만이 편지를 씁니다.

> 결단코 '그 지위를 얻지 못하면 그 정사(政事)를 논하지 않는다'는 낡은 관념을 지키며 국가의 어려움을 앉아서 보고 있을 수만은 없었습니다… 특별히 한 칸의 방을 허락하시어 학문에 뜻을 둔 사람들을 골라서 한 곳에 모아 수업을 받게 하고, 아울러 등에 불 켜는 것을 윤허해 주십시오.

이 글에 인상적인 부분이 있습니다. '그 지위를 얻지 못하면 그 정사를 논하지 않는다', 즉 높은 자리에 올라 간 다음에나 정치, 세상사에 대해 논해야 한다, 자리도 없는 낮은 사람들은 논하지 않는다, 이런 고정관념은 시대에 뒤떨어진 낡은 관념이라는 통찰입니다. 오늘 제가 강의한 내용을 120년 전에 청년 이승만이 이미 글로 적었습니다. 낡은 관념이라고 콕 집어서 비판했습니다.

그렇다면 낡은 생각을 버린다고 해도, 죄수가 감옥에서 무엇을 할 수 있을까요? 이승만은 할 수 있는 일을 찾아냈습니다. 감옥 서장에게 보낸 편지에는 '학문에 뜻을 둔 사람들'이 언급됩니다. 당시의 한성 감옥에는 조선의 독립을 위해서 투쟁하던 정치범들이 있었습니다. 이상재, 이동녕, 유성준, 이종일, 안국선 등등, 우리 근현대사를 수놓은 기라성 같은 인물들인 동시에 대단한 지식인들입니다.

이승만은 그들과 함께 기독교 경장을 위한 연구와 토론 모임을 열고자 감옥의 서장에게 편지를 보냈고, 허락을 받았습니다. 이승만에 의해서 개설된 감옥학교에는 당대의 지식인들뿐만 아니라 못 먹고 못 배워서 죄인의 길에 들어섰던 민초(民草)들도 찾아왔습니다. 감옥학교의 민중교사, 이승만의 기록입니다.

> 각 칸에 있는 아이 수십 명을 불러다가 한 칸을 치우고 가갸거겨를 써서 읽히니 혹 웃기도 하고 혹 흉도 보고 혹 책망도 하는지라… 신약을 여일히 공부하여 조석 기도를 저의 입으로 하며 찬미가 너대댓 가지는 매우 들을만하게 하며 언어 행동이 통히 변하여 참사람 된 자 여럿이며…

이승만은 소매치기하고 도둑질 하다가 잡혀 온 '아이 수십 명'에게 '가갸거겨', 다시 말해서 한글을 가르쳤습니다. 그러자, 동료죄수들이 비웃기도 하고 흉도 보고 책망도 했습니다. 그들의 비웃음에 이승만이 답합니다. "좋은 일 할 때는 으레 이런 일 생기는줄 아는고로", 큰 일이든 작은 일이든 무언가를 개혁하려고 하면 비웃는 무리가 나타납니다. '네 까짓 게 뭘 한다고…'하며 핀잔을 줍니다. 해봤자 안된다며 하고자 하는 사람의 의욕을 꺾으려고 듭니다.

사람들이 뭐라고 하든지 신경 쓰지 않고, 이승만은 열심히 가르쳤습니다. 그랬더니 불량청소년들이 예수님을 믿고 "신약을 여일히 공부하여 조석 기도를 저의 입으로 하며", 성경을 읽고 아침 저녁으로 기도를 드렸습니다. 찬송가를 부르고 행동이 변화된 아이들도 여럿 있었습니다.

감옥의 교육자 이승만을 보고, 성낙준이라는 선비가 감동을 받아서 기록을 남겼습니다. "한성감옥서 학당의 내력"이라는 글입니다.

미천한 백성이 어려서 부모와 스승의 훈계를 잃어 길을 잃고 떠돌다가 액운을 만나면 대부분 이곳에 들어온다… 세상 사람들은 모두 통렬히 미워하고 엄하게 배척해 마지 않는다…

당대의 복사(뱃속에 책벌레가 들어있는 것처럼 박식한 사람, 석학)인 이추관(이승만)이 그들의 스승이 되었으니, 무엇인들 미치지 못하겠는가…

열흘도 못되어 입속에 가시가 돋은 자들이 모두 국문과 동국사(東國史) 몇 줄씩을 통하게 되었고, 차차 어제가 잘못되었고 오늘이 옳다는 것을 깨닫게 되었다. 장차 이렇게 몇 달간 계속하면 쾌히 인재로 성취시킬 가망이 있게 되었다.

이는 참으로 천만고(千萬古, 천만년이나 되는 오랜 옛적)에 듣지 못했던 훌륭한 일이 아닐 수 없다.

성낙준은 이승만을 최고의 지식인이라는 뜻으로, "당대의 복사"라며 격찬합니다. 그리고 "세상 사람들은 모두 통렬히 미워하고 엄하게 배척"하는 소년 범죄자들을 이승만이 가르치는 모습을 바라봅니다. 놀랍게도 불과 열흘 만에, 아이들이 한글을 깨쳐서 가갸거겨를 외우고 우리 역사를 논합니다. 성낙준은 천만년 세월 동안 듣지 못했던 훌륭한 일이 일어났다고 감탄합니다.

감옥에서 실천한 경장, 첫째가 학교요 둘째가 도서관입니다. 이승만이 선교사들의 도움을 받아서 도서관을 만듭니다. 1903년 무렵에 한성감옥 도서관에 있던 책이 523권이라는 기록이 남아 있습니다. 그중에서 2/3가 기독교 및 관련 서적, 나머지 1/3은 경장에 관한 책들이었습니다. 기록에 의하면 229명의 죄수가 책을 대출해서 읽었다고 합니다.

대출자 명단을 보면 소매치기도 있고, 이준 열사 이상재 선생 등 역사에 획을 그은 위대한 인물들도 있습니다. 몇몇 죄수들은 이승만의 도서관에서 기독교 사상을 접하고 회심하기도 합니다. 국사편찬위원장을 지내신 유영익 박사의 「젊은 날의 이승만」에서 아래의 글을 인용합니다.

옥중 서적실에 수장된 책들은 비록 양적(量的)으로는 궁중 도서관인 집옥재(集玉齋)에 소장되었던 자료들에 비해 뒤질지 모르지만 질적(質的)으로는 - 구한말 한국 지식인들에게 기독교를 이해시키며 개혁의욕을 고취시킨 점에서 - 오히려 쓸모가 더 많았던 자료들이었다고 여겨진다…

이승만이 한성감옥에 설치한 서적실은 1900년 전후 국내에 개설되어 있던 공·사립 도서관 가운데 기독교와 제도개혁에 관한 한 가장 알찬 도서관이 아니었나 여겨진다. 이상재, 이원긍, 유성준. 김정식 등 많은 양반 지식인 정치범들이 이 서적실에 소장된 서적들을 탐독하고 기독교 신학을 탐구했으며 또 그들의 개혁사상을 심화시켰다는 점에서 이승만이 설립한 이 서적실은 한국 기독교 선교사(宣敎史) 내지 개화사에서 주목할 가치가 있다.

이승만은 본인이 조성한 도서관에서 지식인 죄수들과 함께, 기독교로 나라를 어떻게 개혁할 것인지를 연구하고 토론했습니다. 엘리트이자 애국자였던 정치범들을 전도하여, 그들이 대거 기독교인이 됩니다.

제임스 게일(James S. Gale) 선교사는 구약 성경의 "여호와"라는 단어를 우리말 성경에서 "하나님"으로 번역한 인물입니다. 그가 「전환기의 한국」에서, 한성감옥에 대해서 인상적인 글을 남겼습니다.

> 이들(이승만, 유성준, 김린, 이상재, 이원긍, 김정식 등)의 감옥은 처음에 (진리) 탐구의 방(an inquiry room)으로 시작하여, 다음에는 기도의 집(a house of prayer)이 되고, 그 다음에는 예배당(a chapel for religious exercise)으로 바뀌었다가, 급기야 신학당(a theological hall)이 되었다. 이 과정을 끝내자 하나님께서는 이들을 모두 감옥에서 내보내어 사역(使役)토록 하셨다.
>
> 그들은 높은 사회적 지위와 정치적 영향력, 그리고 우수한 한문 실력 때문에 이 나라 수도(首都)의 기독교계에서 최초의 지도자가 되었다.

감옥에서 이승만에게 전도를 받은 인물 가운데 대제학을 지낸 이원긍 대감도 있었습니다. 구한말의 역사에 여러 번 등장하는 인물입니다. 대제학은 조선의 국교(유교)와 경전을 연구하는 직책입니다.

대제학은 당대 최고의 지식인이요, 최고의 선비로 인정받았습니다. 그래서 왕이 바뀌어도 대제학은 바뀌지 않는 경우도 있었습니다.

조선 유교의 최고봉이었던 대제학이 한성감옥에서 이승만의 전도를 받아 기독교인이 되었으니, 놀랍고도 대단한 사건이었습니다. 20대의 청년이 선교사들에게 부탁하고 감옥 관리자의 허락을 받아서 도서관을 만든 덕택에, 이원긍, 이상재, 이준 등 고위직 출신의 쟁쟁한 인물들이 성경을 탐구하고 기독교인이 됩니다.

요셉의 이야기와 비슷하지 않습니까? 요셉은 감옥에서 장관들을 가르쳤습니다. 이승만도 한성감옥에서 엘리트 각료들의 성경공부를 인도했습니다. 요셉이 감옥에서부터 총리였던 것처럼, 이승만은 감옥에서부터 대통령이었습니다. 젊었을 때 죄수의 신분에서도 리더십을 발휘했기 때문에, 대통령이 된 후에 5천 년 역사에 없었던 기독교적 경장을 성공시킬 수 있었습니다.

감옥에서의 경장, 셋째로 논설을 집필했습니다. 이승만은 간수들의 묵인 하에, 혹은 감시자들의 눈을 피하며, 감옥에서도 글을 썼습니다. 그리고 신문사 직원이 면회를 오면, 글을 쓴 종이를 접어서 손바닥에 감추었다가 몰래 전달했습니다. 직원이 접은 종이를 펴서 이승만의 논설을 신문에 실었습니다. 박학다식하고 애국의 열정이 넘치는 글은 많은 사람들에게 영향을 주었습니다. 감옥 동료였던 신흥우의 기록입니다.

그는 수감되기 전에 〈제국신문〉을 편집하였고 감옥 속에서도 그 신문의 논설을 쓰기 시작했는데, 엄비(嚴妃)가 그 신

> 문의 충실한 독자였다. 이승만이 정규적으로 글을 쓸 때면 그
> 신문의 독자가 늘었고 정치적 압력으로 그의 글이 나가지 못
> 할 때는 독자가 줄곤 했다.

이승만의 글이 실리면 신문이 잘 팔리고, 안 실으면 판매량이 줄어들 정도로, 논설은 인기를 끌었습니다. 고종황제의 왕자를 낳은 엄비가 이승만의 애독자가 되기도 했습니다. 비록 몸은 갇혀 있었지만, 글은 세상을 휩쓸었습니다. 감옥에서도 세상을 움직였던, 대단한 청년이었고 리더였습니다.

이승만의 경장은 망명지였던 하와이에서도 계속됩니다. 김해에 있는 조선인 A와 하와이 호놀룰루에 있는 조선인 B가 한 팀이 되어 인신매매를 합니다. 생활고에 시달리던 아버지는 15세의 딸을 A에게 넘겨줍니다. A는 소녀의 호적을 고쳐서 나이를 18세로 속인 다음, B의 도움을 받아 미국 오하이오 주에 사는 남자에게 팔아 넘기려고 했습니다.

실상은 소녀를 파는 것인데, 위장은 결혼이었습니다. 결국 A씨와 B씨에 의해 열다섯 살 조선 소녀가 태평양을 건넙니다. 선박이 대양을 가르다가 하와이에 잠시 정박했습니다. 하와이에 머물던 이승만이 우연히 이 소식을 듣습니다. 그는 즉각 행동에 나섭니다. 소녀를 찾으려고 하와이에 있던 여관을 다 뒤집습니다. 기어코 소녀를 찾아내어 팔려가지 않도록 구출합니다. 1913년 9월 13일 자 〈국민보〉에 실린, 이승만의 "혼인길을 막지 말라"입니다.

> 즉시 전화로 각처 여관에 탐문하다가 마침내 찾은지라. 그

곳을 찾아가서 그 여자를 보고 한국말로 물으며 내가 한인이
로다 한즉 반가와서 죽은 부모나 맞은 듯이 붙들고 우는 고로
그 사연을 물은즉…

남의 꾀임을 받아 여기까지 와서 몇 달 동안을 지낸 고로 가
지고온 옷 두 벌을 빨아 입지 못하였은즉 그 누추함은 형용할
수 없으며 제 말이 소위 남편 될 자의 나이 이십팔 세라 하나 응
당 더 늙은 사람을 속여서 이십팔 세라 하는 줄로 믿노라하며…

이것을 이름은 혼인이라 하나 실상은 팔아 먹는 것뿐이니
개명시대에 흑인 노예도 매매를 금하거든 하물며 제 동족의
어린 계집아이를 이렇듯 참혹히 파는 것을 그저 있기가 과연
도리가 아닌 것 같소이다.

이승만은 죄수 시절에도 기독교 경장을 실천했고, 일본의 지명수
배와 살해협박을 받고 있던 망명자 시절에도 팔려가는 소녀를 직접
찾아다니면서 구출했습니다. 이승만의 경장은 손과 발로 실천한 경
장이었습니다.

기독교 경장주의는 우리에게 질문합니다. "경장은 실천이다. 어떻
게 경장을 실천할 것인가?" 1900년에 한성감옥에서 쓴 이승만의 글
"새로 번역한 「중동전기(中東戰記)」의 부록"(新譯戰記附錄)을 소개
합니다.

동서양의 역사책을 두루 살펴보건대, 세상에 국민이 미개
하고도 국가가 흥성하는 이치는 없다… 지금에 있어서의 계
책은 백성들이 관에 의지하지 않고 스스로 배움의 길에 나서

고 그 배운 바대로 남에게 전수(傳授)하는 것만 같지 못하다. 그리하여 힘들고 외롭게 얻은 조예(造詣)일망정 하나가 열에게 전하고 열이 백에게 전한다면 함께 문명(文明)에 이르는 것도 그리 어려운 일은 아닐 것이다. 속히 서둘러 힘써야 하지 않겠는가?

당시의 정부는 무능하고 부패했습니다. 나랏일을 정부에만 맡겨 놓으면 망할 수밖에 없었습니다. 그래서 이승만은 '관에 의지하지 않고 스스로 배움의 길'에 나서야 한다고 촉구합니다. 개개인이 나라를 위한 행동을 실천하면서 배운 바를 '하나가 열에게 전하고 열이 백에게' 전해야 한다고 말합니다.

지금도 마찬가지입니다. 민주(民主)의 시대이니, 국민들이 주인이라는 마음으로 나라를 위해서 일해야 합니다. 회의적인 사람들은 민간차원의 노력이 효과가 없다고 좌절합니다. 사실은 그렇지 않습니다. 분명 효과가 있습니다. 우리나라의 주요 언론이 좌경화된 지 벌써 오래입니다. 김정은 뒤에 꼭 '국방위원장' 칭호를 붙이고, 그에게 비판적인 보도는 알아서 자제합니다.

그런데 애국자 한 명이 개인 유튜브를 열어서 북한의 진실을 말했습니다. 한 사람이 말한 진실을 열 명, 백 명이 사방에 전했습니다. 그러자 북한정권의 '우리민족끼리' 와 '노동신문'에 그를 질타하는 보도가 쏟아졌습니다. 유튜버 한 사람인데, 북한이 직접 나설 만큼 영향력이 있었습니다.

사랑하는 여러분, 한반도의 역사가 요동치는 중차대한 순간에, 구경꾼으로만 있을 수는 없습니다. 무언가 할 수 있는 일을 찾아서, 나라에 기여하는 길을 열어가야 합니다. 이승만의 "새로 번역한 「중동전기(中東戰記)」의 부록", 마지막 문장이 인상적입니다.

> 화로 같은 감옥에 수감된 몸으로 더위를 무릅쓰고 땀을 뿌리면서 아침 저녁으로 부지런히 힘써 다행히 붓을 마쳤다.
> 광무 4년(1900) 8월 5일 자의인(赭衣人, 죄수)은 고하노라.

1900년 당시, 대궐 같은 집에서 비단옷으로 치장하고 아침저녁으로 고기를 씹던 세도가들이 있었습니다. 그 높던 사람들 중에서 역사는 누구를 기억할까요? 지체 높으신 대감마님들 중에서 누가 우리 민족사에 빛을 비추었을까요? 그 시절에는 잘 나갔지만, 그저 한철이었을 뿐입니다.

청년 이승만은 언제 풀려날지 모르는 감방에서, 화로에 들어앉은 듯한 더위와 싸우며 한자 한자 써 내려갔습니다. 땀을 뿌리면서 피를 짜내듯이 써낸 글들이 민족혼을 일깨우고 조선의 정신을 살려냈습니다. 그 죄수를 대한민국의 건국자요 국부로 우리는 기억합니다.

그 당시에는 누가 리더로 보였을까요? 당연히 높은 분들이었습니다. 하지만 고래 등 같은 기와집에서 호의호식하던 양반들은 역사의 뒤편으로 사라지고 잊혀졌습니다. 망국과 식민지, 해방과 건국의 격동하는 역사에서 누가 제일 큰 역할을 감당했습니까? 자리라고도 할 수 없는 자리요, 지위라고도 할 수 없는 지위에 있었던, 죄수 출신 이승만입니다.

우리 역사에서 가장 어두웠던 멸망과 식민지의 밤에, 가장 찬란한 대한민국의 새벽을 준비했던 인물은 무명(無名)의 죄수 이승만이었습니다. 기독교 정신으로 세상을 바꾸는 경장, 그것이 역사의 주인공이 되는 과정이요 비결입니다.

왕조시대에도 국민을 기독교로 경장할 수 있었다면, 개명한 21세기 민주주의 국가에서는 얼마든지 할 수 있습니다. 북한 세습정권, 중화제국주의, 종북(從北) 반역자들의 거짓말이 판을 치는 시대에, 성경과 역사의 진실을 깨달은 하나가 열에게 말하고, 열이 백에서 말해서, 나라의 주인인 국민들이 깨어나야 합니다. 나라가 망하면 백성들도 망하고, 나라가 흥하면 백성들도 흥하는 이치를 깨달아서, 기도로 나라를 지키고 행동으로 나라를 개혁하는, 뜻 있는 그리스도인들이 많아져야 합니다.

대한민국이 아슬아슬한 위기의 벼랑을 통과하고 있습니다. 한 발이라도 헛디디면 역사의 낭떠러지로 떨어질 위급한 순간에, 백성들을 이끌고 갈 크리스천 리더가 일어나야 합니다. 이 중대한 순간에 역사의 주인이신 하나님과 동행하며, 한반도의 구경꾼이 아니라 주인으로 살아가시기를 축원합니다.

▲밴 플리트 장군(James Van Fleet, 1892-1992)

6.25 전쟁 당시 미군 지상군 사령관이었던 밴 플리트(James Van Fleet, 1892-1992)는 '이승만의양아들'이라고 불릴 만큼, 이승만 대통령을 존경했다. 그는 대한민국의 건국 대통령에 대해서 다음과 같이 말했다.

"이승만 대통령은 우리 시대의 중요한 사상가이다. 그는 위대한 애국자, 강력한 지도자, 강철 같은 사나이, 카리스마적인 성격의 소유자이다. 이승만 대통령은 자기 체중만큼의 다이아몬드에 해당하는 가치를 지닌 인물이다."

이승만에 대한 존경은 한국에 대한 사랑으로 이어졌다. 밴 플리트는 "서울은 프랑스의 파리나 그리스의 아테네와 마찬가지로 중시되어야 한다."면서, 50만 명 이상의 대군을 투입한 중국군의 대공세를 막아내고 서울을 사수했다.

한국형 크리스천 리더십 5

기도하는
탁월성

미국 펜실베이니아주 필라델피아에 있는 교회에서 말씀을 전한 적이 있습니다. 아주 오래된 예배당이었는데, 건물이 고풍스럽고 우아한 예술품 같았습니다. 물어보았더니, 65년 전에 지은 건물이라고 합니다. 65년이나 되었으면 낡아서 볼품없을 것 같은데, 여전히 튼튼하고 아름다웠습니다. 기술력이 부족했을 1950년대에 이렇게 멋진 건물을 어떻게 지었을까요? 건축을 잘 아시는 분이 설명합니다.

"요즘은 이런 건물 못 짓습니다. 건축업자들이 이익을 남겨야하기 때문에, 제일 좋은 재료를 쓰지 않고 이윤을 많이 남길 수 있는 재료를 사용합니다. 그런데 1950년대에는 미국 건축업자들이 제일 좋은 재료를 써서 양심적으로 건축했습니다. 그 당시에 지은 건물들은 대부분이 지진이 나도 무너지지 않을 만큼 튼튼합니다."

사업가가 이윤보다 양심에 더 큰 가치를 두고 장사를 한다는 것이 쉬운 일도 아니고 흔한 일은 더더욱 아닙니다. 그런 일이 1950년대 미국의 건축업계뿐만 아니고 사회 전반에 걸쳐서 일어났습니다. 그 시절의 미국을 이해하는 키워드는 골로새서 3장 23절 말씀입니다.

"무슨 일을 하든지 마음을 다하여 주께 하듯 하고 사람에게 하듯 하지 말라"

무슨 일을 하든지 '하나님이 내 앞에 계신다'는 심정으로, 하나님께 하듯이 정성을 다하라는 명령입니다. 건축가는 '하나님이 이 집에 사신다. 내가 짓는 집은 하나님께 올려드리는 제물이다'는 마음으로 건축해야 합니다. 음악가는 '하나님께 영광을 돌리기 위해 아름다운 선율의 제사를 드린다'는 사명으로 악기를 연주해야 합니다. 작가는 '하나님이 주신 지성, 감성을 총동원해서 하나님께 예배하는 심정으로 작품을 쓴다'는 거룩한 부담감으로 글을 써야 합니다. 직장인들 역시, 하나님이 보고 계신다는 심정으로 성실하게 일해야 합니다.

1950년대는 미국 기독교의 절정기입니다. 기독교 정신이 사회의 각 분야에 깊게 뿌리 내리고 있었습니다. 건축업자들도 '내가 지은 건물을 주님이 보시면 어떻게 평가하실까?'를 늘 염두하고 최선을 다해 건축했다고 합니다. 그래서 그 시절에 세워진 건축물들이 지금도 근사하게 남아있습니다.

무슨 일이든지 주께 하듯 하는 정신을 '탁월성의 추구'(pursuit of

excellence)라고 합니다. '주일성수'가 우리에게 잘 알려진 덕목이라면, '탁월성의 추구'는 잘 알려지지 않은 기독교적 덕목입니다. 미국에는 '탁월성의 추구'라는 개념의 책도 있고 노래도 있습니다. 미국 사회의 전통이자 문화이며, 서양 기독교의 위대한 유산이지요.

'탁월성의 추구'를 한마디로 요약할 수 있습니다 :
"최고의 하나님께 최선을"

최고이신 하나님께 게으른 삶을 바칠 수 없습니다. 최고이신 하나님께 나도 최고를 드리면 좋겠지만, 언제나 최고일 수 없는 부족한 인간이기에, 최선을 드리자는 다짐이 '탁월성의 추구'입니다. 최고이신 하나님께 최선을 드려야 제대로 된 예배자입니다. 일주일 동안 대강 살면서, 의롭게 살지도 않으면서, 열심히 노력하지도 않으면서 주일에 와서 예배만 잘 드리는 건, 구약의 예언자들이 질타한 대로 '마당만 밟는' 일입니다. 하나님께서 그런 사람들이 바치는 제물과 예배가 역겹다고 말씀하셨습니다. 한국 교회에도 '탁월성의 추구'가 소중한 기독교 전통으로 뿌리내리기를 소원합니다.

'탁월성의 추구'라는 덕목으로 이승만이라는 리더를 분석해 봅시다. 이승만은 어렸을 때부터 유난히 집중력이 강했습니다. 그에게 붙은 유년시절의 별명이 독특합니다 : 꽃 귀신에 반한 녀석, 나비 그림에 미친 '이나비'. 어린 이승만이 꽃에 매료되어 예쁜 꽃을 채집하기 위해 산과 들로 돌아다닙니다. 이리저리 돌아다니는 소년을, 마을 사람들이 꽃 귀신이 들렸다고 '꽃 귀신에 반한 녀석'이라고 불렀습니다. 이나비도 비슷한 뜻입니다. 나비를 좋아해서 나비를 잡으러

다니고 나비 그림에 심취해서 동네 친구들이 붙인 별명입니다. 연날리기에 빠진 적도 있고 삼국지에 빠진 적도 있습니다.

유년시절부터 무엇 하나에 꽂히면 푹 빠질 만큼, 집중력이 강했습니다. 집중력은 사람이 무언가를 성취하는 데 있어서 굉장히 중요한 요소입니다. 어려서부터 무엇을 하든지 집중하는 사람은 탁월해지고 성공할 확률이 높습니다.

이승만의 집중력은 한성감옥에서도 발휘됩니다. 사형수 이승만의 목에는 칼이 씌워졌고 손과 발은 묶여 있었습니다. 이승만과 같은 죄를 지어서 같은 날 함께 체포된 친구는 목이 잘려 죽었습니다. 같은 죄목으로 들어온 감방동기가 죽었으니, 이승만도 곧 죽을 예정이었습니다.

사형수의 형틀에 묶여서 시시각각 다가오는 죽음의 순간을 기다리고 있을 때, 이승만은 영어성경을 읽었습니다. 사형수가 영어성경을 읽으며 열심히 영어를 공부하고 단어를 외웠습니다. 감옥에 있는 죄수들이 보기에는 아주 이상한 장면입니다. 그들이 물었습니다. "언제 죽을지 모르는 사람이 그런 공부는 해서 무엇하냐?" 이승만이 답합니다. "죽으면 못쓰더라도 산 동안은 해야지. 혹 쓸 일이 있을지 모르니까…" 사형수 신세에도 열심히 영어를 공부했습니다.

1904년에 이승만과 함께 감옥생활을 했던 선비 정해상이 새로운 학문을 권하는 내용의 '권신학서'(勸新學書)'라는 글을 동료들에게 보냅니다. 그 편지에 이승만의 성실함이 언급됩니다.

> 이곳에 있는 뜻있는 선비 한 분은 잘못 죄명에 걸린 지가 지금까지 6-7년이 되었지만 학문과 교육을 자기 소임처럼 여기고 밥 먹고 잠잘 때에도 부지런하여 게으르지 않고 열심히 배우고 연구하고 있어 한국 사람들만 마음으로 기뻐하고 성심으로 탄복하는 것이 아니라 외국 사람들조차도 모두 한번 만나보고 싶어한다.

한성감옥에서 이승만은 성실성과 함께, 탁월함에 있어서 뚜렷한 자취를 남겼습니다. 1900년, 만 25세의 죄수가 이런 기록을 남겼습니다 : 장래에 일본과 미국이 전쟁을 할 것이다.

비행기를 타본 적도 없고, 조선 팔도 밖으로 한 발자국도 나가지도 않았고, 감옥에서 꼼짝 못하던 청년 죄수가, 40여 년 뒤에 터진 태평양 전쟁을 예고했습니다.

그 후에 이승만은 출옥하여 미국으로 유학을 떠납니다. 유수의 명문대학에서 공부하면서, 미국과 일본의 전쟁 가능성에 대해서 확신을 갖습니다. 하지만 당시의 국제정세는 이승만의 예측과는 정반대로 흘러갑니다. 미일협상이 진행되면서, 미국과 일본의 관계가 우호적으로 진전됩니다. 그럼에도 이승만은 본인의 예측을 철회하지 않았습니다. 1900년, 25세에 처음 가졌던 생각을 1908년, 33세에 글로 씁니다.

> 국제상 큰 형세에 관계한 문제를 능히 한 장 외교문서로 일조에 반복할진대 세계에 전쟁을 없게 하기가 어찌 어렵다 하리요, 미, 일 간의 관계를 정돈시킨 것은 붓이 아니요, 칼인 줄

세계의 정치·경제·군사의 대세를 종이 한 장으로 결정할 수 있느냐는 질문입니다. 외교문서 한 장으로 국제문제를 해결할 수 있다면, 세상에는 전쟁이 없어야 합니다. 이승만은 미국과 일본의 관계가 붓을 놀려 협정을 맺고 문서를 쓴다고 결정되는 것이 아니라, 칼을 빼어 들고 한바탕 전쟁을 치른 후에야 정리될 것이라고 예언합니다.

대저 이 이십 세기는 태평양 시대라. 유럽에 열국이 강성할 때에는 지중해가 세계의 정치 중심이 되었고 미국이 중간에 일어나며 대서양이 중요지가 되더니 지금은 졸지에 동양의 한 나라(일본)가 강성하여지매 그 형세가 자연 태평양으로 옮겨가서… 태평양 동서 양편에 두 나라(미국, 일본)가 새로 일어나매 각각 자기의 세력을 확장하여 주인 없는 양 해상에 주장이 되고자 함이 실로 자연한 생각이라…

서양사(西洋史)를 한 문단으로 요약한, 통찰력이 돋보이는 글입니다. 바다의 패권을 놓고 싸운 역사가 서양의 역사입니다. 로마가 부상(浮上)하면서, 카르타고와 로마가 120년에 걸쳐서 지중해의 패권을 놓고 전쟁을 치릅니다. 이후로도 열강들이 지중해의 제해권을 놓고 싸우다가, 미국이 신흥세력으로 등장하며 역사의 주 무대가 지중해에서 대서양으로 옮겨갔습니다. 일본이 일어나니 다시 태평양으로 옮겨갔습니다. '바다의 패권을 놓고 싸워온 인류의 반복되는 역사를 통해서 볼 때, 미국과 일본은 태평양을 두고 한판 붙는다.' 이것이 이승만의 번뜩이는 통찰력이었습니다.

실제로 미국과 일본의 전쟁을 '태평양 전쟁'이라고 부릅니다. 1941년에 일어난 전쟁을 1900년에 예측했고, 1908년에 글로 확증했으니, 대단한 탁월성입니다.

1933년에 이승만이 임시정부의 전권대사로 제네바에서 열린 국제연맹 회의에 참석합니다. 그때 기록한 일기입니다.

> 미국 영사관에 들렀다… 길버트 영사가 나에게 얻고자 하는 바가 무엇이냐고 질문을 하여 다음과 같이 응답했다. 우리는 국제연맹에 도움이 되기 위해 이곳에 왔으며 지금이야말로 중일 문제를 국제연맹의 실질적인 현안으로 올리기에 적합한 시기라고 생각한다.

이승만은 제네바의 미국 영사를 만나서 "국제연맹에 도움이 되기 위해" 왔다고 말합니다. 멸망한 식민지 조선이 국제연맹을 도와줄 수 있을까요? 사실은 국제연맹의 도움을 받아야 할 처지였음에도, 이승만은 도움을 주겠다고 당당하게 말했습니다. 한술 더 떠서 '중일문제를 실질적인 현안으로 올리라'는 제안까지 했습니다. 일종의 업무지시인 셈입니다. 이승만의 당당함은 근거 없는 무모함이 아니었습니다. 당당할 만큼 분명한 근거가 있었습니다.

> 1910년 강대국들은 일본의 세계 정복 계획을 알지 못했다. 단지 한국을 희생하면 일본이 이에 만족하고 만주에서 개방 정책을 펼칠 것이라고만 믿었다. 그러나 언젠가는 전 세계가 속았다는 것을 알게 될 날이 오리라는 것을 알고 있다.

1900년에 이미 이승만은 일본이 조선을 삼키고 만주를 발판 삼아 중국을 치고, 마침내 미국과 한판 승부를 벌일 것이라 예측했습니다. 그가 예측대로 일본은 1910년에 조선을 멸망시켰지만, 세계는 일본의 야욕을 알아차리지 못했습니다. 단지 조선만 정복하고 말 것이라고 예상했지요.

하지만 이승만이 제네바에 갔던 1933년에, 일본은 만주국을 세우고 중국으로 진격했습니다. 각국의 유명한 전문가들의 예측은 보기 좋게 빗나가고, 이승만의 예언은 실현되고 있었기에, 당당한 태도로 강대국의 외교관에게 말할 수 있었습니다.

> 이제 지구상의 모든 나라들이 한국은 일본의 침략 야욕의 첫 번째 단계이고 만주가 다음 단계이며, 이것이 결코 끝이 아니라는 사실을 분명하게 알게 될 것이다. 그러므로 지금이 야말로 우리는 극동의 평화를 실현하고 국제연맹을 존속시키기 위해 강대국들이 서로 함께 모여 일본을 그들이 원래 속한 섬나라로 돌려보낼 것을 전 세계에 알려야 한다는 나의 의견을 피력했다.

모두가 일본에게 속았을 때, 유일하게 속지 않았던 이승만이 제네바의 미국 영사를 설득했다는 기록입니다. '지금이라도 강대국들이 힘을 합쳐서 일본의 팽창을 저지하고, 다시 섬으로 돌려보내면 국제연맹이 존속될 것'이라는 이승만의 주장은 훗날의 역사에 비추어 확인해 볼 때, 정확했습니다. 국제연맹은 팽창하는 일본과 독일을 막지 못하고 2차 대전이 발발하면서 해체되어 버렸습니다. 사실상 국제연맹이 해체되지 않는 방법을 이승만이 알려준 셈이니, 본인이 말한 대로 국제연맹에 도움을 주었다고 해석할 수 있습니다.

이승만은 미국의 수많은 지도자들을 만납니다. 그를 만난 지도자들은 한마디씩 감상을 남겼습니다. 미국 지도자들의 눈에는 이승만이 어떻게 비쳤을까요?

1945년부터 1948년까지 대한민국을 통치했던 인물은 미군의 하지(John Reed Hodge)중장입니다. 2차 세계대전에서 명성을 떨쳤던 용장이지요. 세계의 패권국 장군이 식민지에서 겨우 해방된 한국에 왔습니다. 미국의 도움이 없었다면 한국의 해방이 불가능했던 상황이니, 한국의 지도자들이 하지 장군 앞에서 설설 기었습니다. 그러나 한국에는 이승만이 있었습니다.

당시 미국의 정책은 친공(親共)으로, 한반도에 공산주의를 허용하는 나라를 세우려고 했었습니다. 그러나 이승만은 철저한 반공(反共)주의자였습니다. 미국의 정책에 따른 하지의 임무와 이승만의 건국노선이 정반대였습니다. 세계의 패권국에게 통치를 받는 상황에서, 해방된 식민지의 지도자가 패권국에 맞서는 일은 상상하기도 어려운 일입니다. 그러나 이승만은 뜻을 굽히지 않고 하지장군에게 맞섭니다. 이승만이 워낙 탁월하니 하지와의 대결에서도 밀리지 않았습니다.

결국 미국은 친공정책을 철회하게 되고, 대한민국은 이승만이 의

도했던 대로, 반공 자유민주주의 국가로 건국됩니다. 이승만에게 시달리다가, 결국 이승만의 뜻이 관철되는 장면을 지켜보았던 하지가 고개를 절레절레 흔들며 말합니다.

> 미군정의 최고 책임자로서의 직책은 지금까지 맡았던 직책들 가운데 최악이었다. 내가 정부명령을 받지 않는 민간인이었다면 1년에 백만 달러를 줘도 그 직책을 수락하지 않았을 것이다. 특히 이승만 박사 같은 한국지도자를 상대했던 군정은 생각하기조차 끔찍했다.

6.25 전쟁에 대한 중국 측 기록에 의하면 한국군, 미군, 유엔군의 지휘관 중에서 중국군을 제일 괴롭게 했던 적장(敵將)은 미국의 리지웨이(Matthew Ridgway) 장군이었습니다. 인천상륙작전을 성공시킨 맥아더 장군보다 전쟁을 잘 치렀다는 평을 받을 만큼 대단한 명장이었습니다. 리지웨이도 건국대통령에 대한 기록을 남겼습니다.

> 이승만은 공산주의에 대한 증오에서는 타협을 몰랐고, 국민에 대한 편애가 심했고, 불가능한 일을 끈질기게 요구했으나 마음속에는 깊은 애국심으로 가득했고, 애국심에 의지해 오랜 망명생활을 보내고 귀국 후 눈 뜬 시간의 거의 전부를 나라를 위해 바쳤다.

이승만을 칭찬한 미국 지도자들이 너무나 많기에, 칭찬만 한 글보다는 비판도 섞여 있는 글을 찾아보았습니다. 리지웨이를 위시한 비판자들의 내용은 비슷합니다 : 고집불통에다가 불가능한 일을 요구하고, 무엇이든 미국에서 뺏어다가 자기 국민들에게 주려고 한다. 미국 지도자의 입장에서는 충분히 억울할 만한 일입니다. 그래서 미국의 탁월한 리더들 중에 이승만을 비판하는 인물들이 있었습니다.

그러나 그들은 공통적으로, 이승만을 욕하면서도 꼭 한 마디를 덧붙였습니다. '이승만이 저러는 건 애국심 때문이다. 미국의 돈과 물자와 병력을 쓰게 하는 날강도 짓이 괘씸하지만, 애국심 때문에 저런 짓까지 한다는 점을 생각하면, 존경스럽지 않을 수 없다.'

리지웨이 장군 역시 한국을 위해 불가능한 일들을 끊임없이 요구해대는 이승만이 괘씸했지만, 그의 깊은 애국심과 "눈 뜬 시간의 거의 전부를" 나라를 위해서 바쳤던 헌신에는 경의를 표했습니다.

이승만을 하도 존경해서, '양아들'이라는 별명이 붙은 인물이 미군 지상군 사령관이었던 밴 플리트(James Van Fleet) 장군입니다. 그는 한국 전쟁 중 만 2년 이상의 시간을 이승만과 함께 보냈습니다. 이승만 박사는 70대 후반의 나이에 쉬지 않고 전선을 시찰했습니다. 지프차를 타고 최전방을 방문해서 병사들을 격려하고 기도해 주고 음식도 나누어 주었습니다.

어느 날 새벽, 지프차를 타고, 전선을 향해 비포장도로를 2시간 동안 달린 적이 있습니다. 흙먼지를 맞고 울퉁불퉁한 길을 가로지르는 대통령의 곁을, 밴 플리트 장군이 함께 했습니다. 흙길을 동행하면서 남긴 밴 플리트 장군의 기록입니다.

> 목적지에 도착할 때까지 그의 밝은 얼굴과 외투 밖으로 보
> 이는 백발은 마치 검은 구름 위에 솟아오르는 태양처럼 빛났
> 다.

글만 보면 북한에서 어버이 수령에게 바치는 헌사 같습니다. 세계 최강대국 군대의 총사령관이 전쟁으로 폐허가 된 나라의 노인 대통령을 보고 쓴 글이라고 믿어지지 않습니다. 밴 플리트 장군은 이승만에게 깊이 매료되었습니다.

> 이승만 대통령은 우리 시대의 중요한 사상가이다. 그는 위
> 대한 애국자, 강력한 지도자, 강철 같은 사나이, 카리스마적
> 인 성격의 소유자이다. 이승만 대통령은 자기 체중만큼의 다
> 이아몬드에 해당하는 가치를 지닌 인물이다… 서울은 프랑스
> 의 파리나 그리스의 아테네와 마찬가지로 중시되어야 한다.

이승만을 향한 존경심은 한국을 향한 사랑으로 번집니다. 중공군이 참전한 후, 미군 병사들의 희생을 줄이기 위해서 서울을 포기해야 한다는 '서울포기설'이 제기되었습니다. 한국을 사랑했던 지상군 사령관 밴 플리트는 서울 포기설에 반대했습니다. 예술의 상징인 프랑스의 파리와, 철학의 상징인 그리스의 아테네만큼이나 서울이 중요하다고 고수했습니다. 그 결과 서울사수의 전략이 관철되어 광화문에서 마포까지 대포를 배치해 중공군의 인해(人海)전술을 격퇴할수 있었습니다.

건국 된 지 2년이 채 안 되어서 전쟁이 발발했으니, 국군장교들은 사관학교 교육을 받아보지 못했습니다. 당시 기록을 살펴보면 한국군 장성과 장교들의 형편없음을 비판한 미군 측의 기록이 많이 남아 있습니다. 많은 이들이 비판할 때 밴 플리트 장군은 비판의 손을 거두고 도움의 손을 내밀었습니다. 한국인은 유능하니 사관학교를 세워서 교육하면 좋은 장교들이 배출될 수 있다고 격려했습니다.

그의 노력으로 전쟁을 치르는 힘겨운 와중에 한국을 위한 육군사관학교가 설립됩니다. 사관학교를 짓는 물자가 부족해지면 밴 플리트 장군이 미국 공병대의 물자까지 투입시켰습니다. 밴 플리트 장군의 사위는 미국 육군사관학교의 교관이었습니다. 사위를 압박해서 미군 장교를 가르치는 교재를 한국으로 반입시킵니다. 수단과 방법을 가리지 않았던 밴 플리트 장군의 지원은 훗날 문제가 되어 청문회에 소환되기도 합니다. 한국군은 한국인보다 더 한국을 사랑했던 밴 플리트 장군의 헌신을 기려서 그분의 동상을 육군사관학교에 세웁니다.

1965년 하와이에서 이승만 대통령이 서거하시자 밴 플리트 장군은 곧장 하와이로 날아갑니다. 화장한 이승만 박사의 유해를 끌어안고 직접 동작동 국립묘지까지 동행하였습니다. 별명이 '이승만의 양아들'이었는데 실제로도 양아들의 역할을 감당했습니다.

5·16 군사혁명이 일어나자 밴 플리트 장군은 박정희 정권과 미국의 관계가 대립되지 않도록 영향력을 행사하기도 합니다. 박정희 대통령이 경제개발계획을 추진할 때는 미국 전역을 돌아다니면서 한국에 투자하라고 추천하여 달러를 모아주기도 했습니다.

밴 플리트 장군은 100세를 일기로 세상을 떠날 때까지 오랜 기간 다방면에서 한국을 위해 많은 일을 하셨습니다. 극동의 작은 나라를 위해서 강대국의 명장이 왜 그렇게까지 헌신했을까요? 이승만이라는 인격에 깊이 감동했기 때문입니다. 이승만의 탁월성이 미국의 장군으로 하여금 자기를 희생토록 한국을 돕게 만들었습니다.

닉슨(Richard Nixon)은 워터게이트 사건으로 국내 정치에서는 실패한 대통령으로 알려져 있습니다. 하지만 국제적으로는 공산권을 붕괴시킨 탁월한 전략가로 평가받습니다. 전략가 닉슨은 공산주의를 상대하는 전략을 이승만에게 배웠다고 술회합니다. 6·25 전쟁 때 부통령이었던 그가 아시아의 여러 나라를 순방하며 한국에 방문했습니다. 그때 이승만을 만났던 심정을 이렇게 회고록에 적었습니다.

나는 이승만의 용기와 뛰어난 지성에 감명을 받고 한국을 떠났다. 나도 역시 공산주의자들을 상대할 때, 예측할 수 없게 하는 것(being unpredictable)의 중요성을 강조한 이승만의 통찰력에 대해 많은 생각을 했다. 그 후에도 내가 여행을 하면 할수록… 그 노인의 현명함을 더욱 더 높게 평가하게 되었다.

이승만은 공산주의자들을 상대할 때, 뻔히 보이는 수를 써서는 안 된다고 강조했습니다. 패를 감추고 상대를 혼란스럽게 해서 예측불허의 전략을 사용해야 이길 수 있다는 전략입니다. 닉슨이 이승만에게 '예측 불가능성'의 전략을 배워갑니다. 결국 공산주의자들의 허를

찌르는 예측불가능의 전략으로 공산제국을 무너뜨리는 혁혁한 발자취를 남깁니다.

오늘 강의의 주제는 탁월성과 기도입니다. 세계적인 지도자들에게 극찬을 받으며 탁월성을 입증한 이승만은 과연 기도도 열심히 했을까요? 대한민국의 첫 번째 영부인, 프란체스카(Francesca)의 회고입니다.

> 남편은 잠시도 쉬지 않는 부지런한 성격에다가 건강하고 패기에 넘치는 59세의 신랑이었다. 이에 비해 34살 밖에 안된 나는 신경성 위장병으로 신혼 초에 고생을 하였다. 그러나 결혼 후 매일 새벽 남편이 권하는 냉수를 마시고 하나님께 모든 것을 맡기는 신앙으로 마음의 안정을 얻고 보니 병도 낫고 건강도 좋아졌다.
>
> 결혼 초부터 남편과 나는 매일 새벽 성경을 읽고 하나님께 기도드리는 생활을 했다. 성경을 읽고 기도하는 생활은 남편이 독립운동을 할 때나, 대통령직에 있을 때나, 하와이 병실에서 돌아가실 때까지 한결같이 계속되었다.

성경을 읽고 기도하는 생활은 이승만이 평생 동안 계속했던 일상(日常)이었습니다. 오스트리아 출신의 프란체스카 여사를 독일잡지 슈피겔(Der Spiegel)에서 인터뷰했습니다. "동양의 퍼스트 레이디가 되어 남편과 살아본 소감이 어떻습니까"는 질문에 "나는 남편 얼굴이 아니라 등짝만 쳐다보고 살았습니다."고 영부인이 답합니다. 왜 등짝일까요? 이승만은 항상 당당하게 한국이 독립되어서 위대한 기독교 국가가 된다고 장담했습니다. 하지만 나라도 없는데, 없는 나라를 대표해서 외교를 하고 독립운동을 하는 것이 얼마나 힘들고 어려웠겠습니까. 멸망한 나라의 노인네가 허튼 소리한다고 무시를 얼마나 많이 받았을까요.

겉으로는 당당했지만 속으로는 아프지 않을 수 없었습니다. 지칠 대로 지쳐서 집에 돌아온 이승만이 침대 위에 무릎을 꿇고 엎드려서 기도합니다. 밤을 새워 기도하니 아내가 남편에게 그만하라고 할 수 없어서, 남편의 등만 쳐다보면서 같이 기도하다가 잠들었다는 인터뷰입니다.

프란체스카의 회고록에 이승만 박사가 식사할 때마다 드렸던 기도가 기록되어 있습니다.

> 우리가 먹는 이 음식을 우리 동포 모두에게 골고루 허락해 주시옵소서

밥 한 그릇을 먹어도 나라를 생각하고 민족을 위해서 기도했습니다. 식사를 제대로 못 한 적도 많았습니다. 독립운동가 시절에는 있는 돈 없는 돈을 모아 모두 나라를 위해 썼기 때문에, 밥 한 끼 못 먹고 보낸 생일도 있었습니다. 식사기도를 매일 세 번씩 드리지 못하고 어떨 때는 한번, 어떨 때는 두 번 밖에 드리지 못했습니다. 하루 세 번도 채우지 못하는 끼니였지만 먹을 때마다 굶주리는 한국인들을 생각하면서 기도했습니다.

프란체스카 여사는 6·25 전쟁 당시 이승만이 날마다 통곡하고 울부짖으며 기도했다고 기록합니다. 영부인의 귓전을 울렸던 대통령

의 기도입니다.

> 하나님, 이 미련한 늙은이에게 보다 큰 능력을 허락하시어
> 고통 받는 내 민족을 올바로 이끌 수 있는 힘을 주소서!

　여러분 이승만이 미련한 사람인가요? 동양인으로서는 최초로 프린스턴대학교 국제법 박사학위를 취득한 인물입니다. 세계적인 석학들, 최강대국 지도자들에게 숭배에 가까운 존경을 받았던 위인입니다. 5천 년 역사상 최고의 천재였던 분이 전지하고 전능하신 하나님 앞에 한낱 미련하고 어리석은 늙은이의 모습으로 나아가서 고통당하는 민족을 살릴 지혜를 달라고 간청하며 매달렸습니다.
　누가복음에 바리새인과 세리가 기도하는 장면이 등장합니다. 바리새인은 자신만만하게 기도합니다.

　바리새인은 서서 따로 기도하여 이르되 하나님이여 나는 다른 사람들 곧 토색, 불의, 간음을 하는 자들과 같지 아니하고 이 세리와도 같지 아니함을 감사하나이다 나는 이레에 두 번씩 금식하고 또 소득의 십일조를 드리나이다(누가복음 18장 11-12절)

　"따로 서서" 자신만만한 의인의 기도를 드리는 바리새인과 대조적으로, 세리는 "멀리 서서" 처참한 모습으로 간절하게 기도합니다.

　세리는 멀리 서서 감히 눈을 들어 하늘을 쳐다보지도 못하고 다만 가슴을 치며 이르되 하나님이여 불쌍히 여기소서 나는 죄인이로소

이다 하였느니라(누가복음 18장 13절)

교만한 기도와 겸손한 기도의 대비가 극명합니다. 예수님은 바리새인이 아니라 세리가 의롭다고 말씀하셨습니다. 이승만의 기도는 바리새인이 아니라 세리의 기도였고, 세계적인 석학의 기도가 아닌 미련한 늙은이의 기도였습니다. 하나님께 절실하게 매달리면서 자신의 우둔함을 고백하고 나라를 살릴 지혜를 구했습니다. 하나님이 기도하는 대통령에게 지혜를 주셔서 대한민국을 살리게 하신 줄 믿습니다.

구약성경에서 땅은 축복을 상징합니다. 하나님은 이스라엘에게 젖과 꿀이 흐르는 땅을 주시겠다고 약속하셨습니다. 그런데 이스라엘 땅에 가보니 젖과 꿀이 흐르기는커녕 먼지가 날렸습니다. 하나님이 주신다고 약속 하셨으니 사람은 가만히 있어도 된다고 생각하고 먼지 날리는 땅에 누워만 있으면 젖과 꿀은 흐르지 않습니다. 그 땅을 갈아엎어야 합니다. 겉으로 봤을 때 황무지였던 땅을 개간하면 지하수와 연결된 옥토가 됩니다. 하나님이 말씀하신 젖과 꿀이 흐르는 땅은 "땅 더하기 땀"입니다. 하나님이 주시는 땅에 인간의 땀이 흘려야 젖과 꿀이 흐릅니다.

이 말씀을 보고 인생을 모르는 사람들은 이렇게 오해합니다. "하나님의 축복이 없어도 내가 땀을 흘리면 젖과 꿀이 나오지 않나? 내 땀과 수고로 어차피 이루어질 일인데, 굳이 하나님의 축복이 필요한가?" 사랑하는 여러분, 하나님이 주신다고 약속하지 않으신 땅에 가서 땀을 흘려보십시오. 젖과 꿀이 흐르기는커녕, 삽질만 하다가 체력은 고갈되고 헛짓으로 다 사라집니다. 하나님이 약속하신 땅에서 땀을 흘려야 젖과 꿀이 흐르는 겁니다.

'하나님이 젖과 꿀을 흐르는 땅을 주시니, 노력하지 않아도 된다' 또는 '무조건 땀을 흘리면 젖과 꿀이 흐르니 하나님의 약속은 필요 없다'는 모두 한쪽으로 치우친 오류입니다. 하나님의 땅과 인간의 땀이 합쳐져야 젖과 꿀이 흐른다는 논리가 성경의 가르침입니다. 그래서 하나님이 어떤 땅을 주실지, 어떻게 땀을 흘려야 할지 알기 위해서 기도하는 동시에, 열심히 노력해서 젖과 꿀이 흐르게 해야 합니다.

오늘의 강의를 정리하겠습니다. 크리스천 리더는 하나님의 뜻을 행하는 자입니다. 유능한 인물이 되어서 하나님의 뜻을 실현하지 않고 나의 뜻을 실현한다면, 차라리 리더가 되지 않는 게 낫습니다. 하나님의 뜻을 알려면 성경을 열심히 읽어야합니다.

그러면 성경에서 확인한 하나님의 뜻을 어떻게 이룰까요? 탁월성과 기도로 실현해야 합니다. 사람은 한쪽으로 치우치기가 쉬워서, 탁월해지기를 추구하는 사람은 탁월해지기만을 바랍니다. 자기를 개발하고 경쟁하기는 좋아하지요. 그러나 그만큼 하나님께 무릎 꿇어서 부르짖지는 않습니다.

이승만의 표현처럼 "교에 편벽된" 사람들은 가만히 앉아서 기도만 하면 다 되는 줄 압니다. 기도만 하고 행동하지 않는 고질병에 걸려 있습니다. 자칭 기도를 많이 하는 사람들의 기도를 유심히 들어보면 지혜가 부족해서 이상한 제목으로 기도하는 경우도 많이 있습니다.

사람은 이렇게 치우치기 쉽습니다.

　탁월함과 기도, 두 가지를 겸비한 인물이 드물게 등장합니다. 구약에서는 모세가 대표적인 인물입니다. 모세는 문명국이었던 이집트에서 제왕학을 배웠습니다. 파라오의 후계자가 되는 훈련을 받아서 당대 최고의 지식인이자 문화와 문명에 익숙한 교양인이었습니다.

　모세가 그렇게 똑똑했지만, 동시에 하나님께 열심히 기도했습니다. 하나님을 만나서 친구처럼 대화를 나누었고, 회막을 떠나지 않고 기도했습니다. 기도 중에 놀라운 영적체험도 많이 했지요. 얼굴에 광채가 나서 수건으로 감싼 적도 있습니다.

　워낙 탁월한데 기도까지 열심히 했으니, 구약의 역사가 모세를 중심으로 전개됩니다. 그가 성령의 감동을 받아 창세기-출애굽기-레위기-민수기-신명기의 모세 5경을 집필합니다. 모세 5경이 율법이 되어 구약의 신앙을 형성합니다. 모세는 이집트의 노예들을 해방하여 자유인의 민족으로 만들고 구약 신앙의 핵심을 세우는 혁혁한 업적을 남겼습니다.

　신약에는 바울이 있습니다. 모세와 마찬가지로 당대 최고의 석학이었는데, 어찌나 기도를 열심히 했는지 삼층천(三層天)에 올라갔다 왔습니다. 당시의 성도들은 하늘을 세 층계로 이해해서 삼층천을 '주님의 보좌가 계신 곳'으로 생각했습니다. 율법을 세운 모세가 구약의 대표자라면, 복음의 교리를 정리한 바울은 신약의 대표자입니다.

탁월하면서 기도까지 열심히 하는 인물이 등장하면 역사가 바뀝니다. 구약의 모세, 신약의 바울, 대한민국에는 이승만이 있습니다. 탁월한 애국자가 기도까지 열심히 했더니 5천 년 가난했던 나라가 한강의 기적을 이루고, 사농공상(士農工商)의 조선이 사민평등(四民平等)의 대한민국이 되고, 반만년 동안 대륙문명권에 속해있던 나라가 해양문명권으로 진로를 틀어 우리민족의 역사와 운명을 송두리째 바꾸었습니다. 탁월성과 기도를 겸비한 리더가 등장하면 세상이 뒤집어 집니다.

두 가지를 겸비하기는 쉽지 않습니다. 사실은 둘 중 하나만 갖기도 어렵습니다. 하지만 일찍부터 뜻을 세워서 평생을 노력하면 가능성이 높아집니다. 탁월성을 갖춘 기도자가 되겠다는 뜻을 세워서 오늘부터 실천하는 청년들이 나타날 때, 한민족의 운명이 바뀌고 대한민국의 역사가 달라질 것입니다. 그 사람을 통해 바울처럼, 모세처럼, 이승만처럼 하나님이 엄청난 일을 이루십니다.

이 꿈을 가지고 탁월한 기도자가 되시기를, 하나님께 놀랍게 쓰임 받는 한국형 크리스천 리더가 되시기를 주님의 이름으로 축원합니다.

▲일본에서 지나간 천년 동안 가장 영향력 있는 작가로 선정된 무라카미 하루키(村上
春樹)

그는 자전적인 에세이에서 자신의 20대를 회고했다. "집에 텔레비전도 라디오도 없고
자명종조차 없었습니다. 난방 기구도 거의 없어서 추운 밤에는 기르던 몇 마리의 고
양이를 끌어안고 자는 수밖에 없었습니다... 그렇게 나는 아침부터 밤까지 육체노동을
하고 빚을 갚는 일로 이십 대를 지새웠습니다."

Christian Leadership

왕자병과
공주병의 극복

크리스천 리더가 되기 위해서, 한국인들이 극복해야 하는 두 가지 결정적인 장애가 있습니다. 이 고질병들만 극복하면 위대한 리더들이 쏟아져 나올 겁니다.

첫째는 왕자병과 공주병입니다. 하나님 나라의 리더가 되기보다 왕자와 공주로 살기를 더 좋아합니다. 둘째는 양반형 리더십입니다. 한국 사회 곳곳에서 활약하는 자칭 '리더'들이 하는 일을 가만히 따져 보면, 현대판 양반인 경우가 대부분입니다. 왕자병·공주병과 양반형 리더십, 두 문제가 한국 사회의 치명적인 걸림돌로 남아있습니다.

왕자병과 공주병은 한국인들의 독특한 자녀양육 방식에서 비롯됩니다. 공항에만 가도 확인할 수 있습니다. 미국의 공항에서는 3, 4세 된 아이들이 낑낑대면서, 캐리어를 끌고 갑니다. 3~4세용 캐리어에 짐을 넣어서 아장아장 걸어가는 귀여운 모습을 어디에서나 볼 수 있습니다.

아이가 걸음이 서투르니 가다가 넘어집니다. 그러면 아이의 엄마가 웃으면서 "힘내! 일어나! You can do it!" 격려하면서 일어날 때까지 기다려줍니다. 서너 살 된 아이도 자기 짐은 스스로 들고 갑니다. 반면 한국의 공항에서는, 3~4세 된 아이들이 캐리어를 끄는 모습을 찾아보기 어렵습니다. 아예 걷지도 않고 부모님의 품에 안겨 있는 모습이 흔합니다. 이런 식으로 자식을 과보호하니, 웬만하면 왕자병이나 공주병에 걸리기 쉽습니다.

오늘의 강의 제목인 "왕자병과 공주병의 극복"을 보고 혹시 여러분의 눈앞에 누군가가 떠오르지는 않았나요? '아무개가 이 강의를 들어야 하는데…' 우리 주변에 왕자님과 공주님은 너무나 흔하고, 너무나 많습니다.

성경에도 왕자병에 걸린 사람이 여럿 등장합니다. 말씀에 기록된 사례를 살펴보겠습니다.

첫 번째 왕자병 환자, 모세입니다. 애굽의 왕궁에서 자란 모세가 자기 동족 히브리 사람들을 위해서 헌신하기로 결단합니다. 대단하고 위대하며 갸륵한 결단입니다. 모세는 왕궁을 떠나 히브리 노예들의 거리로 갔습니다. 그곳에서 이집트 사람들이 히브리 백성을 괴롭히는 장면을 목격합니다. 모세 왕자는 의협심을 발휘하여 박해자 이집트인을 죽여 버립니다.

다음에 또 히브리인의 마을에 갑니다. 이번에는 이스라엘 사람끼리 다투는 모습을 목격하지요. "동족끼리 왜 싸우느냐?" 모세가 재판관이 되어 다툼에 끼어듭니다. 왕궁에서는 왕자의 말 한마디가 천금 같습니다. 왕자의 말 한마디면 모두가 머리를 조아리고 허리를 숙였습니다. 왕궁에서처럼 왕자의 권위에 히브리인들이 알아서 기어야 하는데, 사람대접도 받지 못하고 가축 수준으로 취급되던 히브리 노예들은 놀랍게도 모세에게 반항합니다. "네가 우리의 왕이냐? 재판장이냐? 네가 무엇인데 끼어드느냐. 이집트 사람을 죽인 것처럼 나도 죽이려고 하느냐?"

히브리 노예들이 발칙하게도 왕자의 살인(殺人)사건을 언급합니다. 현장에서 촉각을 곤두세우며 이민족 노예들의 동태를 감시하던 이집트 정보원들이 즉각 파라오에게 그 사실을 보고합니다. '왕궁에서 자란 왕자가 이집트인 관리자를 죽이고 이민족의 편에 서서 반역을 도모한다.' 보고에 깜짝 놀란 파라오가 지명수배령을 내립니다. 결국 모세는 문명국 이집트를 탈출하여 거친 광야를 떠돌아다니는 망명자로 전락합니다.

모세의 문제가 무엇이었을까요? 왕자로 살면서 몸에 밴 왕자병입니다. 왕자인 모세의 말 한마디면 모든 사람들이 척척 움직였습니다. 때로는 굳이 말하지 않더라도, 자나 깨나 눈치를 살피던 사람들이 알아서 왕자에게 맞추었습니다. 모세는 왕궁에서 왕자로 지내던 방식이 길거리에서도 유효할 줄 알았습니다.

왕자는 히브리인들의 해방자로서 압제자를 죽였습니다. 인물은 훌륭했고, 뜻은 장했으며, 등장 시기도 멋있었고, 행동은 용감했습니다. 히브리인들이 합세하기만 하면 해방의 역사를 쓸 수 있었습니다. 그러나 히브리인들이 모세를 쫓지 않았습니다.

왜 그랬을까요? 왕궁 안의 하인들이야 당연히 모세의 말에 순종합니다. 하지만 왕궁 밖의 세상은 달랐고, 사람들도 달랐습니다. 노예인 히브리인들의 입장에서 생각해 봅시다. 백성들이 먹을 게 없어서 굶어 죽어갈 때, 동족이라는 모세는 화려한 왕궁에서 제일 비싼 요리를 먹었습니다. 백성들이 길바닥에서 덮을 이불도 없이 이슬을 맞으며 잠잘 때, 모세는 황금 침대에서 밴드의 자장가 연주를 들으며 잠을 청했습니다. 이스라엘 백성들이 채찍질에 살가죽이 터질 때, 모세는 금은보화로 장식된 제국의 왕실에서 사치를 누렸습니다.

백성들이 밑바닥에서 처참하게 고생할 때, 저 높은 왕궁에서 혼자서만 잘 먹고 잘 살던 왕자님이 어느 날 갑자기 나타나서 '나를 따르라'고 외칩니다. 고난당한 백성들이 듣기에는 황당무계한 소리입니다. "여보시오 왕자님. 노예의 삶이 얼마나 비참한지 압니까? 밑바닥 인생들의 고생이 어떤지 체험해 보았나요? 우리가 고생할 때에는 어디 있다가 갑자기 나타나서 이러십니까? 평민도 못 되는 노예들이 어떤 삶을 사는지, 가슴에 맺힌 한과 피눈물과 고통과 아픔을 왕자님이 알기나 하십니까? 백성의 마음도 모르면서 나를 따르라구요? 너나 잘하세요." 백성들은 모세를 따르지 않았습니다.

모세는 제일 높은 곳에서 제일 낮은 곳으로 추락합니다. 나일강 주변의 비옥한 삼각지 지역에 쌓아 올린 이집트 문명의 정상에서, 누릴 수 있는 최고의 안락을 누리다가, 바람 부는 사막의 모래더미 속으로 추락했습니다. 손 하나 까딱하지 않아도 시종이며 시녀들이 온갖 시중을 들어주는 왕자의 삶에서, 양을 몰고 풀을 찾아다니며 육체노동을 해야 하는 떠돌이 목자로 추락했습니다.

인생의 전반부 40년을 제일 높은 곳에서 살았는데, 후반부 40년은 제일 낮은 곳에서 살았습니다. 밑바닥을 40년간 기다가 40년간 왕궁에서 배웠던 왕자끼가 다 빠졌습니다. 40년 왕자병을 고치는 데는 40년 바닥살이가 특효약이었습니다. 왕자병이 해결된 다음에야 비로소, 하나님이 가시나무 떨기 불꽃 가운데서 모세를 부르십니다.

사십 년이 차매 천사가 시내 산 광야 가시나무 떨기 불꽃 가운데서 그에게 보이거늘(사도행전 7장 30절)

성경은 모세의 소명(召命)을 기록하면서 특이하게 말합니다 : 사십 년이 차매. 마치 하나님이 40년의 분량을 정해놓으시고 모세가 채우도록 하신 다음에 부르셨다는 느낌을 줍니다. 모세는 40년을 꼬박 채운 다음에야 비로소 이스라엘의 해방자로 쓰임 받을 수 있었습니다. 무엇을 위한 40년이었을까요? 왕자병을 극복하기 위한 40년입니다.

왕자병에 걸린 성경의 인물, 두 번째로 바벨론의 느부갓네살입니다. 당시에 세상을 정복하고 천하를 호령했던 느부갓네살이 옥상을 산책합니다. 옥상에서 내려다보았더니 자신의 손으로 세운 대제국의 찬란한 영광이 한 눈에 들어옵니다. 여기저기에서 위용을 자랑하는 건물과 기념비가 즐비합니다. 바벨론의 기술과 재화를 동원해서 세운 장대한 건물이며, 왕의 승리를 기념한 개선문이며, 적군을 무찌르고 포로로 잡아 온 미녀들의 아름다운 궁전이며, 천하 각국의 사신들이 진귀한 보물을 바치기 위해서 대기하고 있는 관청을 바라보니, 마음이 흐뭇합니다. '이 찬란한 대제국을 내 손으로 만들었구나!', 인간의 기분이 제일 좋아질 때입니다.

나 왕이 말하여 이르되 이 큰 바벨론은 내가 능력과 권세로 건설하여 나의 도성으로 삼고 이것으로 내 위엄의 영광을 나타낸 것이 아니냐 하였더니(다니엘서 4장 30절).

사람이 언제 비참해질까요? '내 능력이 이것밖에 안 되는구나. 나는 실패자구나. 나는 해봤자 안되는구나.' 기가 꺾일 때 마음이 제일 비참해집니다. 반대로 '내가 대단하구나. 이 엄청난 일을 내가 해냈구나. 화려한 영광을 내 손으로 이루어냈구나.' 내가 이룬 성취에 가슴이 웅장해질 때 기가 살고 폼이 납니다. 인생에서 가장 보람찬 순간, 폼 나는 순간을 느부갓네살이 만끽하던 바로 그 순간에 하나님이 말씀하십니다.

이 말이 아직도 나 왕의 입에 있을 때에 하늘에서 소리가 내려 이르되 느부갓네살 왕아 네게 말하노니 나라의 왕위가 네게서 떠났느니라(다니엘서 4장 31절)

느부갓네살이 자기 힘으로 다 이룬 줄 알았는데, 자신이 최고인 줄 알았는데, 사실은 아니었습니다. 영광을 주시는 분도 거두시는 분도 하나님이셨습니다. 하나님이 느부갓네살에게 특이한 말씀을 하십니다.

네가 사람에게서 쫓겨나서 들짐승과 함께 살면서 소처럼 풀을 먹을 것이요 이와 같이 일곱 때를 지내서 지극히 높으신 이가 사람의 나라를 다스리시며 자기의 뜻대로 그것을 누구에게든지 주시는 줄을 알기까지 이르리라 하더라(다니엘 4장 32절)

하나님이 말씀하시자 느부갓네살의 뇌가 갑자기 이상하게 작동합니다. 뇌세포에 혼동이 생겨서 본인이 사람인지 짐승인지 정체성이 헷갈립니다. 별안간 느부갓네살의 뇌가 짐승처럼 작동해서 짐승처럼 행동하라는 지령을 온 몸에 내립니다.

바로 그 때에 이 일이 나 느부갓네살에게 응하므로 내가 사람에게 쫓겨나서 소처럼 풀을 먹으며 몸이 하늘 이슬에 젖고 머리털이 독수리 털과 같이 자랐고 손톱은 새 발톱과 같이 되었더라(다니엘서 4장 33절)

대제국의 황제가 짐승처럼 풀을 뜯어 먹습니다. 머리털은 독수리 털처럼 뻗쳐서 자랍니다. 손톱은 새 발톱처럼 길고 거칠어집니다. 황제가 들판에서 동물처럼 먹고 밤새도록 이슬을 맞는 짐승생활을 7년 동안이나 합니다. 짐승체험을 7년이나 한 뒤에야 정신이 돌아옵니다.

왕자병·공주병 여러분들에게 희망의 메시지를 전합니다. 왕자병·공주병 환자도 얼마든지 정상이 될 수 있습니다. 7년간 풀을 뜯어먹으면 됩니다. 여름에는 뜨거운 태양 빛을 쬐면서 온 몸으로 계절을 체험하고 겨울에는 그저 몸뚱어리 하나로 짐승처럼 버티면 됩니다.

7년 동안 짐승생활을 하면 왕자병·공주병에서 벗어나 정상이 될 수 있습니다. 이것이 느부갓네살이 우리에게 주는 희망입니다.

한 가지 기억해야 할 사실이 있습니다. 40년 광야생활을 한 모세와, 7년 짐승생활을 한 느부갓네살이 실패한 것처럼 보이지만 사실은 대단히 성공적인 사례입니다. 하나님이 모세에게 은혜를 주셔서 40년 후에는 위대한 지도자로 사용하셨습니다. 느부갓네살을 7년 동안 짐승처럼 살게 하신 후에 제국의 통치자로 복귀시키셨습니다.

두 사람 모두 하나님께서 은혜를 베푸셔서 정신도 차리게 하시고 왕자병을 극복하게 하셨습니다. 두 인물과는 반대로 하나님의 은혜 없이 심판 받아 끝나는 사례도 있습니다.

헤롯이 날을 택하여 왕복을 입고 단상에 앉아 백성에게 연설하니 (사도행전 12장 21절)

성경에 제일 먼저 언급된 헤롯왕은 동방박사와 함께 등장하는 헤롯 1세입니다. 유대인의 왕이 태어난다는 말을 듣고 베들레헴 근방에 있는 2살 이하의 아이들을 모두 죽인 폭군입니다. 사도행전 12장의 헤롯은 헤롯 1세의 손자인 헤롯 3세입니다. 그도 역시 폭군이어서, 사도 야고보를 죽이고 초대교회를 박해했습니다.

로마황제 글라우디오의 생일날 헤롯 3세가 멋지고 화려한 축제를 벌입니다. 축제의 절정에 왕복을 입고 연단에 등장해서 백성들 앞에서 연설합니다. 헤롯이 입은 왕복은 은으로 만들어졌습니다. 불순물이 조금도 섞이지 않은 순은으로 옷을 짰으니 값어치를 따질 수 없을 만큼 비싼 옷입니다.

순도 100% 짜리 은 옷을 입고 연설하는데 옷에 햇빛이 비치면 순은이 햇빛을 반사합니다. 백성들이 반사된 햇빛에 눈이 부셔서 왕을 볼 수 없었습니다. 글자 그대로 태양이 하나 떠오른 격입니다. 헤롯이 스스로를 태양신처럼 신격화하는 프로젝트가 대성공을 거두어 백성들이 열광합니다.

백성들이 크게 부르되 이것은 신의 소리요 사람의 소리가 아니라 하거늘(사도행전 12장 22절)

왕의 연설을 들었는데 사람의 소리가 아니라 신의 소리라고 말합니다. 눈을 뜰 수 없을 정도로 눈부신 신의 옷을 입고 나타나서 신이 소리로 말하는 존재라면 사람이 아니라 신으로 모셔야 합니다. 백성들은 노골적으로 헤롯 3세를 신격화했습니다.

헤롯이 영광을 하나님께로 돌리지 아니하므로 주의 사자가 곧 치니 벌레에게 먹혀 죽으니라(사도행전 12장 23절)

누군가가 자신을 신격화한다면 정말 조심해야 합니다. 절대로 그런 짓을 하지 못하도록 막아야 합니다. 사람이라는 존재가 감히 하나님처럼 높아진다면 얼마나 무서운 죄입니까. 하지만 헤롯은 신격화 작업을 즐겼습니다. 자신을 신으로 높이는 백성들을 말리지 않고 하나님 행세를 하려고 들었습니다. 그러자 하나님의 심판이 그에게 임합니다.

하나님의 명령에 따라서 헤롯의 뱃속에서 기생하던 벌레들이 일제히 근면성실 해졌습니다. 기생충들이 맹렬하게 헤롯의 내장을 갉아먹기 시작합니다. 역사가 요세푸스의 기록에 의하면 헤롯이 연설하다가 갑자기 외마디 비명을 지르면서 쓰러져 배를 움켜쥐었다고 합니다. 왕궁에 실려 가서 15일 동안 괴로워하다가 결국 기생충들이 내장을 다 파먹는 바람에 창자가 터지고 내장에 구멍이 생겨 죽고 맙니다.

왕자병과 공주병 이야기에는 공통점이 있습니다. 모세는 왕궁에 거하다가 갑자기 광야로 쫓겨났습니다. 느부갓네살도 천하만국의 영광을 자신이 이룬 것처럼 위세를 즐기다가 갑자기 짐승이 되었습니다. 헤롯은 스스로를 신격화했다가 갑자기 기생충의 공격으로 죽었습니다. 왕자와 공주에게 갑작스럽게 재앙이 임하는 패턴을 발견할 수 있습니다.

왕자와 공주는 비슷한 경험을 겪습니다. 너무나 반복적이어서 패턴이라고 할 만 합니다. 패턴은 3단계입니다.

왕자병과 공주병의 패턴
① 가상현실(假想現實) → ② 축적되는 심판 → ③ 갑작스러운 재앙

첫 번째 단계가 가상현실입니다. 왕자와 공주들은 본인이 우주의 중심이라고 착각합니다. 자신을 중심으로 세상이 돌아간다고 오해합니다. 모든 사람이 자신의 말을 들어야 합니다. 뿐만 아니라 모든 사람이 자신을 좋아해야 합니다. 왕자·공주의 눈에는 세상이 자기 뜻대로 움직이는 것처럼 보입니다. 그래서 근거 없는 자신감을 내뿜고 자존심을 부립니다.

그러나 왕자·공주의 자신감은 어디까지나 가상현실입니다. '인생의 주인이 나'라든지 '세상이 중심이 나'라는 오해는 사실도 현실도

아닙니다. 인생의 주인과 세상의 중심은 내가 아니라 하나님이십니다.

세상은 절대로 나의 뜻을 따라 흘러가지 않습니다. 그런데도 스스로를 왕자와 공주로 착각한 어리석은 인생들은 자신의 마음에 들지 않으면 무엇이든지 불쾌해합니다. 마치 본인이 세상의 기준이고 재판관인 것처럼 판단하려 듭니다.

모세와 느부갓네살, 헤롯 3세를 통해서 확인했듯이 가상현실을 즐길수록 실제 현실로부터는 멀어집니다. 가상현실을 즐기다가 실제 현실로 딱 나오는 순간, 머릿속에 있던 가상현실이 실제 현실과 일치하지 않음을 직면하게 됩니다. 왕자·공주라는 환상이 더 이상 통하지 않습니다.

가상현실이 무너지는 현실에서 왕자·공주도 같이 무너져 내립니다. 길거리에서 왕궁의 방식을 들이밀다가 무너진 모세처럼 가상현실에 살던 사람이 현실세계로 나오면 재앙이 닥친 것처럼 느낍니다. 내 뜻대로 돌아가던 세상이 갑자기 무너졌으니 갑작스러운 재앙이 임한 것이지요.

그래서 왕자병과 공주병의 1단계가 '가상현실'이고 3단계가 '갑작스러운 재앙'입니다. 그 사이에 있는 2단계는 '축적되는 심판'입니다. 사실, 재앙은 갑작스럽게 임하지 않습니다. 세상은 본래부터 하나님의 뜻대로 돌아가고 있었습니다. 사람들은 결코 만만하지 않습니다. 그저 왕자·공주가 혼자서 망상에 빠져 있었을 뿐입니다.

가상현실을 즐기면서 마치 자신이 대단한 인물이고 중심인 것처럼 허세를 부리던 기간은 실제 현실에서의 추락을 준비하는 세월입니다. 헛된 자만을 즐기던 기간, 허망한 자부심으로 충만했던 기간은 사실 하나님이 내리실 심판이 축적되는 기간입니다. 가상현실을 즐기는 사이에 심판이 점점 누적되다가 어느 날 '쾅'하고 떨어져서 40년 동안 광야를 전전하고, 7년간 짐승살이를 하고, 최악의 경우에는 헤롯처럼 끝나버리는 재앙이 들이닥칩니다.

제가 가르치는 정암 리더십스쿨에 참여한 한 청년이 왕자병과 공주병의 특징을 잘 정리했습니다.

- 자신이 세상의 중심이라고 생각하기에 '이기적'이다.
- 지나친 자기애(愛)로 인해 힘든 일, 힘한 일에 나서지 않는다.
- 부모님 등 외부세력에 의존적이다. 독립하려는 의지가 약하다.
- 누군가가 자존심을 건드리면 참지 못 한다.
- 현실을 도피해 자신만의 '환상의 나라' 속에 숨고자 한다.
- 욕먹는 일, 더러운 일이 있을 수밖에 없는 세상에서 욕 안 먹고 손에 흙 안 묻히고 고결하고자 한다.
- 새로운 길을 개척하기보다 준비된 길, 안전한 길로만 가려고 한다.
- 문제가 발생했을 때 그 원인이 자신이 아닌 타인 또는 환경에 있다고 생각한다.
- 자신이 주인공이 되거나 주목을 받고 싶어 하고 그렇지 못 하면 자신보다 주목 받는다고 생각되는 대상을 미워하고 공격한다.
- 무의식 또는 의식 속에 다른 사람은 자신보다 하등한 존재라고 생각하고 그렇게 대한다.
- 왕자 또는 공주인 나를 배우자로 맞이할 공주님 또는 왕자님이 어딘 가에서 기다리고 있을 것이라고 생각한다. 정말 멀쩡한데 결혼을 제때 못 한다.

- 바닥을 구르고 고생하며 성취하기보다 자신은 특별한 존재이기에 과정 없이 어느 날 뭔가가 하늘에서 주어질 것이라고 착각한다. 특히 교회 안에 이런 류의 사람이 많은 것으로 보인다.

결론, 처음에 타인을 생각하면서 적어 나갔는데, 오히려 대부분 저에게 적용되는 것 같습니다. 반성하겠습니다.

국밥에도 원조가 있듯이 왕자병과 공주병에도 원조가 있습니다. 그 원조는 원죄의 현장에서 시작됩니다. 에덴동산에서 뱀이 여자를 유혹하면서 원죄와 원조를 한꺼번에 말합니다.

뱀이 여자에게 이르되 너희가 결코 죽지 아니하리라 너희가 그것을 먹는 날에는 너희 눈이 밝아져 하나님과 같이 되어 선악을 알 줄 하나님이 아심이니라(창세기 3장 4-5절)

인간이 태어날 때부터 가지고 있는 근원적인 죄, 인간이라는 존재에 숙명처럼 따라다니는 운명적인 죄, 원죄는 한마디로 '하나님과 같이 되어'입니다. 이것이 모든 죄악의 뿌리입니다. 인간이 하나님이 될 수 없습니다. 하나님처럼 되고자 해도 결국에는 안 됩니다. 인간이란 그저 인간이 되어야 됩니다.

다른 종교에서는 인간이 신이 되려고 합니다. 수련을 하고 고행을 해서 스스로 초월적인 존재가 되고자 합니다. 하지만 기독교에서는 인간이 인간 되는 것이 목적입니다. 사람들에게 종교적인 습성이 있어서 교회 안에서 완벽하고 흠이 없어 보이려고 합니다. 물론 거룩하고 경건한 삶을 위한 노력은 좋습니다. 하지만 너무 경건하게 보이려고 한다면 그것도 문제입니다. 인간에게는 인간미가 있어야 합니다. 허술하기도 하고 비어있는 듯해야 매력이지 흠이 없어 보이려고 하면 그것 자체가 위선일 수도 있습니다. 인간이 되는 것이 복음이고 신앙이며 기독교입니다.

인간이란 그저 인간이 되어서 하나님을 경배해야 합니다. 마음을 다하고 뜻을 다하고 힘을 다하여 주 나의 하나님을 사랑함이 인간에게 주어진 사명인 동시에 행복입니다. 하나님을 높이는 존재가 인간입니다. 그런데 원죄는 하나님과 같이 되려는 경향이요 충동이요 욕망입니다. 한마디로 나를 높이려는 본능입니다. 마음을 다하고 목숨을 다하고 뜻을 다하고 힘을 다해서 하나님이 아닌, 나를 사랑하고 나를 높이고 나를 섬기려는 경향이 원죄입니다.

원죄에 딱 들어맞는 증상이 왕자병이고 공주병입니다. 이 병에 걸리면 영락없이 내가 제일 중요하기에 하나님보다 나를 더 사랑합니다. 하나님보다 다른 것을 더 소중히 여기면 우상숭배입니다. 이런 관점에서 판단해 보면 왕자병과 공주병은 일종의 우상숭배입니다.

왕자병과 공주병이라는 우상종교에는 가문의 내력이 필요합니다. 혼자서 걸릴 수 있는 병이 아니기 때문에 집안의 협동이 필요합니다. 왕자병에 걸리고 싶어도 집에서 나를 마당쇠로 취급하면 왕자병에 걸릴 수 없습니다. 공주병에 걸리고 싶어도 무수리 취급을 받은 딸들은 공주가 못됩니다. 왕자와 공주가 되려면 부모가 떠받들어 주어야 합니다. 그래서 왕자병과 공주병에 걸린 당사자의 종교가 자아숭배라면, 그들의 부모의 신앙은 자식종교입니다.

하나님을 최고로 섬긴다면 자녀들을 주의 말씀으로 훈계해야 합니다. 잠언에 흥미로운 말씀이 있습니다.

아이를 훈계하지 아니치 말라 채찍으로 그를 때릴지라도 죽지 아니하리라 그를 채찍으로 때리면 그 영혼을 음부에서 구원하리라(잠언 23장 13-14절)

손에 물 묻히지 않게 하고 발에 흙 묻히지 않게 해서 금지옥엽(金枝玉葉) 고이고이 기른 자녀에게 채찍을 댄다니요? 자식종교를 믿는 부모들에겐 상상도 못 할 죄악이고 무시무시한 학대입니다. 그런데 성경은 얄미울 정도로 냉정하게 말합니다 : 채찍으로 때린다고 죽지 않는다. 엄살 떨지 마라.

과거의 기준으로 채찍이라면 오늘날에는 회초리 정도로 이해할 수 있습니다. 회초리를 대서라도 똑바로 키우라는 성경의 말씀을 무시하면 무서운 대가를 치릅니다.

부모가 하늘처럼 떠받들어 주니 자녀들은 어려서부터 왕자 공주가 되어 스스로를 우주의 중심이라고 착각합니다. 자기가 세상에서 제일 중요하다고 오해하고, 무엇이든지 자신을 중심으로 돌아가야 하며, 본인 마음에 들지 않으면 잘못되었다는 기준을 갖게 됩니다.

부모의 자식종교와 자녀의 자아숭배가 맞물려 돌아가는 집안은, 엄밀하게 말하면 우상의 소굴입니다. 성경에 우상숭배 이야기가 얼마나 많이 나오나요? 지긋지긋할 정도로 많이 나오는 이유는 사람들이 지긋지긋할 정도로 우상숭배를 반복하기 때문입니다. 우상숭배의 결국은 멸망입니다. 부모도 망하고 자녀도 망하고 집안도 망합니다.

왕자병과 공주병을 성경적, 영적인 관점에서 바라보면 우상숭배입니다. 이번에는 심리적인 관점에서 생각해 보겠습니다. 뉴욕타임즈의 최장기 베스트셀러였던 책 스캇 펙(Scott Peck)의 「아직도 가야할 길」은 심리치료와 상담 분야의 고전으로 평가받습니다.

책을 펼치면 짧지만, 결코 짧지만은 않은 첫 문장이 나타납니다 : Life is suffering. 우리말로는 "인생은 고해(苦海)"라고 번역되어 있습니다. 끝없는 바다처럼 고통은 끝이 없고, 끊임없이 파도가 밀려오듯 계속해서 고통을 겪는 게 인생이라는 메시지입니다. 인생 자체가 고통입니다.

그런데 왕자와 공주들은 당연히 꽃길만 걸어야 한다고 믿고 고통스러운 일을 아주 이상하게 여겨서 거절하려고 듭니다. 그들에 대한 스캇 펙의 진단입니다.

> 고통을 감내하려 하지 않는다면, 많은 소중한 것들을 삶에서 제외시켜야 한다.
> 정당한 괴로움을 피하려는 시도는 모든 심리적인 병의 원인이 된다.

나쁜 일에만 고통이 따르는 게 아닙니다. 좋은 일들에도 당연히 고통이 따릅니다. 사랑에 빠지면 고통이 없어질까요? 오히려 고통이 더 커집니다. 남자나 여자나 사랑하면 혼자였을 때는 없던 고통이 생겨납니다. 하나부터 열까지 상대방을 생각하고 상대방에게 맞추어야 하는데 그 과정이 만만하지 않습니다. 나라를 사랑해도, 교회를 사랑해도, 하나님을 사랑해도 고통은 생겨납니다.

성공은 어떤가요? 성취와 성공을 이루는 데는 고통이 따르지 않을까요? 천만의 말씀입니다. 목표를 세우고 자질을 개발하고 시간을 절약하고 노력하고 집중하고 승부하고… 성공으로 가는 여정은 고생으로 점철되어 있습니다.

고해(苦海)와 같은 인생인데 고통을 감내하지 않으려면, 스캇 펙의 말처럼 삶에서 소중한 것들을 제외시켜야 합니다. 사랑하는 고통을 겪지 않으려면 아무것도 사랑하지 말아야 합니다. 고통을 감내하지 않으려면 성공과 성취도 내 삶에서 제외시켜야 합니다.

스캇 펙은 '정당한 괴로움'을 말했습니다. 기억해야 할 명언입니다. 괴로움을 부당이 아니라 정당으로 받아들여야 합니다. 사랑하기도 괴롭고 성공하기도 괴롭고 모든 소중한 일들을 이루어가는 과정에도 괴로움이 예비되어 있습니다. 인생을 살다 보면 어쩔 수 없이 겪게 되는 고통이고 괴로움인데, 그걸 모두 부당하게 여겨서 회피하려고 하면 사람이 망가집니다.

왕자와 공주에게는 확고한 신념이 있습니다 : 다른 사람들은 고생해도 나는 고생하면 안 된다. 인생이 고통인 현실에서 정당한 고통을 다 피하려고 하는 마음은 '모든 심리적인 병의 원인'이 됩니다. 실제로 왕자병과 공주병의 사전적 정의는 '자기애적 망상'입니다. 이미 정의된 일종의 정신질환입니다.

어느 작가가 자신의 20대를 회고한 글을 소개합니다.

> 상당한 빚을 떠안은 상태였기 때문에 그걸 갚아나가기가
> 여간 힘든 게 아니었습니다. 날마다 아침부터 밤까지 일하고

> 먹을 것도 제대로 못 먹으면서 틀림없이 갚았어요… 집에 텔
> 레비전도 라디오도 없고 자명종조차 없었습니다. 난방 기구
> 도 거의 없어서 추운 밤에는 기르던 몇 마리의 고양이를 끌어
> 안고 자는 수밖에 없었습니다… 그렇게 나는 아침부터 밤까
> 지 육체노동을 하고 빚을 갚는 일로 이십 대를 지새웠습니다.

　10년 내내 제대로 먹지도 못하고 자지도 못하고 벌벌 떨면서 일
만 해서 빚을 갚았다니 어느 나라 사람일까요? 텔레비전도 없고 라
디오도 없다는 글을 보아 잘 사는 나라는 아닌 것 같지만, 일본인입
니다. 위 글을 쓴 시기는 일본이 세계 1위의 경제성장률을 자랑하
던 고도성장기였습니다. 세계 최고의 경제력을 자랑하던 일본에서,
경제가 급속도로 성장하는 시기에, 20대를 다 바쳐 10년 내내 죽도
록 일하면서 겨우 빚을 갚았답니다. 이렇게 빚에 허덕인 빚쟁이라
니 학벌도 변변치 못했을 것 같습니다만, 작가는 세계적인 명문 와
세다 대학 졸업생이었습니다. 그는 일본의 설문조사에서 지나간 천
년 동안 가장 중요한 문학가, 천년에 한 명 나올만한 작가로 선정되
었던 무라카미 하루키입니다.
　하루키의 소설은 전 세계 50여 개 국어로 번역됩니다. 초대형 베
스트셀러 작가인 그는 젊은 시절에 재즈카페를 차려 운영하면서 빚
을 갚는 경험을 했습니다. 「직업으로서의 소설가」를 읽어보면 20대
사장이 카페를 운영하면서 고생했던 장면들이 이어집니다. 그런데
하루키는 그 시절을 회고하면서 결코 '헬 제팬'이라고 말하지 않습니
다. 오히려 '남들이 20대 때 고생하는 것처럼 나도 고생했다'는 말투
로 당연하고 담담하게 말합니다.

무라카미 하루키와 똑같은 일을 한국의 청년이 겪었다고 가정해 봅시다. 헬조선이니 흙수저니 나라를 탓하고 부모를 탓하지 않겠습니까? 한번 비교해 볼까요? 경제의 규모로는 세계 3위 안에 들고, 경제의 질을 따지면 세계 1등이고, 경제성장률도 세계 1등인 나라에서 명문대 나온 사람도 젊어서 고생을 많이 했습니다.

지금 한국의 경제규모가 그 정도 수준인가요? 많이 발전했다고 해도, 일본의 5분의 1 정도에 불과합니다. 규모는 작지만 상황은 좋은가요? 실업자는 속출하고 양극화가 심화되는 어려운 시기입니다. 한국의 청년 가운데 와세다 대학처럼 세계적인 대학을 졸업한 청년이 많은가요? 그렇다고 할 수도 없습니다.

일본의 고도성장기에 명문대를 졸업한 하루키가 10년간 빚을 갚느라고 온갖 고생을 했다면 한국에서도 고생을 당연하게 받아들이는 것이 당연합니다. 하루키는 고생하는 과정을 통해서 무엇이든 할 수 있는 '근육'을 키웠다고 말합니다. 그렇다면 한국의 청년들에게는 더욱 단단한 근육이 필요합니다.

병든 개인이 많아지면 그들의 사회가 병듭니다. 왕자병과 공주병 환자가 많아지면 사회적인 현상이 됩니다. 2017년 11월 14일 자 〈서울신문〉의 기사입니다.

"과보호 그늘 캥거루족 부모 상대 범죄 급증세"

'캥거루족'은 어른이 되어서도 경제적으로 독립하지 못하고 부모에게 얹혀서 사는 사람을 가리킵니다. 그들이 부모를 상대로 범죄를 저지르는 사례가 급증해서 존속 살해가 4년 만에 2배나 늘어났다고 합니다.

왕자와 공주에게는 '법'이라는 개념이 없습니다. 자기 생각이 법이고 기분이 법이기 때문입니다. 자신이 법이기 때문에 어렸을 때부터 마음대로 합니다. 대한민국의 경제력은 세계 10위권 수준인데 준법정신은 세계 40위에 들지 못합니다. 순위만 따지면 거의 아프리카 수준이지요. 이 점만 보아도, 얼마나 왕자와 공주가 많은 나라인지를 확인할 수 있습니다.

세상은 왕자와 공주를 받아주지 않습니다. 그러니 세상에서 힘들고 어렵고 좌절하게 됩니다. 그들을 받아주는 사람들은 부모뿐입니다. 그러니 세상에서 쌓인 분노를 부모에게 풀어버립니다. 세상에서는 자신의 힘이 통하지 않지만 가정에서는 힘이 통하기에 자기를 받아주는 부모를 상대로 범죄를 저지릅니다. 부모에 대한 범법 비율이 미국의 2.5배이고 영국의 5배입니다.

2015년 10월 24일 자 〈주간한국〉에는 캥거루족의 경제문제에 대한 기사가 실렸습니다.

"부모에 의존하는 '캥거루족' 급증"

기사에 따르면 대졸자 중에서 절반 이상이 경제적으로 독립을 못하고 있다고 합니다. 다 커서도 캥거루로 사는 자녀들 때문에 노후 준비를 못하는 부모들이 늘고 있습니다.

부모들의 입장에서 생각해 봅시다. 돈이고 시간이고 자녀에게 올인 했습니다. 어릴 때부터 지원해 주다가 성인이 되어서도 부모가 계속 책임져주려니 노후자금이 사라집니다. 한국 노인의 50% 이상이 빈곤층으로 OECD에 가입한 나라 가운데 제일 불쌍한 수치입니다.

왕자병과 공주병은 성경적으로 원죄적 성향, 심리적으로 정당한 고생을 피하려는 자기애적 망상, 사회적으로 부모상대 범죄율 급증, 경제적으로 부모의 노후자금 고갈이라는 다양하고도 심각한 증상을 나타냈습니다. 사람이 망가지면 다 망가집니다. 세상의 일들이란, 결국 사람이 하는 일이기 때문입니다. 망가진 사람이 많아지면 모든 일들이 망가집니다. 왕자와 공주들은 분단국가의 국방마저도 무너뜨립니다. 벌써 10년이 넘게 지난 2010년 10월 1일 자 〈부산일보〉에 실린 기사입니다.

"'헬리콥터 부모'가 아이 망친다."

전투를 치르는 군인들에게 지원이 필요할 때, 헬리콥터가 나타나서 무기나 음식을 보급해 줍니다. 보급 헬리콥터처럼 자식의 주변을 뱅뱅 돌다가 무작정 지원하는 부모를 '헬리콥터 부모'라고 부릅니다. 대학교에 입학하면 수강 신청을 해주고, 학점이 낮게 나오면 교수에게 전화해서 따지고, 결혼 상대를 골라주고, 정말 별 걸 다 해줍니다. 헬리콥터는 어디든지 날 수 있기에, 헬리콥터 부모는 군대까지 따라옵니다.

오늘은 아들 전화를 받지 못했다고 어디 아픈 게 아니냐며 전화 바꿔달라고 애원하는 애걸형이 있다. 행동파형은 소대장을 담임선생님 격으로 본다. 면회 청탁은 물론 촌지까지 서슴없이 내민다. 막가파 형은 '내가 너(자녀의 상사)를 그냥 확

실제로 직업 군인들의 이야기를 들보면 훈련하는 데 장병들의 엄마들이 전화해서 '우리 애가 힘들다고 한다. 괴롭히지 말아라'고 호소한다고 합니다. 여러분, 군대에 가면 힘든 게 당연하지 않나요? 전쟁이 나면 총을 들고 나가서 나라를 지켜야하기 때문에 힘든 훈련을 받아야 합니다. 그래야 본인이 살아날 확률도 높아집니다. 더군다나 우리는 세계 유일의 분단국가입니다.

부사관급 군인들은 병사들의 엄마의 전화를 받느라고 너무 바빠서 나라를 지킬 시간이 없다고 합니다. 엄마들의 항의에 시달려서 머리카락이 빠졌다는 분들도 꽤 있습니다. 자식을 망치고 본인도 망치고 분단국가의 군대를 망치고 결국에는 나라까지 망칠 헬리콥터들이 대한민국의 하늘을 날아다니고 있습니다.

오늘 강의를 들으시면서 왕자병과 공주병이 본인과는 상관없는 것 같으신가요? 아니면 여러분에게도 해당사항이 있으시나요?

왕자공주병을 극복할 때, 사람의 눈빛이 달라집니다. 사람에게서 뿜어져 나오는 기세가 달라집니다. 걸음걸이부터 시작해서 모든 것이 다 달라집니다. 제가 가르친 청년의 글을 소개합니다.

해야 했다. 그런데 항상 나는 벼락치기로 하는 습관 때문에 그날 역시 며칠을 앞두고 부랴부랴 영상을 보고 책을 읽었다. 10시간 정도 매일 몰아서 책을 읽고 영상을 봤던 것 같다.

그렇게 3일이 지나니까 내 안에서 뿜어져 나오는 에너지를 느꼈던 것 같다. 사실 10시간 넘도록 그것도 연속으로 몰두해 본 적이 없는 것 같다. 뭔가 자기계발을 위해서 책을 읽는 행위이지만, 이것이 온전히 나를 위해서라는 이기적인 목적보다는 하나님 나라를 위한 성장(?) 뭐 이런 비슷한 걸로 느껴졌다. 그래서 그런지 기분이 굉장히 좋았다. 비록 숙제였지만 몰입할 수 있는 시간을 가졌던 것 같아서 말이다.

왕자병 공주병은 자신에게 몰두합니다. 그런데 너무 바쁜 나머지 본인에 대해서 관심을 가질 새가 없어서 10시간씩 책 읽기에 몰두했습니다. 그랬더니 안에서 무언가 강한 게 뿜어져 나왔다고 합니다. 강한 에너지가 뿜어져 나와서 자신 이외의 일에 몰두하게 되고, 몰두하니 성장하게 되어 기분이 좋아지는, 선순환의 체험을 했습니다.

그런데 이것만으로 왕자병 혹은 공주병 탈피를 위한 해답을 얻은 건 아니었다. 하지만 힌트를 얻었던 시간이었다. '아, 무엇인지는 정확히 모르겠지만 이런 긍정적인 에너지를 내뿜는 기분을 계속 느끼고 싶다. 그러려면 내가 매일 열심히 공부를 해야겠구나.'라는 생각을 막연히 했다.

이 일련의 과정이 1월 달 스터디를 시작하기 전의 깨달음이다. 스터디가 시작되었고 목사님의 수업을 쭉 들으면서 거의 끝나갈 때 즈음에 이런 생각이 들었다. '목사님은 우리에게 열심히 알려주시는데 왜 나는 내 문제에 대한 답을 모르겠는 걸까? 도대체 답이 뭐지?' 스터디가 끝나고도 이 질문에 대한 답을 명쾌하게 내리지 못했다.

스터디가 끝나고 집에 왔다. 별로 졸리지 않았기에, '나도 지식노동자가 되어 보겠어' 라며 책을 집어 들었다. 동시에 '나는 어떻게 해야 바뀔까?'라는 생각이 떠나지 않았다.

'도대체 답이 뭐야?! 뭐지? 뭐야?!!!!뭐야~~~!!???' 물음표의 소용돌이 속에 마침내 느낌표가 찾아왔다. '유레카! 답을 찾았어! 할렐루야! 하나님 감사합니다!' 고민에 고민을 거듭한 결과, 나에게 집중하고 있는 내 모습이 보였다.

고민에 고민을 거듭한 결과 깨달음의 순간이 찾아옵니다 : 나에게 집중하고 있는 내 모습이 보였다. 매일 '내 인생의 문제가 무엇일까? 나는 어떻게 하면 좋을까? 왜 나는 기분이 좋지 않을까?'하고 본인에게 몰두해 있었는데, 깨달음의 순간에 자기 문제에 몰두하고 있는 자신을 보았습니다. 내가 보였다는 말은 나로부터 한 발짝 떨어졌다는 얘기입니다. 나에게 매몰되어서 나 이외에는 아무것도 보이지 않는 내가 아니라 나에게서 벗어나서 나를 객관적으로 보는 나를 인식했습니다. 자기의 감옥에서 벗어난 일종의 해방입니다.

마치 자세를 잔뜩 웅크린 채 고개를 숙이고 내 마음만 쳐다보고 있었다. 제 3자의 눈으로 나를 본 것 같은 느낌이었다. 이걸 안 순간 깨달음의 기쁨으로 좁은 내 방을 뛰어다니며 소리를 지르고 싶었다.

'나는 지금까지 잔뜩 웅크린 채 고개를 숙이고 있었구나. 그래서 내가 아닌 다른 것에 집중할 때 기분 좋은 용암 같은 에너지를 느낀 거였어. 앞으로 나는 내가 아니라 밖으로 시선을 돌려야 하는 거네!'

기억해야 할 통찰입니다. 왕자병·공주병에서 벗어나 나를 잊어버리고 가치와 의미가 있는 대상에게 자신을 던지면 용암 같은 에너지가 솟구칩니다. 그래서 왕자공주병을 벗어던지면 누구나 탁월한 리더가 될 수 있습니다. 그런데 자기 문제에 매여서 '누가 나를 인정해주나 안 해주나, 내가 쟤보다 예쁜가, 내가 쟤보다 잘났나. 다른 사람이 나를 어떻게 볼까' 늘 남과 비교하고 문제, 고민, 상처, 아픔에 빠져버려서, 하나님이 주신 잠재력을 발휘하지 못하고 묻어버립니다.

왕자병과 공주병의 문제는 지나친 자기 몰두입니다. 어떤 일을 할 때 그냥 그 일을 하면 됩니다. 일에 몰두하면 일을 잘하게 되고 유능해집니다. 어떻게 하면 일을 잘할 수 있을지 몰두하니 좋은 열매를 거두고 사람들도 나를 인정해 줍니다.

그런데 왕자병·공주병은 일 하는 와중에도 자기한테 몰두합니다. '이 일을 하는 내 모습이 어떻게 비칠까? 이 일에서도 내가 중심이 되어야 하는데 다른 사람에게 관심이 쏠리는 건 참을 수 없어. 내 스타일로 해야지. 사람들이 나를 얼마나 인정하고 있지?' 정작 일을 하면서도 관심사는 일이 아니라 '나'입니다.

인간관계를 맺을 때도 마찬가지입니다. 세상에는 나와 잘 맞는 사람도 있고 맞지 않는 사람도 있습니다. 나를 좋아하는 사람도 있고 싫어하는 사람도 있습니다. 그게 인생이고 당연한 현실입니다. 그런데 왕자와 공주들은 그 당연한 현실을 참지 못합니다. 조금이라도 마음에 들지 않으면 불편해합니다. 누군가가 나를 인정하지 않고 박수 쳐주지 않으면 불안해합니다.

왜 꼭 칭찬만 받으면서 살아야 하나요? 우리가 칭찬만 하고 사나요? 칭찬보다는 욕을 더 많이 하지 않나요? 내가 남을 욕한다면 남도 나를 욕할 수 있습니다. 그것이 정당한 현실이지요. 그러나 가상현실 속에 사는 왕자공주는 현실을 수용하지 못합니다. 나는 남을 욕하더라도 남은 나를 욕하면 안 된다고 생각하지요. 그래서 누군가 자신을 욕하면 잠도 못 자고 밥도 못 먹습니다.

사람은 누구나 실수합니다. 완벽한 사람은 없습니다. 내가 잘못하면 지적도 받을 수 있고 벌도 받을 수 있습니다. 왕자병 공주병은 이 과정을 이해하지도 못하고 용납하지도 못합니다. 내가 항상 옳고 내가 항상 잘한다고 착각합니다. 실제로 왕자와 공주들에게 일을 시키면 피곤한 일이 많이 생깁니다. 일을 엉망으로 해놓아서 잘못을 지적하면 '어떻게 저에게 그런 말씀을 하십니까'하고 충격을 받습니다.

왕자와 공주는 본인이 지적당하는 사실 자체를 견디지 못합니다. 잘못을 지적받으면 부당하게 박해를 받는다고 여겨서 스스로 비련(悲戀)의 주인공이 되고 피해자 코스프레를 합니다. 어디에서 무슨 일을 하든지, 누구와 어울리든지 자신이 인정받고 주인공이 되어야 하니 본인도 힘들고 주변 사람들도 힘들어집니다.

왕자병·공주병의 해결책은 '나를 버리는 것'입니다. 자아의 우상을 버려야 합니다. 다함께 따라 합시다. "나는 던져야 하는 존재다." 나를 묵상하고 경배했다가는 재앙이 닥칩니다. 하나님이 우상숭배자에게 내리는 심판을 다 받게 됩니다. 나라는 존재는 숭배의 대상이 아니라 던져야 할 대상입니다. 어디에 던져야 할까요? 나보다 더 큰 대상에게 던져야 합니다.

사익(私益)보다 더 큰 공익(公益)을 위해서 나를 던져야 합니다. 나보다 더 크신 하나님을 위해서 던지고, 나 라는 존재를 빚은 대한민국을 위해서 던져야 합니다. 나는 던질 때 살아납니다. 나를 던져야 성공할 수도 있고 행복해질 수도 있습니다.

또 한 번 따라 합시다. "던지지 못하면 사로잡힌다" 내가 나를 던지지 못하면, 나 라는 사슬에 매이고 나 라는 결박에 사로잡히며 자기 감옥에 갇혀버립니다. 매일 내 걱정, 내 상처, 내 생각, 남과 나를 비교하면서 자아의 감옥에 갇히게 됩니다. 던지느냐 갇히느냐. 던져서 성공하고 행복해지느냐 갇혀서 불행하고 비참해지느냐. 던져서 리더가 되느냐 갇혀서 부적응자가 되느냐. 결국 인생은 자기보존욕구와의 싸움입니다.

매 순간 나를 바라보면 내가 누구인지 알 수 있을까요? 사실은 더 모르게 됩니다. 왕자와 공주가 묵상하는 나는 가상현실의 나이기 때문입니다. 있는 그대로의 '나'가 아닌 우상화 시킨 나를 계속 들여다보니, 다시 말해 오답풀이를 반복하게 되니 스스로를 잘못 이해할 가능성이 높습니다. 그러니 주변인들이 자기에 대해서 한마디만 하면 '나는 그런 사람이 아니야. 쟤가 날 무시했어'라며 과민하게 반응합니다. 나에 대한 관심은 지대한데 정작 자기 자신을 몰라서 일어나는 해프닝입니다.

그러면 어떻게 '나'를 알 수 있을까요? 역시 나를 던질 때에야 비로소 나를 알게 됩니다. 자아숭배의 반대말은 자기부인입니다. 그래서 4복음서에 동일한 말씀이 반복됩니다. "누구든지 나를 따라오려거든 자기를 부인하고 자기 십자가를 지고 나를 쫓을 것이니라" 이 말씀에 의하면, 왕자병 공주병은 예수를 따르는 제자가 아닙니다. 제자는 자기를 부인해야 합니다. 자기를 던져야 합니다.

내가 그리스도와 함께 십자가에 못 박혔나니 그런즉 이제는 내가 사는 것이 아니요 오직 내 안에 그리스도께서 사시는 것이라 이제 내가 육체 가운데 사는 것은 나를 사랑하사 나를 위하여 자기 자신

을 버리신 하나님의 아들을 믿는 믿음 안에서 사는 것이라(갈라디아
서 2장 20절)

사도 바울이 십자가에 못을 박아서 나를 죽였습니다. 말씀 그대로
순종해서 자기부인을 했는데 특이한 점이 있습니다. 나를 죽이고 자
기를 부인해서 십자가에 못 박으라는 말씀에 반복해서 사용되는 단
어가 바로 '나'입니다. '나'라는 단어에 유의하면서 이 구절을 다시 한
번 읽겠습니다.

'내가' 그리스도와 함께 십자가에 못 박혔나니 그런즉 이제는 '내
가' 사는 것이 아니요 오직 '내' 안에 그리스도께서 사시는 것이라 이
제 '내가' 육체 가운데 사는 것은 '나'를 사랑하사 '나'를 위하여 자기
자신을 버리신 하나님의 아들을 믿는 믿음 안에서 사는 것이라

한 구절의 말씀에 '나'라는 단어가 6번 나옵니다. 나를 버리는데 오
히려 내가 강렬하게 살아납니다. 나라는 존재를 강렬하게 체험합니
다. 이것이 복음의 신비이고 역설입니다. 나를 죽이는데 내가 없어
지지 않고 살아납니다. 이것은 도대체 어떤 원리일까요?

왕자병 공주병은 우주의 중심이라는 가상(假想)의 나를 묵상합니
다. 그러니 실제의 나를 알지 못합니다. 실제의 내가 누군지 모르니
자기부인도 어렵습니다. 왕자와 공주의 길과 정반대로 뻗어있는 자
기부인의 길에 들어서서 나를 십자가에 못 박으려면 나의 어떤 부분
이 하나님 나라에 합당하지 않은지 늘 직면해야 합니다. 어긋난 생
활방식과 자기중심적인 말버릇과 나를 높이려는 자세와 하나님보다

나를 소중히 여기는 이기심을 십자가에 못 박아야 합니다.

실제로 십자가에 나를 못 박으면서 무엇을 발견할까요? 나를 발견합니다. 나의 무언가를 버리면 내가 무엇을 버렸는지 압니다. 나를 버리고 나를 던지고 나를 부인하면 버린 내가 누구이고 던진 내가 무슨 까닭이고 부인된 내가 어떤 존재인지를 알게 됩니다. 버리는 과정에서 무얼 버렸는지 알고 버린 나를 알게 됩니다.

동시에 버리려고 해도 버려지지 않는 나의 모습 또한 알게 됩니다. 버리지 않고 끝끝내 남아있는 나를 보고 있노라면 한심스럽기도 하고 안타깝기도 해서 하나님 앞에서 반성하게 됩니다.

여러분, 나를 몇 번이나 버려야 할까요? 딱지치기를 해도 삼세판인데 세 번쯤 버리면 그걸로 끝날까요? 그 다음에는 평생 내 마음대로 살아도 될까요? 예수님은 자기를 부인하고 '날마다' 자기 십자가를 지라고 하셨습니다.

날마다 나를 버리는 과정을 실제로 해보면 버린 줄 알았는데 되돌아보니 다시 남아있음을 발견합니다. 충분히 버려서 더 버릴 것도 없는 줄 알았는데 아직도 하나님보다 내가 더 중요합니다. 날마다 버리고 버리고 또 버리다 보면 '아, 나는 이런 사람이구나' 하고 알게 됩니다. 나를 버림으로써 새롭게 나를 발견합니다. 나를 버림으로써 강렬하게 나를 깨닫게 됩니다. 새롭게 알고 강렬하게 깨달은 나를 주님께 드리면서 진정한 인생으로 거듭납니다.

던질 것인가 갇힐 것인가. 나에게 갇혀서 우상숭배자로 살지 마시고 하나님의 나라를 위해서 날마다 나를 제물처럼 불태우고 하나님의 뜻을 향해서 나를 던져서 영향력 있는 크리스천 리더로 쓰임 받으시기를 축복합니다.

▲"같은 노동자인데, 민주노총 정책 대의원들과 정규직 노동자들은 활개치고 걸어가고, 비정규직 노동조합 조합원들은 이들에게 절하는 사진입니다. 같은 노동자 조합이라도, 비정규직 노조가 정규직 노조에게, 아랫것이 윗분에게 절하듯이 절을 합니다."
- 본문 중에서

양반형 리더십의 극복

먼저 '리더'라는 개념을 살펴봅시다. 영어의 리드(Lead)는 앞장서서 끌어준다는 의미입니다. 리드에 행위자를 뜻하는 'er'이 붙어서 리더(Leader)라는 단어가 만들어졌습니다. 영어권의 개념에서 리더를 직역하면, '앞장서서 안내하는 사람'이란 뜻입니다. 한문으로는 '지도자'(指導者)라는 단어가 있습니다. '가르쳐서 이끌어 가는 사람'을 뜻하지요.

그러면 리더와 지도자에 해당하는 순우리말은 무엇일까요? 굳이 찾아보자면 '우두머리'나 '윗분'이라는 말을 꼽을 수 있습니다. 두 단어 모두 '높은 사람' 정도를 의미합니다. 영어의 리더, 한문으로 지도자라는 말처럼 우두머리란 말을 일상생활에서 자주 사용하지는 않습니다. '우두머리' 혹은 '윗분'이라고 새겨진 명패도 없습니다. '우두머리'와 '윗분'은 주로 사용되는 단어가 아닙니다.

바로 이 점이 한국의 역사와 문화의 근본적인 문제입니다. 단어가 없다는 사실은 개념이 없다는 뜻입니다. 리더라는 단어도 없고 개념도 없으니 좋은 리더가 나오기란 어려운 일입니다. 그나마 비슷한 용례로 사용된 단어를 따져보면 윗분, 그 반대는 아랫것입니다.

윗분에 해당되는 부류가 조선시대의 양반입니다. 아랫것으로는 평민, 상놈이 있고 제일 밑바닥에 천민이 있습니다. 천민 중에서도 천민이 노비(奴婢)였지요. 노(奴)는 남자 종, 비(婢)는 여자 종, 노예입니다.

조선은 주자학을 국교(國敎)로 삼아서 성립된 체제입니다. 주자학이 시작된 나라가 중국의 송나라입니다. 그래서 조선이 송나라, 명나라를 숭상해 그대로 따라 한 사례들이 많습니다. 송나라 태종이 이런 말을 했습니다 : 하늘 아래 노비가 있을 수 없다. 민간의 노예 소유를 금지한다.

숭상했던 송나라의 황제가 노비가 있을 수 없다고 했으니, 조선이 이것도 그대로 따라 했을까요? 조선은 송나라에서 정립된 주자학을 국교로 삼으면서도, 노비에 대해서는 독창성을 발휘했습니다. 주자학의 고향인 송나라에서는 하늘 아래에 노비는 있을 수 없다고 말했는데, 조선에서는 노비 제도를 고집했습니다.

조선에 노비가 얼마나 많았을까요? 1606년에 경상도 산음현의 전체 인구 가운데 42%가, 단성현의 경우 64%가 노비였습니다. 1609년 울산부는 47%, 1663년 한성부에서는 73%가 노비였습니다. 15세기에서 17세기까지 300년 동안 조선에 사는 사람들 가운데 아무리 적게 잡아도 30~40% 정도는 노비였습니다. 노비는 사람 대접을 받지 못했습니다. 가축처럼 노동하고 물건처럼 사고 팔렸습니다.

조선기에 재산을 분배한 내역을 기록한 상속일지가 '분재기'(分財記)입니다. 현재 남아있는 분재기 중에서 제일 많은 노비 숫자를 기록한 사람이 정삼품으로 홍문관 부재학이었던 이맹현입니다. 조선에는 정일품에서 종구품까지 18개 품계가 있었습니다. 정삼품이면 18품계 중에서 5번째 등급이지요. 5등급 관료가 거느리던 노비는 무려 758명이었습니다. 그렇다면 1등급부터 4등급의 고위 관료들은 천 명이 넘는 노비들을 거느렸다고 추측할 수 있습니다.

세종의 다섯 번째 아들 광평대군, 여덟 번째 아들 영응대군은 어마어마한 재산가로 1만 명이 넘는 노비를 소유하였습니다. 임금이 벼슬길로 나오라고 거듭 촉구하는데도 사양하고 학문에만 전념했던 성리학의 대가 이퇴계 선생의 노비 숫자도 무려 367명이었습니다.

조선의 노비 숫자를 다른 나라와 비교해 봅시다. 1860년에 일어난 남북전쟁 직전에, 미국 남부에서 노예를 100명 이상 거느린 사람은 아주 드물었습니다. 노예를 250명 이상 거느린 사람이 불과 125명이었습니다. 어마어마한 크기의 국토를 가지고 있는 세계적으로 부유한 나라의 노예 숫자가, 조그마한 국토에 백성이 굶어 죽는 가난한 나라의 노비 숫자보다 턱없이 적습니다. 조선이 수많은 사람들을 노예로 부려 먹었던 세계적인 노예제 국가였다는 사실을 우리는 확인할 수 있습니다.

조선의 지도층이 양반이었기에, 조선의 리더십 스타일은 양반형 리더십입니다. 양반형 리더십 특징은 윗분이 마음대로 횡포를 부린다는 점입니다. 윗분은 무슨 짓을 해도 되지만 아랫것은 윗분이 아무리 부당한 대우를 해도 저항할 수 없습니다. 양반형 리더십의 대표적인 특징인 강자의 횡포입니다.

조선은 명나라를 철저하게 따라 했습니다. 조선의 법은 명나라의 법인 '대명률(大明律)'을 그대로 베꼈다고 해도 과언이 아닙니다. 대명률에는 이런 규정이 있습니다. "주인에 대한 노비의 고소가 인륜의 명분을 침해하지 않을 경우에 정당성을 인정한다 : 모반, 범죄자를 숨기는 경우, 주인 친족 간의 살인, 주인의 친족이 노비의 재산을 빼앗거나 합당한 이유 없이 구타하여 상처를 입히는 경우"

주인이 잘못했을 경우에, 노비가 관청에 고소할 수 있다는 규정입니다. 주인의 가족간에 칼부림이 나서 누군가 죽었다면 노비가 신고할 수 있습니다. 왜냐하면 사람의 생명은 중요하니 살인죄는 엄하게 다스려야 하기 때문입니다. 또 주인이나 주인의 친척들이 노비의 재산을 빼앗거나, 합당한 이유 없이 구타하여 상처를 입히는 경우에도 고소할 수 있습니다. 주인뿐 아니라 주인의 친족도 노비를 때려서는 안 되고, 재산을 뺏어도 안 됩니다. 이처럼 명나라는 노비의 생명과 재산을 법으로 보호했습니다.

명나라에 대한 조선의 태도는 한마디로 '지극정성'이었습니다. 심지어 명나라가 멸망한 다음에도 계속해서 명나라 황제의 제사를 지냈습니다. 일본이 제사를 금지시키는 1937년까지 명나라가 망하고 300년이 넘도록, 중국 땅에서도 안 지내는 제사를 드렸습니다. 그렇게 명나라를 사랑했으면 노비 제도에 대한 명나라의 법률도 지켜야 했는데 유독 그 점에 대해서는 독자 노선을 걸었습니다. 1420년에 제정된 조선의 법입니다 :노비가 주인을 고소할 경우 참형에 처해야 한다.

주인이 때리면 노비는 맞아야 합니다. 어떻게 아랫것이 윗분을 고소합니까. 주인이 아내를 강간했다면 바쳐야지 관가에 가서 따져 물을 수 없습니다. 노비가 주인을 고소할 경우 참형(斬刑), 목을 잘라서 죽인다는 법이 있었습니다. 그러니까 주인이 노비를 때려도 되고 부인을 뺏어도 되고 그 자식을 팔아도 됩니다. 주인이 무슨 짓을 해도 노비는 그저 당해야 합니다.

1422년에 제정된 조선의 또 다른 법입니다 : 군현의 아전과 백성이 수령이나 감사를 고소하는 일도 살인죄나 반역죄가 아닌 이상 고소한 사람을 처벌해야 한다.

군현의 아전과 백성, 즉 평민이 수령이나 감사를 고소했을 경우, 죄목이 살인죄나 반역죄가 아닌 이상 고소한 사람을 처벌하도록 한 법입니다. 다시 말해서 살인이나 반역을 저지르지 않으면, 윗분이 아랫것들에게 마음대로 해도 된다는 조항입니다. 일반 백성이 그 지역을 지배하는 양반 지배층을 고소하면 오히려 처벌을 받았습니다.

이런 상황을 가리켜서 세계적인 노예제 연구가 올란도 패터슨 (Orlando Patterson) 은 '사회적 죽음'이라고 말했습니다. 육체적으로는 살아 있는 사람인데 사회적으로는 죽어버린 시체나 마찬가지라는 의미입니다. 때리든지 뺏든지 죽이든지 그냥 가만히 있어야 하니 사회적으로는 시체나 마찬가지이지요. 사회적 죽음이 조선의 평민과 노비에게 선고되어서 1420년과 1422년에 법으로 확립 되었습니다. 당시 조선의 임금이 누구였을까요? 전 국민이 존경하는 세종

대왕입니다.

세종은 위대한 업적을 남긴 동시에 신분제와 기생제를 확립하기도 했습니다. 서울대학교에서 경제학을 가르치셨던 이영훈 선생의 「세종은 과연 성군인가」에서 세종 시대에 기생제와 노비제가 어떻게 확립 되었는지, 일반 백성이 어떻게 사회적으로 죽임을 당하고 조선이 자유가 없는 신분제 국가가 됐는지를 상세히 설명합니다.

실제로 주인이 노비를 때리고 겁탈하는 일은 늘 있었습니다. 그런데 실제로 죽인 경우는 그렇게 많지는 않았습니다. 왜냐하면 노비를 재산으로 취급해서, 노비가 죽으면 재산이 줄어들기 때문입니다.

오희문(吳希文)은 임진왜란과 정유재란의 기록으로 유명한 「쇄미록(瑣尾錄)」을 저술한 학자입니다. 그가 말을 안 듣는 종의 발바닥을 70대 때렸습니다. 죽일 마음이 없이 그저 때리기만 했는데 노비가 맞다가 죽었습니다. 결국 주인이 종을 때려 죽였으니 오늘날이라면 경찰서에 불려가서 조사를 받거나 처벌을 받았을 것입니다. 그러나 오희문은 조사도 받지 않고 처벌도 받지 않았습니다. 재산 하나 없어진 것이기에 처벌 받을 일이 아니지요.

오희문이 일기에 이렇게 적었습니다 : 우리 집에 온 지 4년이나 되고 또 원래 죽을죄도 아니었는데 의외로 죽고 말아 마음이 매우 편치 않음이 마치 똥을 삼킨 것 같아 밤새도록 잠을 못 이루었다.

이것이 윤리와 도덕, 삼강오륜(三綱五倫)을 부르짖었던 조선 양반의 민낯입니다. 사람을 때려 죽였는데 그저 똥을 먹은 것처럼 찝찝하기만 합니다. 이는 죄책감이라고도 할 수 없는 더럽고 꺼림칙하다는 느낌이지요.

영조에서 순조에 이르는 시기의 인물인 이서구(李書九)는 벼슬이 판서에 이르고 인품이 온화하고 문장력이 뛰어나서 당대의 존경을 받았습니다. 어느 날, 그의 집에서 남자 하인이 술을 먹고 취해서 주인 욕을 했습니다. 그 모습을 본 이서구가 집안이 시끄러워지지 않도록 조용히 밖으로 데리고 나가서 때려죽이도록 했습니다. 시체를 어떻게 처리할지 묻자 이서구가 이렇게 답합니다. "그놈이 비록 죽을 죄를 범하긴 했으나 우리 집에 내려온 구물(舊物, 오래된 물건, 대대로 내려오는 물건)인지라 후하게 장례를 치르고 묻어주라."

그 사건을 본 그 지역의 동료 양반이 "떠들썩하게 화를 내지 않고 조용히 집안을 다스림이 이와 같으니 어찌 장차 크게 될 인재가 아닌가"라고 칭송했습니다. 사람을 때려죽이고 '오래된 물건'이라고 부르는 양반이 칭송을 받던 나라가 조선입니다.

양반들에게는 명분이 중요했습니다. 명분이라고 하면 '대의명분'을 떠올려서 좋은 것으로 생각합니다. 그러나 조선 시대 양반들이 말했던 명분의 전후문맥을 살펴보면 제일 많이 언급되는 명분이 상하(上下)의 명분입니다. 어떻게 감히 아랫것인 노비가 술을 먹고 주인에게 불평을 합니까. 때려죽여서 버려야 하는데, 그래도 오래된 물건이라고 후하게 장례를 치러주었으니 훌륭한 양반으로 칭송받습니다.

양반형 리더십은 상하의 명분을 고수하는 리더십입니다. 강자의 무제한적인 횡포와 약자의 무조건적인 고통, 다시 말해서 윗분은 마음대로 해도 되고 아랫것은 저항은커녕 잘못이라고 말하는 것조차도 금지하는 게 양반형 리더십입니다.

여러분, 양반형 리더십이 지금 대한민국에 남아 있을까요? 양반형 리더십이 낳은 독특한 한국문화가 바로 '갑질'입니다. 대표적인 갑질로 땅콩회항 사건이 떠오릅니다. 한국 언론이 재벌가의 갑질을 대대적으로 보도했습니다. 그렇다면 재벌만 갑질하고 중소기업, 서민, 청년들은 갑질을 하지 않을까요? 인터넷 신문에 크게 올랐던 기사 제목들입니다.

'신입생 환영회에서 여대생 사망'
'대학 신입생 음주사망 사고 언제까지'

여기에서 갑에 해당하는 윗분은 선배입니다. 대학을 1년 먼저 들어왔다는 이유로 윗분이 되어서 1년 늦게 들어온 후배에게 술을 마시라고 강요합니다. 윗분이 말씀하시면 아랫것이 저항하지 못합니다. 선배가 마시라 그러면 마셔야 됩니다. 그러다가 꽃다운 스무 살짜리 청년들이 죽었습니다. 개명한 21세기의 대한민국에서도 재벌에게만이 아니고 평범한 대학생들에게까지 양반형 리더십과 갑질문화의 유구한 역사와 전통이 계승되고 있다는 증거입니다.

편의점 알바생들 사이에서도 갑질이 있다고 합니다. 한 달 먼저 일한 사람이 선임, 한 달 늦게 들어온 사람이 후임입니다. 같은 편의점 알바이지만 한 달 먼저 들어온 사람이 윗분이 되어서 한 달 늦게 들어온 아랫것의 군기를 잡습니다. 이것도 20대의 청년들 사이에서 일어나는 일입니다.

양반, 재벌, 부자, 학생들은 갑질을 하는데 좌파들이 그토록 신성시하는 노동자들은 어떨까요? 역사의 주체인 프롤레타리아는 착하고 훌륭한 분들이시니 갑질 같은 짓은 하지 않을까요? 유명한 사진이 있습니다. 같은 노동자들인데, 민주노총 소속 정책 대의원들과 정규직 노동자들은 활개 치며 걸어가고, 비정규직 노동조합 조합원들은 그 옆에서 민주노총 소속 노동자들에게 절하는 사진입니다. 같은 노동자 조합이더라도 아랫것이 윗분에게 절하듯이 비정규직 노조가 정규직 노조에게 절을 합니다.

　1960년대 미국에서 흑인차별에 저항하는 민권운동이 일어납니다. 그 때 민권운동의 상징이 버스였습니다. 버스에는 흑인석과 백인석이 나눠져 있는데 로자 파크스(Rosa Parks)라는 흑인 여자가 백인 자리에 가서 앉습니다. 감히 흑인이 백인 자리에 앉았다고 강제로 끌어내리려고 했지만, 그녀가 끝까지 버팁니다. "왜 피부색에 따라 좋은 자리와 나쁜 자리를 가르느냐. 버스에서 흑인과 백인 좌석을 구별하지 말아라" 이 사건이 당시 흑인 인권운동의 중요한 이슈로 떠올랐습니다. 로자 파크스는 흑인 인권운동의 전설이 되지요.
　그런데 21세기의 대한민국에서 회사 가는 통근버스의 좌석이 마치 1960년대 흑인석과 백인석처럼 나뉘어져 있었습니다. 어떻게 나눠졌을까요? 바로 정규직과 비정규직으로 나눠졌습니다. 누가 나눴을까요? 회사에서 나눈 것이 아닙니다. 노조에서 좌석을 분리시켰습니다. 정규직 노동자들이 비정규직 노동자들을 차별한 증거입니다.
　재벌, 학생, 편의점 알바, 노동자에 이르기까지. 조금이라도 있으면 조금이라도 위면, 조금이라도 먼저면, 조금이라도 강자면, 갑질하고 횡포를 부리는 양반형 리더십은 지금도 계속되고 있습니다.

'갑질'의 반대말은 '섬김'입니다. 그러면 섬김이란 무엇일까요? 우리는 섬김의 리더십 또한 유교적인 맥락에서 이해합니다. 보통 아랫것이 윗분을 섬깁니다. 어떻게 섬길까요? 허드렛일 하며 섬깁니다. 따라서 섬김이라고 하면 청소를 하거나 설거지하고 뒤치다꺼리를 하는 것, 몸으로 때우는 것, 아랫사람들이 하는 것, 조금 천해 보이는 것들을 떠올립니다. 섬김이라는 개념 자체를 유교적으로, 양반형으로 생각합니다. 하지만 성경에서 말하는 섬김은 다릅니다.

인자가 온 것은 섬김을 받으려 함이 아니라 도리어 섬기려 하고 자기 목숨을 많은 사람의 대속물로 주려 함이니라(마태복음 20장 28절)

양반형 리더십에서는 아랫것이 섬기는데, 기독교에서는 가장 높으신 하나님의 아들이 섬기기 위해서 오셨습니다. 기독교의 섬김은 양반 문화에서의 섬김과 질적으로 다르다는 걸 알 수 있지요. 그렇다면 예수님이 와서 어떻게 섬기셨을까요? 만약 예수님이 '인자가 온 것은 가르치기도 하고 섬기기도 하려 함이라'고 말씀하셨으면 섬김은 가르침과 다른 개념이 됩니다. 예수님이 가르치기도 하고 섬기기도 하셨으니 섬김과 가르침이 따로 구별됩니다.

또 '인자의 온 것은 기적도 행하고 섬기기도 하려 함이라'고 말씀하셨으면 섬김과 기적은 다른 것입니다. '인자가 온 것은 병과 약한 것을 고치고 섬기려 함이라'고 말씀하셨으면 병과 약한 것을 고치는 사역과 섬김은 다른 일이라고 생각할 수 있습니다. 그런데 예수님은 다른 사역과 섬김을 구별하지 않으시고 섬기려 오셨다고 말씀하셨습니다. 이 말씀은 예수님이 오셔서 하신 모든 일이 다 섬김이라는 뜻입니다.

성경에서 말하는 섬김이란 아랫것의 허드렛일이 아니고 제일 높으신 예수님이 하신 모든 사역입니다. 그래서 섬김의 리더십은 예수님을 닮아 가는 것이고 예수님을 따라 가는 것입니다. 섬기러 오신 예수님 사역의 절정이 무엇이었을까요? '자기 목숨을 많은 사람의 대속물로 주려함이라' 섬김의 리더십의 절정은 십자가였습니다.

십자가에서 죽으시기 전, 예수님의 섬김을 요약해서 소개한 구절이 마태복음 9장 35절입니다.

예수께서 모든 도시와 마을에 두루 다니사 그들의 회당에서 가르치시며 천국 복음을 전파하시며 모든 병과 모든 약한 것을 고치시니라(마태복음 9장 35절)

신학자들을 이 구절을 가리켜 '갈릴리 사역의 요약진술'이라고 부릅니다. 예수님은 제일 먼저 '모든 도시와 마을에 두루' 다니셨습니다. 제가 설교와 강의를 통해서 '하나님은 싸돌아다니는 자를 쓰신다'는 말을 많이 합니다. 교회에만 있지 마시고 돌아다니셔야 됩니다. 예수님은 모든 도시와 마을에 두루 다니셨습니다. 돌아다니시면서 아픈 자도 돌보시고 억울한 자도 만나시고 눌린 자도 보셨습니다. 예수님께서 돌아다니셔서 내 마음에도 오시고 내 원통한 얘기도 들어 주십니다. 예수님이 한 곳에만 계셔서 병 걸린 자가 죽든지 살든지 눈 하나 깜짝 안 하셨더라면 그런 예수님을 믿기가 어려웠을 것입니다.

모든 마을을 다니시면서 예수님께서 하신 일은 첫째로 가르치신 사역입니다. 우리는 '섬김'이라고 하면 몸으로 때우는 것, 청소하는 것, 아랫사람이 하는 허드렛일만 생각하는데 성경이 말하는 섬김은 그렇지 않습니다. 예수님이 행하신 섬김은 돌아다니면서 가르치시는 사역이었습니다. 가르치려면 지식을 쌓아야 됩니다. 지식을 축적하고 활용해서 남을 이롭게 하는 사역이야말로 중요한 섬김입니다.

둘째 사역은 천국복음을 전파하심 입니다. 지옥에 갈 수밖에 없는 영혼에게 복음을 증거해서 구원의 길로 인도하는 사역도 역시 섬김입니다.

세 번째는 모든 병과 약한 것을 고치신 일입니다. 병은 육체적인 질병입니다. 몸이 아픈 사람 고쳐주셨습니다. '약한 것'은 정신적이고 정서적인 문제를 가리킵니다. 우울증, 불면증, 강박증, 자살충동, 마음이 아픈 사람이 이 세상에 얼마나 많은가요. 육체적인 질병뿐 아니라 아픈 마음도 고쳐 주셨습니다. 약한 것을 고치려면 상담도 공부하고 정신의학도 공부해야 합니다. 고도의 전문성, 실력, 지식이 필요하지요.

모든 도시와 마을에 두루 다니려면 육체적인 능력이 뒷받침되어야 합니다. 가르치려면 지적 능력이 필요합니다. 복음을 전파하려면 영적인 능력이 준비되어야 합니다. 병과 약한 것을 고치려면 전문성을 갈고 닦아야 합니다. 예수님이 하신 섬김은 육체와 지식과 마음과 영혼으로 섬기는 일이었습니다. 다시 말해서 내가 가진 모든 것으로 다른 사람을 도와주는 행위, 남을 이롭게 하는 행위, 이타적인 행위, 그것이 바로 성경이 말하는 섬김입니다.

섬기는 리더가 되기 위해서는 공부도 열심히 해야 합니다. 그래야 지적으로 섬길 수 있습니다. 돈도 열심히 벌어야 합니다. 돈 때문에 힘들어하는 가난한 국민들이 굉장히 많습니다. 돈 있는 사람은 돈으로 돕고, 지식 있는 사람은 지식으로 돕고, 영력 있는 사람은 영력으로 돕고, 전문성 있는 사람은 전문성으로 돕고, 육체적으로 힘 있는 사람은 힘으로 돕는 행위. 모든 수단, 모든 방법을 동원해서 남을 이롭게 하는 행위가 바로 섬김입니다.

조금만 높고 조금만 더 가졌다고 횡포를 부리는 갑질 문화가 양반형 리더십입니다. 반대로 기독교 리더십은 조금 더 있는 것으로 남을 이롭게 하는 섬김입니다. 시대착오적인 양반이 아니라 시대가 절실하게 요청하는 크리스천 리더로 살아가시기를 축원합니다.

갑질 문화, 양반형 리더십의 이데올로기는 '피의 신화'입니다. 조선의 국가철학이 바로 '피의 신화'이지요. 타고난 혈통(血統)에 따라서 양반, 중인, 평민, 천민으로 사람의 등급을 나누었습니다. 중국에도 신분제가 있었지만 그렇다고 해서 기생의 딸이 대를 이어서 기생이 되라는 법은 없었습니다. 그런데 조선에서는 세종 시대에 기생의 딸을 전부 기생이 되도록 규정했습니다. 이것 역시 조선의 발명품입니다.

조선인들은 인간이 피의 청탁(淸濁)에서 비롯된 종성(種性)에서 귀하고 천한 존재로 갈라진다고 믿었습니다. 어느 집안의 피를 물려받았느냐가 제일 중요하다는 믿음입니다. 피의 청(淸) : 맑은 피가 있고, 깨끗한 피, 고귀한 피가 있습니다. 피의 탁(濁) : 탁한 피, 더러운 피, 천한 피가 있습니다. 어떤 피를 가지고 태어났느냐에 따라서 귀하고 천한 존재로 갈라진다는 혈통의 이데올로기 입니다.

양반 이문권이 자신에게 성적인 위안을 제공하게 했던 젊은 여종이 말을 안 듣는다고 때립니다. 여종의 살가죽이 터지면서 피가 확 튀었습니다. 그 피를 보고 이문권이 이렇게 적습니다 : 피의 색깔이 청적(靑赤)이다. 피에 파란 색깔과 빨간 색깔이 섞여 있다는 말이니 노비의 피는 양반의 피와 다르다는 뜻입니다. 노비의 피가 빨간 색이면서도 약간 파랗기도 하니 사람하고 짐승의 중간이로구나. 자신의 피와 다른 피가 신기해서 글을 썼습니다. 자신이 데리고 살았던 계집종한테 붙여준 이름이 '눌은 개'입니다.

조선 시대에 노비를 '개'라고 쓴 문헌이 많습니다. 이순신 장군의 「난중일기」에도 개가 나옵니다. 개가 와서 시중을 들었다는 기록이 적혀있습니다. 계집종이 몸을 바쳤다는 뜻입니다. 여종을 개라고 썼지요. 그렇다면 눌은 개는 무슨 뜻일까요? 영어로는 옐로우 독 (yellow dog). 이문권은 자기 애인인 여자에게 눌은 개, 누렁이 개라고 이름을 지어줬습니다.

세종을 위시한 조선의 양반들은 "기생은 인류가 아니다". "기생은 사람으로 볼 수 없다"고 말하면서도 기생들을 좋아했습니다. 쾌락은 취하면서 사람으로는 취급하지 않았으니 정말 나쁜 짓입니다. 이영훈 선생은 "조선 역사 500년 동안 모든 임금, 모든 정승, 모든 판서, 모든 선비, 모든 지식인 가운데 기생과 노비가 양반과 같은 인간이라고 생각하는 사람은 단 한 명도 없었다"고 말했습니다.

노비와 기생을 사람으로 보는 관점은 기독교에만 있는 시각이고, 그 시각으로 대한민국을 건국한 이승만 박사에 의해서 법적으로 실현된 정의(正義)입니다.

피의 신화는 여전히 그리고 뿌리 깊게 한반도에 남아 있습니다. 피의 신화가 살아서 숨 쉬는 사회가 북한입니다. 북한에는 백두혈통이 있습니다. 그래서 김정은의 동생 김여정이 평창 올림픽에 왔을 때 수많은 언론들이 '백두혈통이 왔다'고 호들갑을 떨었습니다.

백두혈통은 김일성의 혈통입니다. 어버이 수령 김일성의 피를 물려받은 백두혈통이 나라를 다스려야 한다는 논리로 세계에 유례없는 3대 세습 독재를 유지하고 있습니다. 백두혈통 신화가 어디에서 나왔을까요? 바로 조선의 피의 신화입니다.

나라 이름만 보아도 알 수 있습니다. 대한민국은 피의 신화를 버리고 기독교 정신으로 나라를 세웁니다. 피의 신화로 다스렸던 조선은 멸망했고 새로운 나라 대한민국으로 간다는 의미입니다. 북한은 자기네들을 '조선 민주주의 인민공화국'이라고 부릅니다. 북한정권이 참칭(僭稱)하는 나라 이름에 '조선'이 있습니다. 참칭한 이름 자체가 조선을 계승하고, 조선의 통치 이데올로기인 피의 신화도 백두혈통으로 계승해서, 현대판 왕조를 수립했습니다.

남한에도 피의 신화가 남아있을까요? 나이 지긋하신 분들이 이런 말씀을 하십니다 : 피는 못 속인다. 핏줄이 땡긴다. 씨도둑은 못 한다.

젊은이들에게도 이런 생각이 남아있을까요? 제가 오랫동안 연구하면서, 역사와 전통을 무시하지 못 한다는 것을 느꼈습니다. 어느 기독교 대학에 가서 김일성에 대해서 강의했습니다. 수업이 끝난 다음에 학생 하나가 저를 찾아와서 질문을 합니다. "목사님 이상합니다. 믿음의 집안의 후손에서 훌륭한 인물이 나오고 믿음의 집안은

다 복을 받는데, 왜 믿음의 집안에서 김일성 같은 인물이 나왔지요?"

20대 기독교인 학생이 믿음의 집안에서는 믿음의 후손이 나와서 다 잘 되고 복을 받는다는 피의 신화에 젖어있는 모습입니다. 여러분, 믿음의 집안에서 태어나면 모두 훌륭한 인물이 될까요? 아브라함의 큰아들 이스마엘은 아랍과 이슬람의 조상입니다. 기독교 신앙과는 거리가 멀지요.

아브라함의 아들 이삭은 에서와 야곱을 낳았습니다. 에서의 후손인 에돔 족속은 이스라엘 백성을 하도 괴롭혀서 예언자들이 저주를 받으라고 선포했습니다. 야곱에게서 이스라엘 민족의 이름이 유래했는데, 바로 그 이스라엘이 예수님을 십자가에 못 박아 죽였습니다. 예수님을 잡아 죽인 바리새인, 사두개인이 모두 아브라함과 이삭과 야곱의 후손입니다.

저의 신학교 시절에도, 할아버지도 목사이고 아버지도 목사인 친구들이, 믿음의 집안에서 태어났다고 목에 힘을 주고 다니는 경우가 꽤 있었습니다. 그런 녀석들 치고 잘된 케이스는 거의 없습니다. 본인이 하나님 앞에 제대로 헌신해야 목회도 제대로 됩니다. 불신자 집안에서 태어났어도 열심히 믿고, 믿지 않는 부모님과 가족들을 전도하는 가운데서 인물이 나옵니다. 하나님을 믿어야지, 피를 믿는 신앙은 어리석은 짓입니다.

제가 가르치는 정암 리더십스쿨에서 왕자병, 공주병을 주제로 학생들을 6개월 동안 들들 볶았습니다. 왕자와 공주의 문제로 한참 씨름한 다음에는 양반을 색출하는 작업을 벌였습니다. 양반형 리더십을 돌파해야 기독교 리더십으로 갈 수 있기 때문입니다. 본인이 경험한 피의 신화를 써오라는 숙제를 냈습니다.

'성이 X씨는 고집이 세다…' 내가 제일 싫어하는 말이다.

나는 피의 신화에 잔뜩 빠져 있었다. 피는 못 속인다는 명제에 빠져 있던 나는 능력을 개발할 생각은 안 하고 나는 누굴 닮아서 이런 걸 못한다는 생각에 빠져 있었다. 그래서 나는 아빠, 엄마 중 누굴 더 닮았나 탐구하기 시작했다.

그리고 내가 못하는 것은 누굴 닮아서 그렇다고 단정 짓고 한탄했다. 얼마 전에도 친구와 이야기를 하다 농담처럼 나는 엄마, 아빠의 아주 못난 점만 물려받았다고 투덜거린 적이 있는데 지금 생각해 보니 이것 또한 피의 미신이었다. 출신이 뒷받침되지 않으면 할 수 없다고 사고하는 게 피의 미신인가 보다.

'우리 집은 안 되는 피가 흐른다.' 할아버지는 이 말을 자주 인용하셨다. 내가 반장을 해도 우등상을 타도 대회를 나가도 운동을 해도 매번 자신과 나를 비교했다. 할아버지 인생이 실패했으니, 내가 당신처럼 될 것이라는 의미로 받아들여졌다.

어느 날 텔레비전을 보다가 개그맨 아무개가 본관을 밝혔다. 그와 나는 먼 친척이었던 것이다. 생각해보니 아무개와 우리 아빠는 정말 비슷한 점이 많았다. 둘 다 체격이 크고 외모도 좀 비슷하다. 아무개는 잘 삐지고 좀 찌질한 성격을 가지고 있는데 아빠랑 똑 닮았다. 역시 이놈의 집안 피는 못 속인다고 생각했던 것 같다.

'나는 누구인가. 아빠를 생각하면 나의 피가 증오스럽다.' 내가 마지막 집단상담 시간에 적은 글의 일부이다. 당시 목사님께서 내게 너의 몸속에 흐르는 피가 아빠의 피와 같은 피냐고 물으셨고, 그것은 과학적으로 불가능하다고 말씀하셨다. 먹은 게 다르고 영양 상태가 다르고 세대가 다르고 신체 사이즈가 다르니, 피가 똑같다는 건 과학적으로 아니라고 하셨다.

나는 그때 머리를 맞은 것 같았다. 충격을 받았다. 무의식적으로 아빠의 피를 물려받아서 나도 아빠와 같은 사람일 것이라는 미신을 믿고 있었다. 더불어 무의식 속에는 나도 아빠와 같은 사람일까, 하는 두려움이 내재돼 있었다.

나는 집단상담 이전까지 피의 종성을 무의식의 세계에서 추종했던 사람이다. 이는 성경적으로도 과학적으로도 틀린 것이었다. 하지만 어느 곳에서나 자라나는 잡초처럼 그 씨앗은 어린 시절 내게 뿌려져 자라나 있었다.

피의 종성 관념은 나를 옭아매던 증표였다. 마지막 집단상담 이후 많은 것이 변했다. 정서적 자유인에 가까워졌고, 더 이상 누군가를 기준으로 나를 판단하던 습관이 사라졌다. 나를 그저 나로서 바라봤다. 있는 그대로의 나를 보게 되었다.

위에서 인용한 글들은 모두 20대들이 쓴 글입니다. 글만 보면 대한민국에서 쓴 글이 아니라 북한에서 쓴 글 같습니다. 북한에는 출신성분이 있어서 부모에게 받은 출신에 따라 모든 것이 좌우됩니다. 여러분, 하나님과 공산당을 헷갈리시면 안 됩니다. 하나님이 공산당처럼 출신성분에 따라서 "너네 집안은 나쁜 짓도 많이 했고, 돈도 못 벌었고, 너의 부모는 흙수저이고, 그러니 너에게 나쁜 피가 전해져서 넌 해봤자 안 된다."고 말씀하시지 않습니다. 하나님은 도전하는 자에게 인생이 바뀔 기회를 얼마든지 주십니다.

성경을 통해서 확인해 봅시다. 유대인들이 가진 최고의 자부심 역시 피의 신화였습니다. 아브라함의 피를 물려받았고, 하나님께 선택받은 아브라함의 후손이니, 자동으로 구원받고 천국에 간다고 믿었지요. 그런 유대인들 사이에서도 최고의 명문가가 사두개인들과 제사장 집안, 그리고 바리새인들이었습니다.

그런데 아브라함의 후손에다가 최고 명문 귀족 가문의 후예들에게 침례 요한이 '명문가의 후예들이여' '거룩한 피의 자손이여'라고 부르지 않습니다. '독사의 자식들아'라고 질타합니다.

요한이 많은 바리새인들과 사두개인들이 침례 베푸는 데로 오는 것을 보고 이르되 독사의 자식들아 누가 너희를 가르쳐 임박한 진노를 피하라 하더냐(마태복음 3장 7절)

아무리 대단한 집안 출신이라도 하나님 말씀대로 살지 않으면 독사와 같은 인생입니다. 피의 신화로 하나님의 심판을 피할 수 없습니다. 유대인들을 질타한 침례 요한은 '돌' 이야기를 합니다.

속으로 아브라함이 우리 조상이라고 생각하지 말라 내가 너희에게 이르노니 하나님이 능히 이 돌들로도 아브라함의 자손이 되게 하시리라(마태복음 3장 9절)

아브라함의 후손이라는 혈통이 하나님 보시기에는 별게 아닙니다. 하나님은 짱돌을 가지고도 아브라함의 후손을 만드실 수 있습니다. 그러니 피를 믿지 말고 하나님을 믿으라고 침례 요한은 설교합니다.

양반형 리더십의 특징은 첫째 강자의 횡포와 갑질 문화, 둘째는 피의 신화, 셋째는 실용성을 천시하는 비현실성입니다. 임진왜란이 일어나기 전에 선조 임금이 황윤길과 김성일을 일본에 파견합니다. 과연 일본이 조선을 침략할 것 같은지 정탐하라고 명령합니다. 황윤길은 도요토미 히데요시가 쳐들어올 것 같다고 했고 김성일은 아니라고 보고했습니다. 그런데 김성일이 속한 당파가 더 강해서 선조가 그 말을 듣고 전쟁 준비에 소홀했다가 임진왜란 때 초전 박살이 나버렸습니다.

그때 도요토미 히데요시가 쳐들어오지 않을 거라고 예측했던 김성일은 사실은 뛰어난 학자이고 애국자였습니다. 그의 호가 학봉(鶴峯)이었기에 김성일의 글을 모은 「학봉 전집」이 출판되었습니다. 그 책에서 어느 학자가 평한 글입니다.

> 수신사는 최고의 인물을 선견(先遣)하는 것이나 탐정꾼은 최하의 인간만이 가능한 것이다. 그러면 최고의 인격만이 할 수신사의 임무는 수행하였는데 최하의 인간만이 할 탐정꾼의 자격은 없다고 해서 충신을 간신으로 폄하(貶下)시키는 자는 탐정꾼의 편이고 수신사의 편은 아닌 것이니 그러면 그는 최고의 인물이 아니라 최하의 인물이 아닐까.

임금을 대신해서 사신으로 가는 것은 국가를 대표하는 것이니 최고가 가는 것이지요. 그런데 그 사신이 가서 '전쟁이 일어날까, 안 일어날까, 쳐들어올까, 안 쳐들어올까'하는 정탐은 양반이 할 짓이 못되고, 최하의 인간만이 하는 짓이었습니다. 그러니 김성일은 최고의 인격만이 할 수신사의 임무를 잘 수행했다고 변호하는 글입니다. 그야말로 전형적인 유교적 사고방식입니다.

그렇다면 최고 인격으로서 해야 할 수신사의 임무가 무엇이었을까요? 유교국가 조선에서 제일 중요한 것은 예의를 갖추는 것이었지요. 일본의 도요토미 히데요시 앞에서 예의를 제대로 갖춰서 조선 국왕의 친서를 전달하고 지적인 태도를 보이는 최고의 임무는 다 수행했습니다. 예의를 갖추고 학문을 토론했으니 전쟁을 일으킬지 말지 염탐하는 최하의 인간의 일을 안 했다고, 간신으로 폄하하지 말라는 논리입니다.

이 글이 언제 쓰였을까요? 무려 1976년입니다. 양반입네, 상놈입네 하다가 임진왜란으로 박살이 나고도 무려 384년이나 지난 뒤에, 대한민국이 건국되고도 28년의 세월이 흐른 뒤에도, 여전히 양반식 사고방식을 버리지 못한 우리나라의 저명한 역사가께서 쓰신 글입니다.

성경에도 정탐꾼이 등장합니다. 출애굽 한 이스라엘이 광야에서 젖과 꿀이 흐르는 땅으로 진격하기 전에 먼저 정탐을 합니다. 열두 지파에서 열두 명의 정탐꾼을 선발하지요.

여호와께서 모세에게 말씀하여 이르시되

사람을 보내어 내가 이스라엘 자손에게 주는 가나안 땅을 정탐하게 하되 그들의 조상의 가문 각 지파 중에서 지휘관 된 자 한 사람씩 보내라

모세가 여호와의 명령을 따라 바란 광야에서 그들을 보냈으니 그들은 다 이스라엘 자손의 수령 된 사람이라(민수기 13장 1-3절)

1976년에 이 나라의 저명한 역사가는 말하기를 정탐은 최하의 인간이 하는 짓이었습니다. 그런데 지금으로부터 3500여 년 전 까마득한 옛날에, 이스라엘에서는 조상의 가문의 각 지파 중에서 지휘관 된 자들을 정탐꾼으로 선발했습니다. 이스라엘 열두 씨족 가운데 최고 명문, 최고 지휘관, 최고의 인간이 해야 할 일이 정탐이었습니다.

정탐은 적군의 상황, 사기, 무기체계, 지형 등등 전쟁이 필요한 필수 정보를 확보하는 일입니다. 정탐을 잘 해서 전쟁에 이기면 나라가 흥하고, 정탐을 못 해서 전쟁에 지면 나라가 망합니다. 수많은 사람들의 목숨이 걸려 있는 중요한 일이기에 정탐은 최고의 인물에게 맡겨야 된다는 내용이 3,500여 년 전의 성경입니다.

이와는 정반대의 세계관으로, 정탐은 최하의 인간이 하는 건데 그걸 못 했다고 욕하는 자는 최하 수준의 인간이라는 것이 1976년 대한민국에서 나온 주장입니다. 최고의 인간에게 정탐을 맡기는 나라와 정탐은 최하의 인간이나 하는 짓이라고 생각하는 나라 중 어느 나라가 안전할까요.

양반은 학문, 철학, 종교, 집안 제사와 같이 수준 높은 일을 해야지 정탐을 하고 물건을 만들고 장사하고 돈 버는 일들은 천한 것들이 해야 한다는 주자학적 세계관의 문제점을 극명하게 보여주는 사례가 '이도다완'입니다.

일본의 국보급 도자기인 이도다완은 원래 조선에 있었습니다. 조선에서 이걸 '막사발'이라고 불렀습니다. 그래서 '국보가 된 조선 막사발'이라는 제목으로 책도 나오고 다큐멘터리도 만들어졌지요. 막사발이라는 이름부터가 양반에게는 어울리지 않습니다. 피에 파란

색깔이 섞여 있어서 짐승에 가깝다는 조선의 상놈과 천민, 인간도 아닌 것들이 쓰던 그릇이 막사발입니다.

그런데 상놈들의 막사발이 일본에 가자 국보가 되었습니다. 조선의 도자기 기술이 그만큼 뛰어났다는 사실을 입증하는 사례이지요. 임진왜란 전후인 16세기에 전 세계에 수준급 도자기를 만들 수 있는 나라가 3, 4국가 밖에 없었습니다. 그중에서도 최고급 기술을 가진 나라가 조선이었습니다. 조선이 도자기를 만들어서 수출을 했으면 엄청난 부자가 되어서, 일본열도 전체를 돈 주고 사서 식민지로 만들어버렸을 겁니다. 그 정도로 조선 도자기 기술은 세계 최고였지요.

그런데 조선은 도자기를 만들어서 수출할 생각을 전혀 하지 않았습니다. 왜 그랬을까요? 피의 청탁에 따라서 신분이 정해져 있기 때문입니다. 사농공상(士農工商)의 등급에 따라서 선비가 제일 높고, 그다음이 농사꾼이고, 기술자는 세 번째로 농민만도 못했습니다. 제일 천한 인간이 장사하는 사람이었습니다. 조선의 기준에 의하면 빌게이츠, 스티브 잡스, 이건희 회장은 최하 등급의 천하디 천한 인간들입니다.

서양의 예술품을 예로 들면 다비드상을 만든 조각가는 미켈란젤로입니다. 작품과 예술가의 이름이 알려져 있지요. 그러면 지금 남아있는 조선의 백자는 누가 만들었을까요? 이름이 알려져 있지 않습니다. 아마 개똥이 아니면 소똥이가 만들었을 겁니다. 만드는 일은 이름 있는 양반이 아니라 이름 없는 천민이 했기 때문입니다.

조선 역사를 평생 연구하신 신봉승 선생이 "조선의 경제는 한 마디로 초근목피(草根木皮), 먹을 것이 없어서 풀뿌리 먹고 나무껍질 벗겨 먹었다"고 정의했습니다. 세계적인 도자기 기술을 가지고 있었는데, 도자기를 팔면 어마어마한 돈을 벌어서 전 국민이 배불리 먹을 수 있었는데, 왜 풀뿌리나 캐 먹었을까요. 도자기 만드는 것은 개똥이, 소똥이, 아랫것들이 하는 일이라며 세계적인 기술을 천시했기 때문입니다. 장사를 하는 건 최하의 인간이 하는 짓이라고 생각했기 때문입니다.

조선이 무시했던 도자기 기술을 일본은 너무나 가지고 싶었습니다. 그래서 일으킨 전쟁이 바로 임진왜란입니다. 일본에서는 임진왜란을 '도자기 전쟁'이라고도 부릅니다. 임진왜란을 일으켜서 조선 도공들, 세계적인 첨단 기술자들을 잡아갔습니다. 그들이 만든 조선의 막사발이 세계적인 명품 이도다완, 일본의 국보가 되었지요.

사무라이들은 조선 양반들과는 달리, 기술자들을 우대했습니다. 조선의 도공을 잡아가서 대우를 잘해 주고 도자기를 많이 만들게 해 전 세계에 수출했습니다. 조선 출신들이 만든 작품들이 곳곳에서 대히트를 칩니다. 기록에 의하면, 유럽의 돈 많은 영주가 으리으리한 저택을 짓고, 한쪽 벽면을 일본 도자기로 장식합니다. 벽 한 면을 가득 채운 도자기 가격으로 총을 들고 완전무장한 특공대 600명을 줍니다.

그 당시에 서양의 앞선 무기로 완전무장해서 당장 전쟁을 할 수 있는 최정예 병사 600명이라면, 조선 전체의 국방력에 버금갈 정도였을 겁니다. 그러니 만약에 조선이 도자기 무역을 했으면 강력한 군사력을 보유한 부강한 나라가 되었겠지요. 일본이 그렇게 합니다. 도자기를 팔아서 번 돈으로 군사력을 개발했습니다. 돈이 축적되니

군사 분야 뿐만 아니라 사회의 모든 영역이 풍족해지고 발전하게 됩니다.

마침내 일본이 도자기 수출로 축적된 자금력을 바탕으로 역사의 대변혁을 일으킵니다. 그 사건이 바로 메이지 유신입니다. 메이지 유신으로 일본은 세계적인 강국으로 발전합니다. 메이지 유신 때 사용한 무기를 사들이고, 메이지 유신 때 앞장섰던 인재들을 길러낸 돈은 일본이 도자기를 수출해서 벌어들였던 돈입니다.

조선이 기술을 천시하다가 쇠망했다면 지금은 정신을 차렸을까요? 우리나라 정부에 '상공부(商工部)'라는 부처가 있었습니다. 대한민국은 물건을 만들고 수출해서 먹고 사는 나라입니다. 무역이 나라 경제의 90% 정도를 차지합니다. 우리나라의 주력 수출품이 무엇입니까? 우유나 옥수수인가요? 아닙니다. 자동차나 휴대폰 같은 공업제품입니다. 그러니 상공부라는 이름은 대한민국의 현실에 딱 맞는 말이지요. 우리는 공업제품인 공(工)을 상(商)해서 먹고 사는 나라입니다.

그런데 상공부라는 이름이 어감이 좋지 않다고 해서, 산업자원부로 바뀌었다가 지식경제부로 바뀌었습니다. 지식이라고 하면 뭐가 있어 보인다는 생각, 바로 그것이 양반 문화 아닌가요?

과거에는 전국에 '상업고등학교'가 있었습니다. 그런데 역시 '상업'이란 말이 이미지가 안 좋아서 학생들이 안 온답니다. 그래서 십수 년 전에 이름이 '정보고등학교'로 바뀌었습니다. 상업해서 먹고 사는 나라에서 상업을 부끄럽게 생각합니다. 쓸데없는 양반 문화, 유교 문화가 지금도 남아 있다는 증거이지요.

이런 양반 문화와 유교 문화의 영향력이 한국의 모든 분야에 꽉 차 있습니다. 교육을 예로 들면, 실용성을 무시한 비현실적인 이론 교육에 치우친 경향이 아직도 남아있습니다. 꽤 오래 전에 삼성전자의 이건희 회장이 한국의 대학이 기업에서 필요로 하는 인재를 키우지 못 한다고 지적했습니다. 이론에 치우쳐 있어서 실제적이지 못한 비현실성, 현실적인 것과 실제적인 영역을 천시하는 문화가 지금도 만연합니다.

저의 직종을 예로 들어보겠습니다. 목사는 열심히 기도하면서 동시에 책을 읽고 연구를 해서 설교문을 작성해야 합니다. 읽은 내용을 잘 정리하고 성경적으로 맞나 틀리나를 확인해서 원고를 작성하는 것은 목사가 일상처럼 계속해야 하는 일입니다.

그런데 신학교에서 책을 읽는 방법, 자료를 정리하는 노하우, 원고를 작성하는 글 쓰기는 가르쳐주지 않습니다. 제가 미국에서 목회자들을 대상으로 책 읽기와 글쓰기 세미나를 했습니다. 참여하신 목사님마다 이걸 신학교에서 배웠어야 했다고 한탄하셨습니다. 신학교마다 휘황찬란한 신학이론은 가르쳐 주는데, 정작 목사가 매일 해야 하는 실제적인 업무에 대해서는 가르쳐주지 않습니다. 가난한 신학도들이 대출 받아서 등록금을 내면서도 정작 목회에 필요한 교육은 받지 못하는 실정입니다.

고등학교 시절에는 한국의 영문과 교수도 미국에 가면 말이 안 통한다고 했습니다. 영문과 교수면 평생 영어공부를 했는데 문법 위주로 공부하다 보니 막상 미국 사람을 만나면 입이 떨어지지 않는 겁니다. 요즘은 많이 나아지긴 했지만 영어 때문에 받는 스트레스는 비슷한 것 같습니다. 해외 지점에서 근무하는 저의 제자가 하루는 탄식을 했습니다. 베트남이나 필리핀처럼 우리보다 발전하지 못한 나라에서도 중학교만 나오면 서투른 대로 미국 사람과 회화를 할 수 있다고 합니다. 현실적으로 쓸 수 있는 말들을 위주로 영어를 배우기 때문입니다. 그런데 한국은 영어공부는 열심히 하는데 정작 말이 트이지는 않습니다.

이런 문제가 한둘이 아닙니다. 괜찮은 대학을 졸업한 제자가 이런 말을 합니다. "제가 대학 때 배웠던 것 가운데 직장생활에 진짜 훌륭하게 써 먹는 게 있습니다." 무엇인지 물었더니 1학점짜리 엑셀 수업이랍니다. 나머지 과목은 별반 필요 없다는 거예요.

예수님은 목수로 일하셨습니다. 하나님의 아들이 목수이셨으니, 감히 '천한' 목수라고 할 수 없지요. 그래서 기독교 문명권에서는 목수처럼 몸으로 하는 일을 귀중하게 생각합니다. 예수님의 육신의 아버지인 요셉이 일찍 세상을 떠났기 때문에 예수님은 소년 가장이셨습니다. 육체노동을 해서 어머니도 부양하고 동생들도 공부시키며 고생하셨습니다. 이런 예수님을 믿으면 육체노동을 천시할 수가 없지요.

한국은 지금도 유교 문화가 뿌리 깊게 남아있습니다. 젊은이들은 일자리가 없다고 하지만 한편으로는 흑자도산 하는 기업도 꽤 많습니다. 세계적인 기술을 가진 중소기업들이 망합니다. 청년들 중에서 기술을 배우려는 사람이 없기 때문입니다. 생산직, 기술직을 낮추어 보고 공무원이나 대기업의 화이트 칼라가 되려고만 합니다. 뿌리 깊은 양반 문화, 기술과 실용을 천시하는 문화가 남아있어서 돈을 벌

수 있는 일자리가 있어도 청년들이 기피합니다.

양반은 신분입니다. 그래서 양반형 리더십은 리더의 자리를 신분으로 생각합니다. 한국 사람들은 리더라고 하면 자리라고 생각해서 높은 자리에 올라가야 리더인 줄 압니다. 리더는 윗분이기 때문에 조금이라도 더 가지면, 조금이라도 높으면, 아랫사람들을 마음대로 부리려 하고 갑질을 하려고 듭니다. 피의 신화에 근거한 신분 의식이지요.

다함께 따라 합시다. "리더십은 신분이 아니다." 또 한 번 따라 합시다. "리더십은 기능이다."

리더십이 신분이고 자리라고 생각하면 내가 리더가 된 다음에는 아랫사람을 불러서 시키려고만 합니다. 하지만 성경을 보면 리더십은 기능입니다. 첫째는 갑질이 아니라 섬김의 기능이지요. 예수님은 가르치는 기능, 복음을 증거하는 기능, 병과 약한 것을 고쳐주시는 기능을 발휘하셨습니다. 예수님이 하셨던 기능을 발휘할 때, 우리도 리더가 됩니다. 동시에 리더는 신분이 아니라 기능이니, 기능을 못하면 리더가 아닙니다.

둘째는 피의 신화를 비롯한 미신을 물리치는 기능입니다. 우리 집안이 어떻고 누굴 닮아서 어쩌구 하는 피의 미신을 없애는 기능을 행해야 됩니다. 피를 믿지 말고 하나님을 믿어야 합니다. 예수님은 "구하라 너희에게 주실 것이요 찾으라 찾을 것이요 문을 두드리라 열릴 것이니라"하고 말씀하셨습니다. 귀한 피에게는 구하는 대로 주시고 천한 피는 두드려도 안 열린다는 말씀은 없습니다.

피의 신화가 아니라 성경을 믿어야 합니다. 어느 집안 출신인지와 관계없이 구하고 찾고 두드리며 도전하는 자에게 리더의 문이 열립니다.

세 번째는 실용성과 현실성의 기능입니다. 정탐 같은 건 최하의 인간이 하는 것이고 도자기를 구워서 파는 것은 아랫것들이나 하는 것이라고 차별하다가 나라가 망했습니다. 리더가 되기 위해서는 필요하면 정탐도 하고 기술도 배워야 합니다.

리더는 사람들을 이롭게 하는 사람입니다. 누군가를 돕는 방법은 다양합니다. 기도해서 돕는 영적인 방법, 지식과 지혜를 나누어주는 지적인 방법, 몸으로 도와주는 방법, 격려해 주고 위로해 주는 정서적인 방법, 필요가 다양한 만큼 도움의 방법도 다양합니다. 현실적이고 실제적으로 사람들에게 도움이 될 수 있게 기능을 행하는 것이 리더십입니다.

쓸모없는 양반이 아니고, 꼭 필요한 성경적 리더로 살아가시기를 주님의 이름으로 축원합니다.

개미핥기 토우
3.7cm

▲ 신라의 무덤에서 발굴된 뿔잔(좌)과 토우(우)

지중해의 뿔잔과 남아메리카에 서식하는 개미핥기 모양의 토우가 신라의 유적지에서
발굴된다는 사실은 신라가 세계와 교류했던 개방형 국가였음을 보여준다.

개방성과 폐쇄성

　개방성과 폐쇄성이라는 관점에서 우리 민족 5천 년을 스케치하고 싶습니다. 2005년 9월에 경상남도 창녕 비봉리에서 길이 3.1m 폭 60cm의 오래된 배가 발굴되었습니다. 실제로 타고 다녔을 때 배의 길이가 4m쯤이었을 것으로 추정됩니다. 배를 만든 때가 지금부터 8천 년 전, 신석기 시대입니다.

　까마득한 옛날 신석기 시대에 우리 조상들이 배를 타고 바다를 건너서 일본까지 갔습니다. 그 증거가 일본의 쓰시마섬에 있는 미네마치 역사민속자료관에 있습니다. 이 자료관에는 고라니의 송곳니 유물이 있습니다. 고라니는 한반도에만 사는 동물인데, 고라니 송곳니가 쓰시마섬에서 발견되었다는 사실은 한반도 사람들이 배를 타고 그곳까지 갔다는 얘기입니다.

한반도 남해안에 서식하는 조개류가 투박조개인데, 그 조개로 만든 팔찌가 쓰시마섬에서도 발견됩니다. 8천 년 전의 한반도 여성들이 멋을 내려고 예쁘게 꾸몄던 장신구가 일본에 수출되었다는 증거입니다. 신석기 시대의 우리 조상들은 배를 타고 바다를 건너 무역을 하는 개방적인 사람들이었습니다.

현재의 우즈베키스탄에 있는 사마르칸트는 중앙아시아 역사에서 아주 중요한 도시입니다. 그곳에 있는 아프라시압 왕국의 왕궁 유적지에 벽화들이 남아있습니다. 650년에서 655년 사이에 그려진 것으로 추정되는 벽화에, 조우관(鳥羽冠)을 쓴 외국 사절단이 있습니다. 조우관은 모자에 새의 깃털을 꽂은 형태로, 고구려의 독특한 패션이었습니다.

고구려처럼 '하늘'을 섬기고 제사를 지내는 천신(天神) 신앙에서는 신이 하늘에 있습니다. 그러면 신이 있는 하늘과 사람이 있는 땅을 이어주는 것이 무엇일까요? 하늘을 날아다니면서 땅에 내려앉기도 하는 새입니다. 새를 신이 보낸 전령으로 이해해서, 천신 신앙이 있는 곳에서는 새와 관련된 문화가 발달하고 유물이 많습니다. 고구려도 하늘을 섬겼기 때문에, 새의 깃털을 모자에 꽂는 고구려만의 패션이 발전했지요. 고구려 관료들이 쓰는 조우관을 쓴 사절단이 사마르칸트의 벽에 그려졌다는 사실은 고구려가 중앙아시아와 교류했던 개방적인 나라였다는 증거입니다.

동양과 서양을 연결하는 실크로드의 중간에 둔황이란 도시가 있습니다. 그곳에 있는 세계적인 유적지인 둔황석굴에도 역시 조우관을 쓴 고구려 사신 그림이 있습니다. 고구려 사람들이 둔황에도 가고 사마르칸트에도 가서 활발하게 활동했던 역사를 알 수 있습니다.

삼국시대라고 하면, 너무 먼 옛날이어서 그냥 한반도에 처박혀 있었을 거라고 생각하는데, 그렇지 않았습니다. 우리 선조들의 행동반경은 굉장히 넓었습니다.

백제를 일본말로 '구다라'라고 합니다. 구다라 뒤에 부정을 뜻하는 '나이'를 붙이면 '구다라나이'가 되어, 직역하면 '백제가 없다'는 뜻이 됩니다. 일본어에서 구다라나이는 무슨 뜻일까요. 일본어 배우신 분들이 아시듯이, '시시하다', '보잘 것 없다', '근사한 모양을 찾을 수 없다'는 뜻입니다. 백제가 없다는 말이 곧 시시하다는 말입니다.

우리는 이 단어를 통해서, 일본과 백제의 교류사(交流史)를 이해할 수 있습니다. 시장에 여러 나라 물품들이 쌓여 있는데, 일본인들이 제일 먼저 찾는 명품이 백제산입니다. 백제산 물건을 찾으러 왔는데, 백제 것은 없고 전부 다 딴 데서 온 것일 때, 고대의 일본인들이 말합니다. "이번에 들어온 물건 가운데는 백제에서 온 게 없네", 그 말이 바로 구다라나이, 백제 물건이 없어서 시시하다, 볼품없다는 뜻입니다.

일본이 백제로부터 고급 문명, 문화, 기술을 전수 받았기 때문에 백제 것이 고급, 명품, 좋은 것이고, "백제 것이 없다"고 하면 시시하고 볼품없다는 말로 사용했던 역사가 아직까지 일본어로 남아 있습니다.

고대 일본의 수도였던 아스카에 구레쯔히코 신사가 있습니다. 그

곳은 일본에 옷을 전해 준 의복의 신을 섬기는 신사이지요. 신으로 숭배 받은 사람들은 백제 출신의 기술자 부부였습니다. 백제 부부가 일본에 가서 사람들에게 옷을 만드는 법을 가르쳐 주었습니다. 일본인들이 감사한 마음에 그들을 옷의 신으로 기리는 신사가 지금도 남아 있습니다.

고구려와 백제 이야기를 했으니, 이번에는 신라입니다. 신라의 무덤에서는 진흙으로 만든 조그만 조형물인 토우가 많이 출토됩니다. 그런데 신라 토우 가운데 긴 꼬리가 달린 원숭이와 개미핥기 모양의 토우가 발견됩니다. 신라 사람들이 남아메리카에 사는 동물들의 토우를 만든 것입니다. 어떻게 만들었을까요? 개미핥기를 진짜 눈으로 봤다는 얘기지요. 그럼 어떻게 봤을까요? 저 남미에 있는 개미핥기를 신라까지 옮겨왔다는 얘기입니다.

그렇다면, 신라에서 배를 타고 태평양을 건너갔을까요? 그건 불가능했으리라고 역사가들은 추측합니다. 상인들이 남아메리카의 신기한 물건, 짐승 같은 것을 싣고 동남아시아 정도는 올 수 있었다고 합니다. 신라도 배를 타고 동남아시아까지 갈 수 있었습니다. 그러면 동남아시아에서, 신라인들과 남미인들이 만날 수 있습니다. 이런 과정을 거쳐서 신라의 물건이 남미로 가고, 남미의 동물이 신라까지 왔을 거라고 추측할 수 있습니다. 신라 역시 세계를 누비면서 무역을 했던 개방적인 나라였다는 것을 알 수 있습니다.

신라의 황남대총에서 나온 유리병과 지중해의 사이프러스에서 나온 유리병 모양이 비슷합니다. 사이프러스는 바울의 동역자인 바나바의 고향으로, 성경에 나오는 구브로입니다. 짐승 뿔 모양의 뿔잔도 지중해의 유적지에서도 나오고, 신라에서도 나옵니다. 신라가 유럽과도 교류하고, 지중해 연안 지역과도 교류했다는 역사적 증거들입니다.

일본 후쿠오카에 가면 '가라와 신사'가 있습니다. 이 신사의 창건 기록이 남아 있습니다 : 신라인이 자신이 신이라면서 짓도록 했다. 신라 사람이 일본에 가서 "내가 신이니까 나를 경배하는 신사를 지으라"고 했다는 얘기입니다. 신라 때 이미 자신이 신인 줄 아는 역사와 전통이 있었습니다. 그 유구한 역사를 이어받아서 대한민국 건국 이래 박태선, 문선명, 이만희 등등, 자기가 하나님이라고 한 교주들이 60명이 넘습니다.

사마르칸트 벽화의 고구려 조우관, 일본의 신사에 모셔진 백제 기술자 부부, 신라의 무덤에서 출토되는 지중해의 뿔잔과 남미동물의 토우는 삼국시대에 적극적으로 세계를 향해서 뻗어나갔다는 증거입니다. 삼국은 모두 세계와 무역하고 전쟁도 하고 세계 속에서 국가의 비전을 실현해 나가려고 노력했던 개방형 국가였습니다. 원래 우리 민족은 밖으로 뻗어나가는 진취적인 기상이 있는 민족이었습니다.

중국 남부에 위치한 광저우는 수 천 년 동안 중국을 대표하는 항구였고 관문이었습니다. 광저우를 통해서 중국이 세계로 뻗어 나갔고, 동시에 세계가 중국으로 들어왔습니다. 외부의 문명과 항상 접촉하는 곳이었기 때문에, 이슬람교 역시 광저우를 통해서 들어왔을 것이라고 추측합니다. 유서 깊은 도시 광저우에 "이슬람 성지"로 불리는 '천진선현고묘'(淸眞先賢古墓)가 있습니다. 중국에 있는 가장 오래

된 이슬람 성자와 순교자들의 무덤입니다.

그런데 그곳의 한 비석에 아랍어로 된 비문이 적혀 있었습니다 : 라마단은 고려인으로 나이는 38세다. 원래의 이름은 고려식이었을 텐데, 이슬람교인이 되면서 '라마단'이라고 이슬람식으로 개명한 인물의 기록입니다. 묘비에 적힌 내용은 다음과 같습니다.

> 대도로 완평현 청현관 주인 라마단은 고려 사람이다. 라마단은 고려 충선왕 4년(1312년)에 알라웃딘의 아들로 태어났다.

대도는 당시 원나라의 수도로, 지금의 베이징입니다. 고려인 라마단이 세계를 제패한 몽골제국의 중심지인 원나라의 수도에 살았다는 기록입니다. 대도로의 완평현은 고려 사람들이 모여 사는 마을이었습니다. 지금 미국에 코리안 타운이 있는 것처럼, 원나라 수도에 고려 사람들끼리 모여서 고려타운을 건설했습니다. 라마단이 당시의 고려타운이었던 완평현에 청현관이라는 으리으리한 저택을 짓고 살았다고 합니다. 라마단이 고려인이니, 아버지도 고려 사람이었겠지요. 그런데 아버지 이름도 이슬람식인 알라웃딘이니, 그도 역시 이슬람교로 개종했다는 것을 알 수 있습니다.

> 나이 38세이고 광서도 용주 루촨현 다루가치에 임명되었다.

루촨현은 중국과 베트남의 국경 지역으로, 중국과 동남아시아를 연결하는 무역, 교통, 군사의 요충지입니다. 라마단은 군사적으로나 경제적으로나 중요한 지역을 다스리는 다루가치(총독)였습니다.

고려인 라마단의 행동반경이 굉장히 넓다는 점을 확인할 수 있습니다. 고려인이니 한반도 출신일 텐데, 중국의 북부에 있는 원나라 수도 베이징에 저택을 가지고 있었고, 중국의 남부 국경 지역에서 총독으로 일했습니다. 먼 지역을 오가는 인생을 살았다고 추정할 수 있지요.

고려인 라마단을 성자로 추앙하는 중국의 이슬람 성지는 두 가지를 시사합니다. 첫째로 고려 사람들이 세계로 뻗어 나가서 부자도 되고 중요한 자리에도 오르고 존경도 받았습니다. 기독교인 입장에서 좋다고 볼 수는 없지만, 이슬람의 성자로 추대될 만큼 숭상 받는 고려인도 있었습니다.

둘째로 흔히 생각하는 것보다 한국의 이슬람 역사는 길고 오래되었습니다. 신라의 무덤에서도 코가 큰 이슬람 사람들의 그림과 조각이 발견됩니다. 역사적으로 보면 한국처럼 이슬람 역사가 오래되었음에도 불구하고, 한국처럼 이슬람화되지 않는 나라도 드물다고 할 수 있습니다. 고려시대 때 벌써 아버지는 알라웃딘이고 아들은 라마단이라고 대를 이어서 이슬람식 이름을 사용했습니다.

오랜 역사에 비해서 아직까지 한국에서는 이슬람의 영향력이 미미한 수준입니다. 공식적인 자리에서 공개적으로 말씀드리기는 어렵지만, 그리스도인들이 국가의 중요한 직책에 진출해서, 이슬람교의 영향력을 잘 막아낸 결과입니다.

고구려, 백제, 신라, 고려가 모두 개방적인 나라였습니다. 문을 열고 밖으로 나가서 세계로 뻗어갔습니다. 나가서 보니, 한민족이 아주 우수해서 명성을 떨치고 업적을 남겼습니다. 그다음 조선은 어땠을까요? 제가 '양반형 리더십의 극복'을 주제로 강의하면서 소개한 「세종은 과연 성군인가」의 한 대목을 소개합니다.

> 조선 왕조 500년간 중국이나 일본으로 유학을 떠난 단 한 명의 학자도 없었다. 중국이나 일본으로 배를 띄운 단 한 명의 상인도 없었다. 더 멀리 동남아, 인도, 유럽으로는 말할 나위도 없다. 아마 조선 왕조처럼 철저하게 닫힌 나라의 예를 찾기란 쉽지 않을 터이다…
> 동굴 속의 인간은 하늘을 알지 못한다. 숲속의 부족은 바다를 상상할 수 없다.

신석기 시대에 우리 조상들은 통나무배에 투박조개 팔찌를 싣고 일본에 가서 팔았습니다. 8천 년 전부터 바다를 건넜던 민족인데, 조선 시대에는 아예 바다로 못 나가게 금지했습니다. 바로 옆에 있는 중국, 일본에조차, 유학을 떠난 단 한 명의 학자도 없었습니다. 배를 띄운 단 한 명의 상인도 없었습니다. 철저하게 문을 닫고 외부세계로부터 폐쇄했습니다. 우리끼리 안에 들어앉아서 무슨 일을 했느냐 하면, '나는 양반이다', '너는 상놈이다', 사람 차별하고 괴롭히는 노예제를 발명했습니다.

한국 학자가 노예제 연구가인 올란도 패터슨에게 "조선에 가혹한 노예제가 있었다"라고 설명하자, 그가 질문했다고 합니다. "그럼 그 조선 노비들은 어디에서 붙잡아 왔지요?"

대개 노예는 다른 나라에서 잡아와서 부려먹지, 자기 나라 사람을 노예로 삼지는 않습니다. 유럽에서도 아프리카의 흑인들을 노예로 잡아왔지요. 그런데 조선은 같은 민족끼리 괴롭히고 차별하고 학대하는 노예제를 가혹하게 운영했다는 점에서 세계적입니다. 노예제를 가장 성공적으로 그리고 장기간 운영했던 나라가 조선입니다.

조선 말기에는 서양의 포경선들이 우리 바다에 출몰합니다. 그중에서 프랑스 포경선 리앙쿠르호가 동해(東海)에 왔다가, 그 당시 어느 나라 지도에도 없는 외딴 바위섬을 발견합니다. 그 섬이 바로 독도이지요. 그래서 리앙쿠르호의 이름을 따서 독도가 '리앙쿠르암'이라고 불리게 됩니다.

한번 생각해 봅시다. 멀고 먼 유럽의 프랑스에서 배를 타고 독도까지 왔습니다. 프랑스만이 아니라 노르웨이 배도 왔고 스웨덴 배도 왔습니다. 북유럽의 추운 지역에서 배를 타고 지구를 돌아서 동해까지 왔습니다. 고래 떼를 쫓아서 동해에 와서 보니, 고래들이 어찌나 많은지, 바다에서 뛰놀고 있습니다. 고래 떼가 운동회를 합니다.

그걸 본 유럽 사람들은 이해할 수 없었겠지요. '우리는 고래를 잡으려고 목숨을 걸고 추위와 더위를 무릅쓰고 실제로 선원들의 생명을 바쳐 가면서 몇 달씩 지구를 빙빙 돌아서 여기까지 왔는데, 조선 사람들은 정말 이상하다. 자기네 앞바다에 고래가 득실득실 하는데, 왜 안 잡고 있을까? 고래 잡으면 떼돈을 버는 데 왜 어획하지 않고 그냥 내버려뒀을까, 정말 이상하다.' 포경선들의 선원들이 이런 기록을 많이 남겼습니다.

당시에 고래잡이는 이익이 많이 남는 비즈니스였습니다. 그런데 돈 덩어리인 고래들이 춤을 추는데도, 조선에서는 왜 그냥 내버려뒀을까요? 조선의 양반들이 공자왈 맹자왈 하면서 중국책이나 끼고 있었지, 고래를 잡아서 장사를 하는 일은 천하다고 기피했기 때문입니다. 사실은 조선의 국교였던 주자학 자체가 밖으로 뻗어나갈 줄 모르는 폐쇄주의였습니다.

조선은 섬에 사는 주민들을 모두 육지로 이주시켜서 섬을 비우는 공도(空島)정책을 시행했습니다. 섬에서 물고기를 잡고, 바다에 나가서 무역하는 짓은 하지 말고, 육지에서 농사나 지으면서 양반들 말을 잘 들으라는 정책입니다. 삼면이 바다인 반도국가에서 바다를 없애버리니, 좁은 땅덩어리에서 우리끼리 치고받고 싸우는 폐쇄적인 근성에 사로잡히게 됩니다. 밖으로 나가서 활약하지 못하고, 안으로 처박혀서 우리끼리 치고받는 악습과 폐해가 지금도 남아있지요.

우리 역사에는 두 전통이 있습니다. 신석기 시대부터 고려까지는 개방, 세계로 뻗어나가는 역사이고 조선은 폐쇄의 역사였습니다. 조선이 멸망한 이후, 남과 북으로 분단이 됩니다. 대한민국을 세운 이승만은 조선 이전의 신석기 시대, 고구려, 백제, 신라, 고려의 개방형 역사를 이어가는 개방주의자였습니다.

대한민국을 건국하기 44년 전, 한성감옥에 갇혀 있었던 청년 이승만이 「독립정신」이라는 명저(名著)를 저술합니다. 대한민국 탄생의 이념적 기초가 되는 대단한 책입니다. 책의 마지막 장에 독립정신을 실천하기 위한 6대 강령을 주장했습니다.

첫째가 "우리는 세계에 대해 개방해야 한다"입니다. 웅크리고 있으면 점점 약해져서 결국에는 뺏깁니다. 나라를 지키려면 당당하게 자신 있게 세계를 향해서 개방해야 된다는 주장입니다.

둘째가 "새로운 문물을 자신과 집안과 나라를 보전하는 근본으로 삼아야 한다". 나를 지키고 가족을 지키고 나라를 지키겠다고 문을 걸어 잠그면, 오히려 시대에 뒤처져서 멸망한다는 논리입니다. 나를 지키려면 나를 열어야 합니다. 나를 지키려면 내 한계를 뛰어넘어 새로운 세상을 향해서 도전해야 합니다.

셋째가 "외교를 잘해야 한다"입니다. 사대주의 조선에서는 엄밀한 의미에서의 외교는 없었습니다. 중국을 대국으로 섬겨서 중국의 지도를 받았기 때문에, 우리나라가 독자적으로 외교관을 보내고 공작할 일 자체가 없었습니다. 쇄국정책을 썼으니, 다른 나라와 교류할 일도 없었습니다.

하지만 독립국을 이루려면, 나라의 문을 열고 독자적으로 외교를 해야 합니다. 개방해야 외교도 가능하니, 이것도 역시 개방해야 한다는 주장입니다. 독립정신 6대 강령 가운데, 앞에 있는 세 개가 문을 열고 세계와 교류해야 한다는 개방의 강령입니다.

넷째에서 여섯째까지는 나라의 주권, 도덕적 의무, 자유를 소중히 여겨야 한다는 강령입니다.

개방형으로 건국된 대한민국은 눈부신 성과를 거둡니다. 우리의 경제규모가 아프리카의 54개국을 합친 것보다 크고, 국토 면적이 우리보다 200배 정도 큰 러시아와 비슷합니다. 미국에서 민주주의를 배웠는데, 각 나라의 민주주의 정도를 측정하는 지수에서 미국보다 앞서기도 합니다. 우리의 문화는 각국에서 한류열풍을 일으키고 있습니다. 세계를 향해서 개방하고 나갔더니 세계적으로 발전한 나라가 되었습니다.

남쪽이 개방형이라면 북쪽은 폐쇄형을 고집했습니다. 북한의 선전매체 이름이 '우리 민족끼리'이고 주체사상을 '우리식 사회주의'라고 합니다. 세계로 향하는 문을 닫고 세계가 들어오는 문도 닫은 채, 우리끼리 살면서 우리식으로 수령님을 믿겠다는 체제입니다.

하지만 북한이 안 나가려고 해도 아예 안 나갈 수는 없습니다. 밖에서 앞선 문물을 배워야 하고, 부분적으로라도 교류를 해야, 수령체제라도 유지할 수 있습니다. 북한이 출신성분을 조사해서 충성심을 확인하고, 인질까지 잡아놓고, 소수의 인원들을 해외에 유학생으로 보냈습니다.

그들이 가는 곳마다 촌극이 벌어졌습니다. 북한에서 "어버이 수령님은 전 인류의 태양이시다. 전 세계가 어버이 수령님을 존경한다."고 배웠습니다. 그걸 그대로 믿은 북한 학생들이 동독 공항에 내리자마자 그곳의 공산주의자들에게 물어봅니다. "너 주체사상을 어디까지 공부했느냐?" 전 세계가 어버이 수령을 존경한다고 믿었으니 당연히 동독 사람들도 주체사상을 알거라고 생각했지요.

그런데 동독 사람들이 주체사상이 뭐냐고 반문합니다. 기가 막힌 북한 유학생이 "우리 어버이 수령님이 창시하신 사상이잖아"하자, 동독인들이 "어버이 수령? 무슨 공산주의 국가에 봉건시대 같은 어버이 수령이 있냐."라고 답합니다. 그러자 북한 학생이 세계가 존경하는 어버이 수령을 무시했다고 격분해서 동독 학생을 두들겨 팬 일이 실제로 있었습니다.

동독 가서 두들겨 패고, 중국 가서도 두들겨 패고, 폴란드 가서도 두들겨 패고, 폐쇄국가의 촌극입니다. 눈과 귀를 다 차단해 놓고 세계가 어버이 수령을 존경한다고 하니, 유학생들이 가는 곳마다 깡패

짓이나 하게 되는 겁니다.

해방공간에서는 격렬하게 대립하던 두 세력을 '공산'진영과 '민족' 진영이라고 불렀습니다. 반공 자유민주주의 세력을 지칭하던 단어가 '민족'이었는데, 지금은 폐쇄성을 주장하는 북한이 자주 사용하는 말이 되었습니다. 북한에 동조하는 친북세력도 민족을 강조하다 보니, 이데올로기가 다르더라도 같은 민족이니까 연합해야 한다는 식의 생각에 동조하는 국민들이 많습니다.

하지만, '민족'이라고 다 같은 민족이 아닙니다. 똑같은 단어를 쓰지만, 북한에서 사용하는 의미와 남한에서 사용하는 의미가 다릅니다. 남한에서 우리 민족이라고 하면, 좌파도 우파도 중간파도 모두 우리 민족입니다. 북한에서 말하는 우리 민족은 '김일성 민족'입니다. 이것이 북한 공산당의 공식 견해입니다.

김일성 민족 혹은 김정일 민족은 단군의 후손을 뜻하는 우리 민족이 아닙니다. 김씨 일가를 어버이 수령으로 떠받드는 사람만을 가리키는 '민족'입니다. 마찬가지로 저들이 말하는 통일은 김일성 민족끼리 뭉쳐서 하나가 되자는 주장입니다. 김일성은 통일을 한다면서 전쟁을 일으켜서 수백만 명을 죽게 했습니다. 김정일은 통일이 되면 남한의 반동분자 천만 명쯤은 없애버린다고 했지요. 우리 민족을 학살해 버리겠다는 말을 서슴지 않고 하는 이유는 그 자들의 머릿속에 있는 민족이, 우리가 생각하는 민족과 다르기 때문입니다.

북한과 종북이 주장하는 "우리 민족끼리"는 어버이 수령만을 인정하겠다는 폐쇄성입니다. 그러므로 김일성, 김정일, 김정은을 우상으로 섬기는 폐쇄주의 종교집단이 바로 북한이라고 할 수 있습니다.

우리 역사의 긴 흐름으로 보면. 대한민국은 신석기 시대부터 고려까지의 개방형 모델을 따라갔고, 북한은 조선의 신분차별과 폐쇄주의를 더욱 지독한 형태로 악화시킨 체제입니다.

개방형과 폐쇄성에 대한 성경의 교훈을 확인해 보겠습니다. 영생을 얻을 수 있는 방법을 질문하는 율법사에게, 예수님이 율법의 핵심이 무엇이냐고 되물으셨습니다. 그러자 율법사가 율법의 가장 큰 계명 두 가지를 대답합니다. 예수님의 그의 대답을 칭찬하시지요.

어떤 율법교사가 일어나 예수를 시험하여 이르되 선생님 내가 무엇을 하여야 영생을 얻으리이까
예수께서 이르시되 율법에 무엇이라 기록되었으며 네가 어떻게 읽느냐
대답하여 이르되 네 마음을 다하며 목숨을 다하며 힘을 다하며 뜻을 다하여 주 너의 하나님을 사랑하고 또한 네 이웃을 네 자신 같이 사랑하라 하였나이다
예수께서 이르시되 네 대답이 옳도다 이를 행하라 그러면 살리라 하시니 (누가복음 10장 25-28절)

그런데 율법사에게 풀리지 않은 수수께끼가 있습니다. 하나님을 사랑하라는 계명은 알겠는데, "네 이웃을 사랑하라"는 말씀의 "이웃"은 누구인가가 의문이었습니다. 옆집에 사는 사람만 이웃입니까. 그렇다면 지하철 타고 가는데, 어떤 사람이 쓰러졌다고 가정해 봅시다. 그 사람은 나와 멀리 떨어진 동네에 살고 있습니다. 그러면 거주

지로 볼 때 이웃이 아니니, 도와주지 않아도 되는 걸까요? 이런 문제가 있어서 율법사가 예수님께 질문합니다.

그 사람이 자기를 옳게 보이려고 예수께 여짜오되 그러면 내 이웃이 누구니이까(누가복음 10장 29절)

유대교의 지식인이었던 율법사의 질문은 당시의 토론주제이기도 했습니다. 유대인들은 사랑해야 하는 이웃의 범위와 한계를 놓고 논쟁을 벌였습니다. 갑론을박(甲論乙駁) 속에서 여러 가지 주장이 제기되었는데, 그중에서 제일 넓고 이타적인 정의는 이웃을 "같은 유대인"으로 규정한 정의였습니다. 가까이 사는 이웃만이 아니고, 멀리 사는 유대인도 곤경에 처했으면 도와주어야 하는 이웃이라는 말이니, 굉장히 넓은 범위입니다.

유대인들의 토론 가운데는 이런 내용도 있습니다. 옛날에는 의료기술이 발달하지 않았고 교통수단이 없었기 때문에, 산모(産母)가 길을 가다가 갑자기 진통이 와서, 쓰러져서 애를 낳다가 죽는 사례가 꽤 있었습니다. 만약 유대인이 길을 가는데 이방인 산모가 길거리에 쓰러져서 배를 잡고 떼굴떼굴 구르고 있다면 도와줘야 될까요 말아야 할까요? 결론은 "도와줄 필요가 없고 죽게 내버려 둬라."입니다.

왜 그런 결론을 내렸을까요? 사람이 죽으면 유대인은 천국에 가고 이방인은 지옥에 간다고, 그들은 믿었습니다. 제가 "양반형 리더십의 극복" 강의에서 말했던 피의 신화를 믿었기에, 아브라함의 후손인 자신들만 천국에 간다고 믿었지요.

그렇다면, 이방 여자가 길거리에 쓰러져서 낳은 아기는 어차피 지옥에 갑니다. 산모도 지옥에 가고 아기도 지옥에 가서 지옥 불을 지피는 땔감이 된다면, 굳이 살려 주느라고 고생할 필요 없다고, 저명한 랍비들이 주장했습니다.

율법사의 질문은 한정적이고 폐쇄적인 질문입니다 : 어디까지가 이웃의 한계입니까, 누구까지 이웃으로 봐야 됩니까, 이웃의 범위를 어느 정도로 한정해야 하나요. 울타리를 세워서 그 안에 들어가는 사람만 이웃이고, 밖에 있는 사람은 이웃이 아니니 사랑하지 않아도 된다는 개념을 깔고 던진 질문입니다. 이웃의 범위를 정해 놓고 그 안에서 우리끼리 이웃하자는 폐쇄성의 질문이지요.

예수님은 그의 질문에 맞추어서 대답하지 않으셨습니다. 왜 그러셨을까요? 이웃의 한계가 여기까지다, 저기까지다 하는 폐쇄적인 생각은 하지 말라는 말씀입니다. 대답 대신에 예수님은 비유를 들려주십니다. 세상에 널리 알려진 '선한 사마리아인의 비유'입니다.

어떤 사람이 강도를 만나서 다 죽게 됐습니다. 길바닥에 쓰러져 있는데 제사장이 그냥 지나가고 레위인도 그냥 지나갑니다. 그런데 당시의 유대인들이 더러운 종족이라고 멸시했던 사마리아 사람이, 강도 만난 사람을 병원에 데려다줍니다. 치료하고 돌보아주고 재워주고 진료비, 여관비를 다 물어 주면서 '앞으로 돈이 더 들면 나한테 청구하라'고 하고 떠나갑니다.

비유를 들려주신 뒤에, 예수님이 율법사에게 질문하십니다.

네 생각에는 이 세 사람 중에 누가 강도 만나 자의 이웃이 되겠느냐(누가복음 10장 36절)

사마리아인 입장에서 강도 만난 사람은 지나가다 우연히 만난 사람입니다. 알지도 못하고 이웃에 살지도 않고 아무 이해관계도 없는 사람입니다. 하지만 곤경에 처한 사람이고 도움이 필요한 사람이어서, 아무 대가 없이 도와주었습니다. 그의 행위를 가리키면서 예수님은 "누가 이웃이 되어주었느냐"고 질문하셨습니다.

율법사는 이웃의 범위와 한계를 정하는 폐쇄적인 질문을 했다면, 예수님은 범위도 없고 한계도 없이, 우연히 만난 사람이라도 도와줌으로써 이웃이 되어주라는, 개방적인 대답을 질문으로 던지셨습니다. 사마리아인처럼, 넓은 세상을 돌아다니다가 강도 만난 사람 있으면 도와줘서, 이웃이 되어 주라는 말씀입니다.

지식이 모자란 사람 있으면 내 지식으로 잘 섬겨 줘서 이웃이 되어주어야 합니다. 돈이 필요한 사람 있으면 내가 열심히 일해서 번 돈으로 도와주어서 그의 이웃이 되어 주어야 합니다. 여기까지가 이웃이고 이 사람까지가 이웃이며 이 정도만 하면 된다는 식으로 한계를 정하지 말고, 도움이 필요한 사람이면 누구든 그의 이웃이 되어주라는 말씀입니다.

율법사의 이웃이 정적인 개념이라면, 예수님의 이웃은 동적인 개념입니다. 이웃이란 범위가 고정되어 있는 것이 아니라 움직일 수 있습니다. 좁게도 되고 넓게도 되고, 한국에서 이웃이 되기도 하고 세계에서 이웃이 되기도 하고, 교회에서 이웃이 되고 세상에서 이웃이 됩니다. 여기까지가 이웃이라고 울타리를 치는 폐쇄적인 개념이 아니라, 세상을 돌아다니며 어려운 사람을 보면 누구에게든지 이웃이 되어주는 개방적인 개념입니다.

누가 이웃이 되어주었느냐는 질문에 율법사는 사마리아인이라고 대답하지 않고 '자비를 베푼 자'라고 교묘히 말을 바꿉니다. 유대인들이 사마리아인을 지독하게 혐오해서, 그들의 이름을 입에 올리기조차 싫어했던 장면을 보여줍니다. 그러자 예수님이 대화의 결론을 맺으십니다.

예수께서 이르시되 가서 너도 이와 같이 하라 하시니라(누가복음 10장 37절)

예수님이 하신 첫 마디가 '가서'입니다. 가야 합니다. 처박혀 있으면 안 됩니다. 개방적으로 자꾸 세상을 향해 나가야 됩니다. 가서 행하는 능동성이 그리스도인의 삶입니다.

보통 선한 사마리아인의 비유를 '착하게 살라'는 말씀으로 생각합니다. 물론 착하게 살라는 것도 중요한 주제지만, 더 중요한 주제는 '개방적으로 살라'입니다. 내 친구, 내 이웃을 정해놓지 말고, 넓은 세상을 두루두루 돌아다니면서 필요한 사람들에게 선을 베풀어서 친구가 되며 이웃이 되라는 말씀입니다.

주기도문에 '뜻이 하늘에서 이루어진 것 같이 땅에서도 이루어지이다'는 구절이 있습니다. 한국교회가 주기도문을 밤낮으로 외우지만 정작 주기도문대로 살지는 않습니다. 우리가 하나님의 뜻을 하늘에서 이룰 수 없습니다. 하늘에 가려면 죽어야 되니, 난감한 일입니다. 하늘나라에서 하나님 뜻이 이루어지는 건 하나님이 하실 일입니다. 우리가 해야 하는 일은 하늘에서 하나님의 뜻이 이루어진 것처럼, 이 땅에서도 이루어지도록 기도하고 행동하는 일입니다.

그러면 땅은 어디일까요? 교회만 땅일까요? 복잡한 시장 한복판은

땅이 아니라 공중인가요? 직업의 현장은 땅이 아닙니까? 물론 교회
는 중요합니다. 교회에서 예배드리고 기도하고 훈련받아야지요. 그
다음에는 사람들이 밟고 다니는 땅에서 하늘의 뜻이 이루어지도록,
세상으로 나아가야 합니다. 교회에서 성령충만해서 갈고 닦은 영성
을 세상에 가서 발휘해야 합니다.

　나를 향한 하나님의 뜻이 정치에 있다면, 자신의 욕심을 달성하기
위해서 뒤통수를 때리고 이합집산(離合集散) 하는 정치판에 들어가
서 분투해야 합니다. 정치세계에서 하나님 뜻대로 산다는 게 쉽지
않습니다. 다른 사람은 다 거짓말 하는데 혼자서 거짓말 안 하고 정
직하게 살면 사방에서 등 뒤에 칼을 꽂습니다. '바보 같은 놈이 있네,
순진하기는⋯'하면서 죽이려 듭니다.

　그러면 정직하게 산 대가로 내가 정치판에서 죽어서 없어져야 합
니다. 글자 그대로 십자가를 지고 죽는 거지요. 그런데 기독교가 희
한한 것이, 십자가를 지면 죽어서 없어져야 하는데, 어떻게든 살아
납니다. 유대인들이 예수를 죽여서 끝냈는 줄 알았는데 3일 만에 살
아나셨습니다. 이것이 기독교의 매력이자 위대함이자 능력이 아닙
니까. 이게 복음이지요. 복음이 우리 머릿속에서만 머물러서는 안
됩니다. 정치에 부르심이 있다면, 정치판에 나가서 복음을 실현하는
겁니다. 하나님 말씀대로 하다가 짓밟혀도 보고 죽어도 보고, 그래
서 끝난 줄 알았는데 거기서 하나님이 살려 주시는 부활을 경험하는
겁니다.

　경제 분야로 하나님이 가라고 하시면 열심히 돈을 벌어야 합니다.
정직하게 장사해서 어렵게 고생하다가, 정말 죽을 줄 알았다가 거기

서 또 살려주시는 부활의 권능을 체험하는 겁니다. 어느 분야이든지 십자가와 부활이 기독교인의 기본 체험이요 삶의 방식이요 생명력입니다.

각자에게 주신 은사와 부르심과 사명이 있습니다. 온 땅을 두루 다니면서 도움이 필요한 사람 마음껏 도와주고, 뜻이 하늘에서 이루어진 것처럼 땅에서 이뤄지도록 헌신하는 개방형 리더야말로 참된 그리스도인입니다.

사랑하는 여러분, 이웃이 어떻게 교회 안에만 있겠습니까. 하나님의 뜻이 어찌 교회 안에서만 이뤄지겠습니까. 한국 기독교인들이 교회에 쏟는 정성의 10분의 1만 세상에 쏟았으면 대한민국 역사가 바뀌지 않았을까요?

교회는 만민의 기도하는 집인 동시에 세상으로 뻗어나가는 베이스캠프요 사령부입니다. 그래서 교회가 중요합니다. 교회라는 베이스캠프에서 성경적인 전략을 짜서 세상을 정복해 나가야 합니다.

우리들의 시대는 넓은 세상에 돌아다니면서 많은 것을 보고 하나님의 뜻을 이루는 크리스천 리더를 목마르게 기다리고 있습니다. 여러분의 기도 속에 열방이 담겨 있기를 축원합니다. 세상을 내 가슴에 품고 기도합시다. 얼마나 멋있습니까. 기도 한 마디를 해도 스케일이 있어야 됩니다. 기도로 뻗어가고 행동으로도 열린 세상을 향하여 뻗어가야 합니다.

맨날 어딘가에 처박혀서 '나는 흙수저여서 안 되고, 지방대여서 안 되고, 돈이 없어서 안 되고…' 자조하지 말고, 불가능을 가능케 하시는 하나님을 믿고 마음껏 세상에 뻗어나가며 도전해야 합니다.

하나님이 만드신 세상은 하나님의 자녀들이 믿음으로 두드리면 열리게 되어 있습니다. 정치, 경제, 사회, 문화, 교육, 예술의 모든 방면에서, 도전정신으로 문을 두드려서 새로운 시대를 열어가는 크리스천 리더들이 일어서기를 기원합니다.

▲김성수와 고려대학교

김성수는 고려대학교 건립을 준비하면서 세계일주를 하며 명문대학들을 탐방했다. 소련을 방문해서 모스크바 대학을 견학하고 중요한 기록을 남겼다.

"평등을 강조하면서도 실제로는 계급 차이가 극심할 뿐 아니라 빈부 격차가 심하여 참다운 사회주의가 정착할 것 같지 않다. 당 지도자들의 호화, 사치 생활 풍조가 도를 넘는다. 노동자의 천국이라는 소련에 노동자들이 아사(餓死) 상태에서 힘겨워 길가에 쓰러져 죽어나가고 있다."

길 떠나는 리더십

하나님께 중요하게 쓰임 받는 사람들에게는 공통적인 특징이 있습니다. 성경을 통해 확인해 보겠습니다. 먼저 구약성경에 등장하는 믿음의 조상 아브라함입니다. 하나님이 아브라함을 부르시고 말씀하십니다.

여호와께서 아브라함에게 이르시되 너는 너의 고향과 친척과 아버지의 집을 떠나 내가 네게 보여줄 땅으로 가라(창세기 12장 1절)

하나님이 처음으로 하신 말씀이 '떠나라'와 '가라'입니다. 그때부터 아브라함은 세계 곳곳을 누비는 나그네 인생을 살았습니다. 갈대아 우르에서 하란을 거쳐서 가나안에 갔습니다. 가나안 전역을 떠돌다가 기근을 만나서 애굽으로 갔다가 돌아왔습니다. 100살에 얻은 아들인 이삭을 제물로 바치기 위해서, 3일을 꼬박 걸어서 모리아산에 올라왔다가 내려왔습니다. 아브라함은 평생 넓은 지역을 떠돌았습니다. 믿음의 조상은 떠돌이였습니다.

종교학자들은 구약의 신앙을 가리켜 '모세이즘', 즉 모세의 종교라고 부르기도 합니다. 출애굽의 영웅이자 구약의 근간인 율법을 제정한 모세는 파라오의 왕궁에서 자랐습니다. 이집트의 왕족으로 대제국의 곳곳을 누볐지요. 유대인들의 전승에 의하면 왕자 시절의 모세는 10년간 이디오피아 원정에 참여했다고 합니다. 이디오피아에서 오랫동안 전쟁을 치르면서 산전수전을 다 겪었다는 얘기입니다.

그렇게 왕자로 살던 모세가 자신의 동족(同族)이 이집트인들에게 학대받는 모습을 보고 분개합니다. 그래서 이스라엘 노예 해방운동을 벌이다가, 파라오의 지명 수배를 받게 됩니다. 결국 모세는 이집트를 떠나서 미디안 광야로 도망칩니다. 그곳에서 양을 치다가 시내산의 불타는 가시덤불 앞에서 하나님의 부르심을 받습니다.

이스라엘을 탈출시키라는 사명을 받고, 모세는 다시 이집트로 돌아갑니다. 그리고 이스라엘을 해방시켜서 이집트를 떠납니다. 백성들과 함께 홍해를 건너고 광야로 진군합니다. 광야에서 이곳저곳을 옮겨 다니다가, 젖과 꿀이 흐르는 약속의 땅을 바라보면서 생(生)을 마감합니다.

모세의 이동 거리도 상당합니다. 이집트 전역을 돌아다니고, 이디오피아에 원정을 가고, 미디안 광야로 쫓겨나고, 이집트로 돌아오고, 다시 탈출하여 광야로 가고, 약속의 땅이 보이는 느보산 정상에서 생을 마치기까지, 엄청난 거리를 돌아다녔습니다. 그 시대의 최고 지도자였던 모세는 그 시절을 살았던 이스라엘 사람 가운데 가장 많은 지역을 돌아다닌 인물입니다.

이스라엘의 황금기를 열었던 제왕은 다윗입니다. 목동 출신이었던 그가, 하나님과 이스라엘을 모욕하는 거인 골리앗을 쓰러뜨립니다. 나라를 구한 다윗을 여인들이 칭송하는데, 사울 왕이 듣고 시기해서 죽이려고 합니다. 그때부터 도피자의 고달픈 나날이 시작됩니다. 다윗 하나를 잡으려고 사울이 정예병 3천 명을 동원해서 이스라엘 전역을 샅샅이 뒤집니다. 다윗이 바위에 숨어있으면 바위로 쫓아가고, 광야로 도망치면 광야까지 추격합니다.

특공대 3천 명을 피해서 도망 다녀야 하니, 얼마나 고달프고 힘들었을까요. 여러분, 다윗이 왜 이런 험한 꼴을 당했지요? 하나님의 마음에 합한 리더였기 때문입니다. 철을 시뻘겋게 달군 뒤에 망치로 내리쳐서 강철로 다듬듯이, 하나님은 마음에 합한 다윗을 강인하고 뛰어난 리더로 연단하셨습니다.

사울 군대의 추격을 피해서 숨고 도피하기를 반복하면서 전국을 돌아다닌 다윗이 무엇을 보았을까요? 사울의 통치하에 신음하는 민초(民草)들의 현실을 보았습니다. 바위 뒤에 숨고 동굴 속에 은신하고 광야를 헤매면서, 다윗은 화려함과 사치에 취한 왕궁의 지도자가 아니라, 가난하고 고통당하는 백성들의 심정을 아는 리더로 성장했습니다.

사울이 지독하게 추격하니, 이스라엘에서 더 이상 숨을 곳도 피할 곳도 없게 된 다윗이 이방인들의 땅으로 도망쳤습니다. 이방인들의 의심을 받자, 살아남기 위해 침을 질질 흘리고 대문에 글자를 끄적거리는 미친 척까지 하면서, 여러 족속들의 땅을 돌아다녔습니다. 서러운 타향(他鄕)살이를 하면서 다윗은 또 무엇을 보았을까요? 각 족속의 강점과 약점, 그들이 처한 환경과 상황을 파악했습니다. 그 경험과 정보를 십분 활용하여, 훗날 다윗은 주변 족속들을 차례로 제압하고 이스라엘을 강국으로 성장시킵니다.

다윗은 어떻게 백성들의 마음을 어루만지는 리더가 되고, 또 어떻게 사나운 이방족속들을 물리치는 강력한 군주가 되었을까요? 젊어서부터 쫓기면서 오랜 세월을 보냈기 때문입니다. 이스라엘 전역을 돌아다니면서 이스라엘을 이해했고, 넓고 광활한 이방 지역을 돌아다녔기에 주변국들을 파악했습니다. 넓은 세상에서 다양한 사람들을 겪으며 파란만장한 경험을 쌓아서, 마침내 민족을 품고 국제정세의 판도를 바꾸는 큰 인물이 되었습니다.

구약성경의 주요 등장인물, 믿음의 조상 아브라함, 출애굽의 영웅 모세, 이스라엘의 황금시대를 열었던 다윗은 모두 광범위한 지역을 돌아다닌 사람들이었습니다. 그들 이외에도, 넓은 세상을 떠돌아다녔던 인물들이 하나님께 쓰임 받은 사례는 많습니다. 요셉은 가나안에서 종으로 팔려 가서 이집트로 갔습니다. 에스라와 느헤미야는 바벨론에서 이스라엘까지, 머나먼 거리를 여행했습니다.

이제, 신약성경으로 시선을 옮겨보겠습니다. 마가복음에는 오병이어의 기적이 기록되어 있습니다. 보리떡 다섯 개와 물고기 두 마리를 재료로 해서 예수님이 기적을 일으키셨습니다.

남은 떡 조각과 물고기를 열두 바구니에 차게 거두었으며 떡을 먹은 남자는 오천 명이었더라(마가복음 6장 43-44절)

남자만 5천 명이 배불리 먹고 남은 음식물이 열두 바구니에 가득 찹니다. 바구니는 유대인들이 쓰는 용기였습니다. 12는 이스라엘을 가리키는 숫자입니다. 떡을 먹은 남자가 5천 명, 5는 구약의 모세 5경을 의미합니다. 오병이어의 기적에 나오는 숫자와 소품이 모두 이스라엘을 가리킵니다. 기적이 일어난 장소 역시 유대인들이 사는 지역입니다. 따라서 오병이어의 기적은 예수님이 유대인 남자 5천 명을 먹이신 기적임을 확인할 수 있습니다.

마가복음 6장에 오병이어 이야기가 나오고, 8장에 칠병이어 이야기가 또 나옵니다. 이번에는 보리떡 일곱 개 물고기 두 마리로 4천 명을 먹이셨습니다.

배불리 먹고 남은 조각 일곱 광주리를 거두었으며 사람은 약 사천 명이었더라(마가복음 8장 8-9절)

사람들을 먹인 기적 사건을 두 번씩이나 기록할 이유가 있었을까요? 같은 내용이 반복되는 것 같지만, 주의해서 살펴보면 오병이어와 칠병이어는 같은 내용이 아닙니다. 오병이어에는 먹고 남은 음식물이 '열두 바구니'에 가득 찹니다. 칠병이어에는 '일곱 광주리'가 사

용됩니다. 하나님이 7일 동안 온 세상을 창조하셨습니다. 그래서 7
은 하나님이 창조하신 온 세상을 가리킵니다. 유대인의 땅만이 아니
라 이방인의 땅도 하나님이 창조하셨습니다.

성경에서 4는 동서남북을 가리키는 숫자입니다. 그래서 4천 명이
라는 숫자는 동서남북 사방에 살고 있는 이방인들을 의미합니다. 7
과 4라는 숫자는 성경에서 이방인을 포함한 온 세상을 가리키는 숫
자입니다. 그리고 광주리는 바구니보다 2.5배정도 큰 용기로, 이방
인들이 사용했습니다.

정리하면, 오병이어는 이스라엘 지역에서 유대인을 먹이신 기적
입니다. 칠병이어는 이방지역에서 이방인들을 먹이신 기적입니다.
비슷해 보이는 기적을 성경이 두 번 기록한 이유는, 각각이 다른 사
람들을 향한 기적의 이야기이기 때문입니다.

예수님은 유대인을 사랑하셔서 유대인을 먹이셨습니다. 동시에
이방인을 사랑하셔서 이방인을 먹이셨습니다. 유대인도 사랑하시
고, 이방인도 사랑하시며, 유대인도 먹여주고, 이방인도 먹여주시
기 위해서, 예수님은 부지런히 돌아다니셨습니다. 당시의 유대인들
은 이방인들을 멸시해서, 이방인의 땅은 밟지 않으려고 했습니다.
또 정결한 것과 부정한 것을 엄격하게 구분해서, 병들고 아픈 사람,
이방인들은 만나려고 하지도 않았습니다.

하지만 예수님은 유대인의 땅과 이방인의 지역을 가리지 않고 다
니셨습니다. 병들고 아프고 다치고 무시당하고 손가락질 당하는 다
양한 인간 군상들을 만나셨습니다. 그들 한명 한명을 모두 사랑해주
시고 고쳐주시고 용서해주시고 회복시켜 주셨습니다.

돌아다니는 일이라면, 사도 바울도 뒤지지 않습니다. 길리기아의 다소에서 태어나 유대의 예루살렘으로 유학을 떠났습니다. 유대교의 석학이 된 뒤에는 사방을 돌아다니며 기독교인들을 박해했습니다. 유대인 이민자들이 살고 있는 다마스커스까지 가서 기독교인들을 죽이려고 하다가, 고속도로에서 부활하신 예수님을 만났습니다.

박해자 시절에도 끊임없이 움직였던 생애는 사도가 된 다음에는 세계 여행의 일생이 되었습니다. 세 번에 걸친 선교여행을 하다가 숱한 위기를 겪었습니다. 3차에 걸친 여행을 마친 뒤에는 예루살렘을 방문했다가 다시 로마로 가려는 계획을 세웠습니다.

이 일이 있은 후에 바울이 마게도냐와 아가야를 거쳐 예루살렘에 가기로 작정하여 이르되 내가 거기 갔다가 후에 로마도 보아야 하리라 하고(사도행전 19장 21절)

바울의 최종 목적지는 로마가 아니었습니다. 그때는 신대륙이 발견되기 이전이어서, 아시아와 북아프리카 일부, 유럽이 세상의 전부인 줄 알았습니다. 바울은 당시에 알려진 세계의 땅 끝이었던 서바나, 오늘날의 스페인과 포르투갈까지 가려고 했습니다. 예수님의 말씀 그대로, 땅 끝까지 가서 복음을 전하고 싶었기 때문입니다.

그러므로 내가 이 일을 마치고 이 열매를 그들에게 확증한 후에 너희에게 들렀다가 서바나로 가리라(로마서 15장 28절)

구약의 아브라함, 모세, 다윗, 신약의 예수님과 바울이 돌아다니는 나그네의 일생을 살았습니다. 광활한 지역을 이동하면서 넓은 세상을 경험하고, 많은 사람을 품는 가운데 하나님의 뜻을 이루었습니다. 이제까지 살펴본 사례들은 성경에 기록된 이야기들입니다. 그렇다면 일반 역사에도 같은 원리가 적용될까요? 세계 역사 속에도 많이 돌아다닌 인물이 의미 있는 성취를 이루었을까요?

종이, 인쇄술, 화약, 나침반은 중국의 4대 발명품으로 널리 알려진 역사적 유산입니다. 사실은 중국의 주변에 있던 여러 민족들이 만든 발명품인데, 중국인들이 동양 여러 민족의 역사를 자신들의 역사로 편입시키면서, 중국의 발명품으로 알려졌습니다. 4대 발명품은 모두 동양에서 만들어져 서양으로 전래되었습니다. 이 점만 보아도, 동양이 서양보다 앞서서 발전했었다는 사실을 알 수 있습니다.

그런데 오늘날에는 동양보다 서양이 더 발전했습니다. 우리의 옷차림, 교육제도, 정치 시스템, 즐기는 음악의 스타일 등등, 서양에서 유래한 것들이 많습니다. 인재들이 유학을 떠나도, 서양에서 동양으로 오기보다 동양에서 서양으로 떠나는 숫자가 월등히 많습니다.

21세기에 사는 우리는 서구화, 서양화가 당연하게 느껴지지만, 사실은 언제나 당연하지만은 않았습니다. 서양의 교육개혁 역사를 보면, 그네들이 중국에 왔다가 충격을 받은 기록이 남아있습니다. '동양은 저렇게 근사한 시험을 치르는데, 우리는 이게 뭐냐' 중국의 과거제를 보고 서양의 대학들이 자극을 받아서 교육제도를 개편했던 시절이 있었습니다. 과거에는 동양이 교육에서도 앞섰다는 사례입니다.

전 세계의 다양한 시험들 가운데, 조선의 과거시험은 가장 어려웠던 시험으로 손꼽힙니다. 조선 사람들이 중국어로 시험을 치러야 했으니, 중국인들이 중국어로 시험 보는 것보다 훨씬 어려웠겠지요. 합격하려면 하루에 10시간 이상, 최소 10년 이상을 공부했어야 했습니다. 어려운 한자가 가득한 사서삼경(四書三經)을 통째로 외우는 것은 기본이었고, 중국과 한국의 역사와 문물, 당대의 상황에도 통달해야 했습니다.

공부가 중요했지만, 필요한 것은 공부만이 아니었습니다. 하루에 10시간, 10년 이상을 열심히 공부한 다음, 성리학계의 뛰어난 선비들에게 로비를 하고 권력자에게 줄을 서야 겨우 합격할 수 있었습니다. 이승만이 과거에 도전했을 때, 15만 명이 응시하여 5명이 합격했으니, 경쟁률이 무려 3만 : 1입니다.

조선의 과거가 인류 역사상 가장 어려운 시험이라고 해도 과언이 아닙니다. 그렇다면 합격자들은 세계에서 가장 어려운 시험을 통과한 최고의 인재들입니다. 그들은 과연 최고의 능력을 발휘해서 나라를 발전시켰을까요? 오히려 정반대로, 조선의 엘리트들이 도장을 찍어서 나라를 일본에게 넘겼습니다.

왜 그랬을까요? 공부만 해서 그렇습니다. 성경에서 하나님이 사용하신 사람들은 한결같이 돌아다녔습니다. 그런데 조선의 인재들은 방구석에 처박혀서 10년이고 20년이고 공자 왈 맹자 왈만 주구장창 외웠습니다. 책만 보았으니, 그것도 중국 책만 공부했으니, 백성들이 왜 아픈지, 얼마나 배고픈지, 어떻게 먹여야 되는지, 부패한 세상을 어떻게 개혁해야 하는지 알지 못합니다. 백성들이 어떻게 사는지도 모르고 세상이 어떻게 돌아가는지도 모릅니다. 까마득한 옛날에 기록된 공자와 맹자, 중국인들의 말씀 외에는 까막눈입니다.

우리나라의 인재들이 골방에 처박혀서 딸딸 외우면서 시험만 준비할 때, 서양은 세계를 향해서 도전했습니다. 서양이 본격적으로 세상을 지배하기 시작한 시기가 '지리상의 발견' 시대입니다. 서양인들이 목숨을 걸고 배를 타서 미지의 세계를 향해서 떠났습니다. 수많은 사람들이 도전의 과정에서 죽었습니다. 도전의 대가를 처절하게 지불하면서 온 세상을 돌아다녀서, 지구가 둥글다는 사실도 밝혀냈고, 아메리카라는 새로운 대륙도 발견했습니다.

세계를 돌아다니면서 그들은 세계를 지배하기 시작합니다. 지리상의 발견 시대에 비로소 동서양을 아우르는 패권국가가 처음 등장합니다. 전 세계에 영향을 끼치는 강대국으로 최초 등장한 나라가 포르투갈입니다. 포르투갈은 유럽에서 주목받지 못했던 변방입니다. 유럽의 서쪽 구석에 밀려있던 포르투갈이 전 지구적 의미의 강대국으로 일약 부상합니다. 그 중심에 엔히크 왕자(Infante Dom Henrique, 1394-1460)가 있었습니다.

엔히크는 독실한 기독교인인 동시에 애국자였습니다. 늘 성경을 읽고 기도하고 연구하면서, 어떻게 하면 약소국 포르투갈을 강하게 만들 수 있을지 고민했습니다. 그의 결론은 바다였고 도전이었고 용기였습니다 : 유럽의 변방에 위치한 포르투갈이 발전하려면 바다로 뻗어나갈 수밖에 없다. 넓은 세상을 향해 용감하게 도전해야 한다.

바다로 가야 하는데, 제일 큰 걸림돌은 지구가 평평하다는 인식이었습니다. 당시 사람들은 배를 타고 한 방향으로 가면, 평평한 지구의 끝에 있는 낭떠러지에 떨어지는 줄 알았습니다. 심지어 배를 타고 먼 바다를 향해서 나가면 하나님의 심판을 받아 지옥에 떨어진다고 믿었습니다.

하나님의 심판에 대한 확실한 증거도 있었으니, 흑인들의 사체(死體)였습니다. 포르투갈에서 바다를 건너면, 아프리카입니다. 아프리카의 흑인들이 물고기를 잡고 수영을 하다가 파도에 휩쓸리면, 그 시체가 포르투갈 해변까지 몰려왔습니다. 포르투갈인들의 눈에 흑인의 사체는 지옥 불에 까맣게 타버린 시체로 보였습니다. 그래서 '바다 끝까지 갔다가 하나님의 불벼락을 받아서 사람이 새카맣게 탔다.'고 해석했습니다.

모두가 두려움에 떨 때, 엔히크 왕자가 과감하게 도전합니다 : "어쩌면 검은 사람이 사는 나라가 있을 수 있다." 지옥 불에 탄 것이 아니라, 원래 까만 사람일 수도 있으니, 겁내지 말라고 설득했습니다. 엔히크는 꿈을 이루기 위해서 역사상 처음으로 국립항해학교를 건립합니다. 그리고 끊임없이 바다로 나아갈 방법을 연구합니다. 엔히크의 학교에서 지혜와 용기를 갖춘 걸출한 사나이들이 배출됩니다. 그들이 목숨을 걸고 파도와 싸워서 최초의 전 지구적 강대국을 건설합니다.

포르투갈의 수도 리스본에는 황금시대를 열었던 엔히크 왕자의 동상이 세워져 있습니다. 배 위에 사람들이 서있는 형태의 동상입니다. 맨 앞에 엔히크 왕자가 서있고 그 뒤에 쟁쟁한 인물들이 줄지어 있습니다. 아프리카의 끝에서 희망봉을 발견한 바르톨로뮤 디아스, 인도로 가는 항로를 개척한 바스코 다 가마, 최초로 세계 일주를 한 마젤란. 그들이 모두 엔히크의 학교에서 길러낸 포르투갈의 사나이들입니다.

왕자는 지옥 불에 떨어져서 죽는다고 믿었던 두려움의 미신을 깨고, 미지의 대륙을 향해 도전했던 용맹한 인재들을 길러냈습니다. 용기 있는 도전이 포르투갈을 세계를 재패하는 첫 번째 강대국으로 발돋움하게 합니다.

"여행하는 자가 이긴다."

인생이라는 게임에서 누가 이길까요? 역사라는 전쟁에서 누가 승리할까요? 학교에서는 공부를 잘 하는 사람이 이긴다고 가르칩니다. 명문대학에만 들어가면 인생에 레드카펫이 깔릴 것처럼 얘기합니다. 그런데 막상 크게 성공한 사람을 보면, 성공과 학교 성적이 직결되지 않음을 알 수 있습니다.

서양의 유명한 속담은 "여행하는 자가 이긴다"고 말합니다. 많이 돌아다니면서 견문이 넓어지고 그릇이 커지고 넓은 세상을 품을 줄 아는 큰 그릇이 되어야 인생이라는 승부에서 이긴다는 의미입니다. 결국 서양의 속담이 맞았음을 역사가 증명합니다. 처박혀서 공부만 하다가 세계에서 제일 어려운 시험을 통과한 조선의 엘리트들은 백성들을 굶주리게 하고, 나라를 일본에게 빼앗겼습니다. 도전정신으로 땅 끝까지 배를 타고 떠났던 포르투갈 젊은이들은 세계를 제패했습니다. 결국 여행하는 자가 이깁니다.

"인생은 우연이고 항해는 필연이다"

엔히크 왕자시대 이후, 포르투갈 젊은이들이 가슴에 새긴 문구입니다. 그 시대 포르투갈 젊은이들이 쓴 글에 반복해서 등장했던, 시대의 유행어입니다. 인생은 우연입니다. 태어난 곳, 태어난 가족, 태어난 시대 모두 우연이지요. 물론 그 우연 뒤에 하나님의 뜻이 있음을 믿지만, 출생을 계획하고 태어난 사람은 없습니다. 포르투갈의 청년들은 인생의 우연성을 인정했습니다.

그러나 이왕 포르투갈에서 태어난 이상, 세계를 향해 떠나는 항해는 필연이라고 자부(自負)했습니다. 당시의 배는 지금처럼 정교하지도, 안전하지도 않았습니다. 모르는 세상을 향해서 떠나는 길이니, 모르는 세계의 지도가 있을 리 없습니다. 제대로 된 지도도 없고 일기예보도 없던 시절, 오늘날의 시각에서 보면 장난감 같은 배에 목숨을 싣고 필생의 도전을 거듭했습니다.

상식적으로 생각해 봅시다. 청년들이 구석에 처박혀서 다른 나라 책이나 딸딸 외우는 나라와, 위험을 무릅쓰고 세계로 뻗어가는 나라 중에, 어느 나라가 세계를 제패할까요?

성경을 보니, 많이 돌아다닌 인물들을 하나님이 크게 쓰셨습니다. 세계 역사를 살펴보니 결국 여행하는 자가 이겼습니다. 성경과 세계 역사가 같은 원리를 증거합니다.

조선은 도전하지 못해서 쇠망(衰亡)했지만, 대한민국은 다른 길을 걸었습니다. 오대양 육대주로 진출하면서 세계 5대 공업국가, 7대 무역국가의 빛나는 금자탑을 쌓아 올렸습니다. 현대사에 빛나는 한강의 기적이 가능했던 바탕에는 공산주의를 물리쳤던 자랑스러운 역사가 있었습니다. 대한민국은 공산주의 종주국 소련 주변의 40여 개국 가운데 유일하게 공산화를 막아낸 저력을 발휘했습니다. 그 역사를 일구어낸 이들 역시, 돌아다니는 사람들이었습니다. 1933년의 이승만에 대하여, 제가 썼던 책에서 인용합니다.

여행을 즐겼고 수많은 대륙과 바다를 건넜던 이승만은 파리의 국제연맹 회의에 참석한 뒤 모스크바에 갔다. 짧은 체류였지만, 이승만은 분명한 인상을 받았다. 그때의 느낌을 적은 기록이다.

"내가 모스크바를 다녀온 동안에 보고 느낀 것은 오스트리아, 헝가리의 농가들보다도 러시아의 농가가 가장 빈약한 점이었다. 기차 속에서 만난 미국인들은 러시아의 길거리에서 굶어 죽은 사람을 많이 보았다고 하였다."

이승만의 반공(反共) 노선은 책과 이론으로만 세워지지 않았습니다. 기독교적 세계관에서 비롯되어 국제정치적 안목으로 통찰하고, 현장에서 확인한 반공이었습니다. 이승만은 소련을 방문하고 모스크바까지 여행하면서, 공산주의가 절대로 인민의 지상낙원이 아님을 확인했습니다. 공산주의의 실체는 인민들의 굶주림이요, 굶어 죽은 사람들을 쌓아 올린 시쳇더미임을 알 수 있었습니다.

식민지 시절에, 일본은 한반도에 대학을 세우지 못하도록 막았습니다. 대학건립의 길이 막혔는데도, 인촌(仁村) 김성수는 명문대학을 세우겠다는 꿈을 품었습니다. 세계적인 명문대를 일으키려면 세계적인 명문대학이 어떤 모양이고 어떻게 운영되는지 직접 찾아가서 보아야 합니다. 그래서 김성수는 명문대학을 세운다는 목표로 세계를 일주했습니다.

세계의 명문대학을 보고 인촌이 느낀 점이 흥미롭습니다. 명문대학 가운데 기와로 지은 건물이 하나도 없었다고 했습니다. 그 당시 조선에서는 기와집이 좋은 집이었습니다. 그러나 하버드 대학도 가보고, 소르본 대학도 가보니 대학이 다 돌로 지어져 있었습니다. 그래서 김성수가 훗날 석조 건물로 대학을 세웠습니다. 그 건물이 지금은 사적지로 지정된 고려대학교입니다.

김성수를 통해서 우리는 비전이 무엇인지 배웁니다. 일본인들이 '미개한 조선인들을 가르칠 필요 없다. 대학 세우지 마라'하고 막을 때 그는 정반대로 포부를 품었습니다. '언젠가 우리 민족이 독립한다. 독립된 나라가 강국으로 일어서려면 인재를 키울 명문대학이 있어야 된다. 명문대학을 세우려면 세계의 명문대학이 어떻게 생겼는지 눈으로 봐야 한다.' 꿈을 가슴에 새기면서 세계를 일주합니다. 이때 소련도 방문해서 모스크바 대학을 견학하고 중요한 기록을 남깁니다.

> 평등을 강조하면서도 실제로는 계급 차이가 극심할 뿐 아니라 빈부 격차가 심하여 참다운 사회주의가 정착할 것 같지 않다. 당 지도자들의 호화, 사치 생활 풍조가 도를 넘는다. 노동자의 천국이라는 소련에 노동자들이 아사(餓死) 상태에서 힘겨워 길가에 쓰러져 죽어나가고 있다.

공산주의자들이 똑같이 나눠 먹고 함께 잘 산다고 외치는데, 직접 공산사회에 가서 봤더니, 잘 먹고 잘 사는 사람은 당 간부들 뿐이고, 일반 국민들은 굶주림에 지쳐서 길거리에 쓰러졌습니다.

공산주의자들의 책만 읽고 말만 들어서는 실체를 파악하기 어렵습니다. 그런데 이승만과 김성수는 1930년대의 소련에 직접 가서 공산주의의 실체를 목격했습니다. 공산주의 하면 굶어 죽는다는 사실을 깨달았습니다. 훗날 이승만이 대통령, 김성수가 부통령이 됩니다. 두 사람은 격렬하게 대립하는 정치적인 라이벌이었지만, 반공(反共)에 대해선 일치했습니다. 공산혁명의 수도에 직접 가서 보았던 인물들이 최고 지도자의 자리에 올라 공산화를 막아냈다는 점은 우리 현대사의 축복입니다.

구약과 신약에서 하나님이 당대에 제일 많이 돌아다닌 사람을 중요하게 쓰셨습니다. 세계사를 보았더니, 여행을 떠났던 서양이 처박혀있던 동양을 이겼습니다. 한국사에서는 당시의 한국인으로는 희귀하게 전 세계를 일주한 이승만과 김성수가 악마적인 공산주의와 싸워서 자유대한을 건국했습니다. 성경과 세계사, 한국사가 일치합니다. 세상이 제멋대로 돌아가는 것처럼 보이지만, 성경에 기록된 원리에 따라 돌아갑니다. 왜냐하면 성경은 하나님의 말씀이기 때문입니다.

성경과 세계사와 한국사가 같은 원리에 의해 진행된다는 사실은 당연합니다. 성경을 주신 분도 하나님이시고, 세계사를 주관하시는 분도 하나님이시고, 한국의 역사를 이끄시는 분도 하나님이시기 때문입니다.

청년 시절에, 저의 화두(話頭)와 같은 질문은 '왜 동양이 서양에 뒤쳤을까'였습니다. 대답을 찾기 위해서 역사를 뒤적이다가, 서른 살쯤 되었을 때, 무릎을 쳤습니다. '여행하는 자가 이긴다.', 이 문장을 발견하고 나서, 오랫동안 한숨을 쉬었습니다. 여행하는 자가 이기는데, 맨날 책상에 앉아 있었던 저의 인생이 불쌍해서 한숨이 저절로 나왔습니다. 여행 한번 못해본 채 흘려보낸 10대와 20대의 청춘이 안타까웠습니다.

그래서 서른 즈음에 기도했습니다 : 제가 싸돌아다니도록 길을 열어주소서. 기도가 그대로 응답됐습니다. 모험하고 도전해야겠다고 기도했더니, 희한하게 미국에서 목회할 수 있는 기회가 주어졌습니다. '이건 하나님 뜻이다'고 생각하고 미국으로 떠났습니다.

힘겹고 어려운 이민목회였지만, 시간이 날 때마다 차를 몰고 떠났습니다. 역사유적지, 문화중심지, 박물관, 전적지, 아름답고 광대한 풍경, 멋진 공연장을 돌았습니다. 사람이 살지 않고 지형이 험준한 위험한 지역을 숱하게 돌아다녔습니다.

일부러 오지(奧地)를 찾아가다가 위험한 고비도 여러 번 넘겼습니다. 애팔래치아 산맥을 넘어가는데, 비바람에 쓰러진 거대한 통나무가 저의 바로 앞 차를 덮쳤습니다. 눈 덮인 로키산맥을 넘어가는데, 우당탕 소리가 나면서 눈 더미가 쏟아져, 앞에 있던 차 4대가 눈 속에 갇히기도 했습니다.

와이오밍 주에서는 뿔이 난 사슴이 돌격해서 급하게 도망쳤습니다. 한밤중에 네바다 주의 광야를 지나가는데, 늑대로 추정되는 짐승들의 추격을 받기도 했습니다. 플로리다로 가다가 허리케인을 만났습니다. 쏟아붓는 장대비에 전방이 보이지 않아 창문으로 고개를 내밀고 비를 맞으며 운전하기도 했습니다. 미국의 50개 주 가운데 35개 주를 싸돌아다니고, 죽을 고비를 넘기기도 하면서 도전정신을 배웠습니다.

잘 알려지지 않은 미국의 역사 유적지에 갈 때마다, 제가 들었던 말이 있습니다. "You are the first korean" 유적지에 방문한 첫 번째 한국인이 저라는 말입니다. 역사의 숨결이 배어있는 유적지를 돌면서 미국사의 찬란한 빛을 보았습니다. 기독교 정신으로 광활한 황무지에 문명을 건설하고 세계 초강대국을 건설한 미국 기독교의 위대함을 목격했습니다. 이래서 미국이 강대국이 되었구나, 고개를 끄덕였습니다.

동시에 미국사의 깊은 어둠도 보았습니다. 인디언을 잡아 죽이고 백인들끼리 서로 약탈하고 해적질했던 발자취입니다. 플로리다 주의 세인트 어거스틴은 미국에서 최초로 세워진 도시입니다. 그곳에 조개껍질로 빻아서 벽돌을 만든 다음에 쌓아 올려서 만든 아름다운 성이 있습니다. 아메리카 최초의 도시와, 아름다운 성은 처참할 정도로 방치되어 있었습니다.

그 성은 해적들의 공격을 방어하기 위해서 지은 성입니다. 그때 공격했던 해적은 앵글로색슨 계통의 영국이었고, 도시를 세우고 성을 쌓았던 주민들은 스페인계였습니다. 앵글로색슨보다 먼저 미국을 지배했던 스페인의 유적지는 황폐한 곳이 많았습니다. 더군다나 해적질을 일삼았던 앵글로색슨의 부끄러운 역사를 생생하게 증언하고 있었기에, 감탄을 자아낼 만큼 아름답고도 희귀했던 조개껍질 성은 방치되어 있었습니다.

이와는 정반대로 앵글로색슨 계통의 유적지는, 감탄이 절로 나올 만큼 멋지게 보존이 되어 있었습니다. 버려진 역사와 보존된 역사의 현장을 밟고 다니면서, 역사의 의미를 생각할 수 있었습니다.

아메리카 대륙에 거주하던 체로키 부족은 백인들에 의해서 90% 이상이 멸절당합니다. 살아남은 부족민들은 깊은 산골짜기에 숨어 살게 되지요. 그들의 은신처에 간 적이 있습니다. 부족의 추장 격인 할아버지 인디언을 만나서, 체로키의 슬픈 역사를 직접 들었습니다.

체로키에게 고유의 신앙이 있었다고 합니다. 놀랍게도 그들은 유일신을 믿었습니다. '세상을 창조한 유일한 신이 계시다. 그분이 아들을 이 땅에 보내셨다. 그 유일신이 예언자를 보내서 언젠가 체로키 부족에게 유일신에 대한 이야기를 들려준다.' 체로키인들 사이에 이런 전설이 있었다고 합니다.

그러던 어느 날, 백인들이 마을에 찾아왔습니다. 체로키의 전설 얘기를 들은 백인들은 유일신이 하나님이라고 가르쳐주었습니다. 그리고 예수 그리스도가 유일신이 보내신 아들이라고 알려주었습니다. 체로키인들이 열광합니다. "당신들이 우리의 유일신에 대한 진리를 가르쳐 주었습니다. 우리 부족이 오랫동안 기다렸던 예언자가 바로 백인들이군요." 그들은 백인들을 통해서 전설과 예언이 실현되었다고 믿었습니다.

체로키 부족은 기독교 문명을 받아들였습니다. 서양식 학교도 건립하고 재판소도 설치하고 나름의 헌법도 제정했습니다. 하지만 체로키 부족이 차지하고 있던 기름진 땅을 탐낸 백인들이 그들을 추방해 버립니다. 부족민들은 한 겨울에 정든 고향을 떠나 미국 중부에 있는 오클라호마까지, 가축 떼가 몰리듯이 쫓겨났습니다.

14,000명이 협박당하며 쫓겨났는데, 오클라호마에 도착했을 때 남은 자는 1,200명이었습니다. 90% 이상이 얼어 죽고 굶어 죽고 짐승 떼의 습격을 받아서 길에서 죽었습니다. 체로키의 죽음의 행렬을

역사는 'Trail of tears'(눈물의 길)라는 이름으로 기억하고 있습니다.

오클라호마로 이주하지 않고 고향에 남아 끝까지 싸웠던 체로키 부족민들도 있었습니다. 게릴라전을 펼치다가 결국 애팔래치아 산맥에 고립되어 다람쥐처럼 숨어 살게 되었습니다. 그들을 동(East) 체로키, 이주한 사람들을 서(West) 체로키라고 부릅니다. 백인 기독교인들에 의해 강제로 부족이 분단된 아픔의 역사입니다.

애팔래치아 산맥 꼭대기의 인디언 마을에서, 부족이 멸절당한 이야기를 들었습니다. 늙고 주름진 인디언은 더 이상은 눈물이 날 것 같지 않은 마르고 퀭한 눈으로 덤덤히 부족의 멸망사를 저에게 들려주었습니다. 노인이 가끔 말을 더듬을 때는 옆에 있던 젊은 체로키가 설명해 주었습니다. 노인은 무감각했지만, 청년의 눈은 가끔씩 번쩍 하고 빛났습니다. 깊은 슬픔과 분노, 한(恨)이 서려 있는 눈빛이었습니다. 민족이 멸절된다는 것이 무엇인지, 체로키의 은신처에서 배웠습니다.

35개 주를 여행하면서, 미국의 빛과 어둠을 강렬하게 느꼈습니다. 미국의 빛은 기독교 정신입니다. 아주 찬란한 빛입니다. 미국의 어두움은 제국주의요 인종차별입니다. 아주 어두운 그림자입니다. 미국은 두 얼굴을 가진 나라이지요. 초강대국이라는 미국의 얼룩진 죄악과, 동시에 어떻게든 신앙으로 성경적인 국가를 세우려고 애썼던 기독교인들의 피땀 어린 발자취를 함께 목격했습니다.

여러 번 지나갔던 네바다의 광야를 그날도 지나갔습니다. 가로등도 없고 주유소도 없는, 길 하나만 닦여있는 외딴 광야였습니다. 석양을 등지고 차를 몰았습니다. 3시간 동안 운전했는데, 마주 오는 차도 없고 앞에 가는 차도 없고 뒤에서 따라오는 차도 없었습니다. 저 혼자 서쪽에서 동쪽으로 이동하는 길이었습니다. 등 뒤로는 노을이 비췄지요. 아무것도 없는 광야인데 등 뒤에는 거대한 태양이 지며 황혼이 깃드니, 주황색 물결 위를 혼자서 떠가는 것 같았습니다. 운전 중에 저도 모르게 제 입에서 이런 말이 튀어나왔습니다. 지금도 또렷이 기억납니다.

"이승만의 기독교 대한민국 건국은 대단하다."

저는 그 이전까지 한 번도 이승만이라는 인물에 주목해본 적이 없습니다. 생각해 본 적도 없습니다. 책으로 이승만을 읽어도 별다른 감흥이 없었습니다. 그런데 미국의 곳곳을 돌아보았더니, 이승만의 고뇌와 선택이 대단해 보이기 시작했습니다.

이승만은 미국의 빛, 기독교 신앙과 문명을 우리의 것으로 받아들이는 일에 평생을 바쳤습니다. 한미동맹을 이루어, 한국과 미국이 공산주의와 싸우는 기독교 동지가 되게 했습니다. 동시에 미국의 죄악, 제국주의와 인종차별에 대항해서 끝까지 싸웠습니다. 미국도 여러 차례 이승만을 제거하려고 시도했습니다.

하루에 여덟 시간을 걷고, 또 여덟 시간을 운전하는 강행군을 이어가면서, 미국의 빛과 어두움을 보니, '제국주의와는 싸우지만 기독교는 받아들여야 한다. 기독교로 새로운 나라를 건국해야 한다'는 이승만의 결단이 얼마나 위대했는지를 깨달았습니다. 황혼이 출렁이는 네바다의 광야에서 감탄이 터졌습니다.

전국을 돌아다니며 강연하면서, 반복되는 질문을 받았습니다 : 어떤 계기로 이승만을 강의하게 되셨지요? 누가 이승만을 가르쳐주었나요?

제가 이승만을 강의하리라고는 꿈에도 상상하지 못했습니다. 책을 쓰고 단체를 만들고 동지들을 규합하면서 종북세력들과 싸우는 일을 하리라곤 아무도 예측하지 못했습니다. 저의 인생이 바뀌고 제가 싸우게 된 중요한 계기는 여행이었습니다. 돌아다니면서 배웠고, 보고 들은 것이 축적되어 저도 모르게 이승만을 재발견했습니다. 한참의 세월이 흐른 뒤에, 우여곡절을 겪은 끝에 저는 우리의 강산을 돌아다니며 기독교 대한민국을 전파하는 강사가 되었습니다. 결국 여행이 저의 인생을 바꾸었습니다.

다함께 따라 하겠습니다. "기도 외에는 처박히지 말자", 기도할 때는 처박혀야 됩니다. 그러나 기도 외에는 처박히면 안 됩니다. 넓은 세상을 돌아다니면서 다양한 경험을 하고, 많은 사람을 보면서 그릇이 넓어져야 합니다.

또 한 번 따라 합시다. "하나님은 싸돌아다니는 사람을 쓰신다." 거칠게 싸돌아다니면서 상처도 받고, 박대도 당하고, 핍박도 당하고, 누명도 쓰고, 억울한 일도 겪어야 큰 인물이 됩니다. 상처받아 보아야 상처받은 사람의 마음을 이해하겠지요. 멸시받아 보아야 멸시 받고 짓밟힌 사람들을 품어줄 수 있습니다. 불운에도 처해보고, 어려움도 겪어보아야 어려운 사람을 끌어안을 수 있습니다.

아브라함도 싸돌아다니면서 별일을 다 겪었습니다. 중요한 점은 온갖 일을 겪으면서 가는 곳마다 제단을 쌓았다는 점입니다. 일단 세상으로 나가야 합니다. 헤집고 다니면서 동시에 제단을 쌓고 기도해야 합니다. 기쁠 때나 슬플 때나 하나님을 찬양하고 기도해야 합니다. 감격과 비통을 체험하는 새로운 순간에 새 노래로 여호와의 이름을 불러야 합니다. 하나님이 지으신 천지(天地)를 휘휘 돌아다니면서 하나님의 얼굴을 찾아야 합니다.

세상을 향해 도전하고, 도전 속에서 제단을 쌓아, 인생과 세상을 주관하시는 하나님을 체험하는 크리스천 리더들이 일어나기를 축원합니다.

▲임진왜란의 의병장 김덕령(좌)과 정문부(우)

김덕령은 전라도에서, 정문부는 함경도에서 왜적을 물리치는 대승을 거두었다. 그러나
두 장군이 모두 역적이라고 모함을 당하여 고문을 당했다. 김덕령은 정강이가 부서지
고, 정문부는 무릎 아래가 부서져서, 고문을 받다가 죽었다. 앞장 서서 나라를 지킨 명
장들이, 앞장 서서 도망친 왕과 권력자들에 의해서 죽었다. 우리 민족사에 유구하게 전
해지는 배신의 역사와 전통을 보여주는 비극이다.

배신의 문화,
생존과 극복

우리 역사의 치명적인 상처였던 임진왜란의 기억을 함께 추적해 보고 싶습니다. 임진왜란 때, 관군은 일찌감치 무너지고, 의병들이 일어나서 열심히 싸웠습니다. 호남 지역에서 의병장으로 명성을 떨친 인물이 김덕령(金德齡) 장군입니다. 전설에 의하면, 호랑이를 여러 마리 때려잡을 만큼 힘이 장사였다고 합니다. 전쟁이 발발하자, 25세의 젊은 나이에 의병을 모집해서 왜군을 격퇴하고 전라도 지역을 수호하는 혁혁한 공로를 남겼습니다. 아주 용맹하게 잘 싸웠기 때문에 〈조선왕조실록〉에 김덕령이란 이름이 무려 99번이나 나옵니다.

그런데 의병장의 운명에 비극의 그림자가 드리우게 됩니다. 임진왜란 때 이곳저곳에서 반란이 일어났는데, 그 가운데 가장 규모가 컸던 반란이 충청도에서 일어난 이몽학의 난(亂)입니다. 이몽학의 난을 주제로 만든 영화가, 배우 차승원이 주연했던 '구르믈 버서난 달처럼'입니다. 영화 포스터에 이렇게 적혀 있습니다.

왕은 백성을 버렸고 백성은 왕을 버렸다. 누가 역적인가

읽는 이로 하여금, 생각하게 하는 문구입니다. 임진왜란 이전부터 조선 백성들은 계속해서 고통을 겪고 있었습니다. 일본이 아니라 조선에게, 일본군이 아니라 조선의 임금과 양반들에게 말입니다. 양반들이 사람을 차별하면서 백성들의 고혈(膏血)을 쥐어짰습니다.

왕이 백성들을 괴롭힙니다. 견디다 못한 백성들이 반란을 일으켰지요. 그렇다면 누가 역적일까요? 백성을 괴롭히는 왕이 역적인가, 아니면 그 괴롭힘을 견디다 못해서 반란을 일으킨 백성들이 역적인가. 선조가 역적인가, 아니면 이몽학이 역적인가. 이런 문제의식을 담은 문구입니다.

김덕령 장군이 이몽학의 난에 대한 진압명령을 받고 충청도를 향해서 진격합니다. 한참 진격하는데, 중간에 돌아가라는 명령을 받습니다. 구체적인 전투에 참여하기도 전에 이미 반란이 진압되었다는 연락이었습니다. 그래서 명령을 받고 돌아갔는데, 그 사건이 문제가 됩니다.

김덕령이 워낙 용맹하고 잘 싸워서 인기가 높으니, 나라를 지키지 못했던 최상류 계층의 양반들이 시기했습니다. 그래서 김덕령이 이몽학과 내통을 했다고 모함합니다. 일부러 천천히 가서 전투가 끝난 다음에 도착했다는 모함에 선조 임금이 장군을 잡아다가 고문을 합니다.

어찌나 가혹하게 고문을 했는지, 정강이가 조각조각 부서졌습니다. 극심한 고통을 겪으면서 김덕령은 "신은 결코 이몽학과 내통한 적이 없습니다. 오로지 왜적을 물리치기 위해 싸웠을 뿐입니다"하고 결백을 부르짖었지만, 임금과 고관대작들이 듣지 않습니다. 계속 고문을 한 결과, 맨 손으로 호랑이를 때려잡았다는 장사이며, 일본군이 두려워했던 명장이 29살 젊은 나이에 죽습니다.

막강한 일본군도 죽이지 못한 명장을 조선의 왕이 죽였습니다. 나라를 지키지 못한 왕과 귀족들이 나라를 지킨 의병장을 죽였습니다. 도대체 왜 이런 어처구니없는 일이 일어났을까요?

김훈 선생의 베스트셀러 소설 「칼의 노래」에 김덕령의 죽음이 묘사되어 있습니다. 이순신과 김덕령은 일본군을 물리치기 위해서 합동 군사작전을 전개한 적이 있었습니다. 함께 싸워서 잘 알고 있던 김덕령이 왕에게 고문당해 죽으니, 이순신이 이렇게 말했다고 소설은 묘사합니다.

> 김덕령은 용감했기 때문에 죽었다. 임금은 장수의 용맹이 필요했고 장수의 용맹이 두려웠다. 사직의 제단은 날마다 피에 젖었다.

절묘하고 정확한 표현입니다. 일본군을 물리치려면 장군의 용맹함이 필요합니다. 그래서 임금이 명령을 내려서 싸우게 했지요. 하지만 임금과 고관대작들은 모두 도망쳤는데, 왕도 아니고 귀족도 아닌 청년 장사가 너무 용맹하게 잘 싸워서 백성들의 신망(信望)을 한 몸에 받습니다. 그럼 어떻게 될까요? 임금이 김덕령의 용맹과 인기가 두려워집니다. 그의 용맹이 필요하지만, 동시에 용맹해서 인기가 높아지면 자신들의 자리에 위협이 될까 봐 무섭습니다.

필요하고 두려운 두 가지를 결합하면 어떤 시나리오가 될까요? 용맹함이 필요하기 때문에 김덕령을 이용해서 일본군을 물리칩니다. 그래야 왕좌도 안전하고 고관들의 자리도 안전하지요. 일본군을 물리친 다음에는 그 용맹이 두려우니, 고문해서 죽입니다. 그래서 김덕령으로 하여금 열심히 싸우게 한 다음에, 역적으로 몰아서 때려죽이는 사건이 실제로 일어납니다.

조선으로 진격했던 일본군 장수 가운데, 가장 뛰어난 전략가이자 명장이 가토 기요마사입니다. 그는 지금도 일본에서는 '전쟁의 신(神)'으로 숭배 받습니다. 가토 기요마사가 성도 잘 쌓았습니다. 세계적인 관광지인 구마모토성이 바로 그가 쌓은 성이지요. 임진왜란 때 가토 기요마사가 일본군 최정예인 조총부대 2만 2천 명을 이끌고 함경도 지역으로 진격합니다.

그때 매국노 국경인(鞠景仁)이 조선의 왕자 두 사람을 생포해서 가토 기요마사에게 바칩니다. 그리고 일본군에게 함경도 관찰사의 벼슬을 받아서 일본의 조선 침략에 협조합니다. 위태로웠던 시기에, 일본군을 무찌르고 함경도를 지킨 명장이 정문부(鄭文孚) 장군입니다. 시도 잘 쓰고 학문에도 뛰어나고 무예에도 출중한, 문무를 겸비한 인물이었습니다.

정문부가 일본 역사상 최고의 명장으로 손꼽히는 가토 기요마사가 이끄는 최정예 2만 2천 명을 박살 내 버립니다. 그의 활약상을 그린 '창의토왜도(倡義討倭圖, 의병이 일어나서 왜적을 토벌한 그림)'라는 유명한 그림이 있습니다. 이 그림에 어떤 사람을 잡아다가 목을 칼로 치는 처형식 장면이 있습니다. 그때 죽은 사람이 누군가 하면, 조선의 왕자들을 일본군에게 넘겼던 국경인입니다. 매국노를 잡아다가 정문부 장군이 실제로 처형했지요.

그러면 정문부는 어떻게 일본의 최정예를 물리치는 혁혁한 성과를 거둘 수가 있었을까요? 리더십과 승리의 비밀은 의병들의 조직도에 있습니다. 제일 높은 의병대장이 정문부인데, 당시 조선의 관직으로 정6품이었습니다. 정6품이면 조선의 18개 단계 관직 가운데 11번째이니, 높다고 할 수 없습니다. 그런데 정6품이 대장이고 그 밑에 부사가 종3품이었습니다. 그 아래에 종4품, 정5품도 있습니다.

조직도에 의하면, 20대의 젊은 나이로 낮은 관직에 있었던 정문부보다 나이도 많고 관직도 높았던 인물들이 부하가 됐습니다. 정6품과 종3품의 차이는 관직으로 5등급입니다. 지금 대한민국의 군인 계급에 비교하면, 무궁화 하나 단 소령이 별을 단 장군을 휘하에 거느렸다는 이야기입니다. 지금도 있을 수 없는 일인데, 신분차별이 엄격했던 조선 시대에는 불가능한 일이 실제로 일어났습니다. 어떻게 이런 일이 가능했을까요?

국가적인 위기 앞에서, 누가 나라를 구할 것인가, 능력 하나만 보고 조직을 했기 때문입니다. 나이를 따지지 말고, 관직도 따지지 말고, 신분도 따지지 말고, 오직 누가 잘 싸울 수 있느냐, 누가 백성을 지킬 수 있느냐, 누가 외적을 물리치느냐, 능력 하나만 보고 장군으로 추대했습니다.

국가가 멸망할 수도 있는 절체절명의 위기 앞에서, 자신들이 가지고 있는 모든 기득권을 다 내려놓았으니, 훌륭한 애국자들입니다. 제일 잘 싸우는 사람을 뽑은 결과, 20대의 젊은 애송이 정문부를 장군으로 모시고, 나이도 많고 관직도 높은 분들이 기꺼이 부하가 되어서 힘을 합쳐서 싸웠습니다.

지금도 마찬가지입니다. 회사이든, 교회이든, 학교이든, 단체이든, 나이, 학연, 혈연, 지연 같은 거추장스러운 것들을 모두 내려놓고 실제적인 능력 위주로 인사를 하면, 막강한 조직이 됩니다.

능력 위주의 조직이 첫 번째 요인이라면, 두 번째 승리 요인은 추위와 지형을 이용한 전술입니다. 「선조수정실록」의 기록을 인용합니다.

> 눈이 내리고 추위가 심하여 적병이 모두 얼어 쓰러져 싸우지 못하였다. 해가 뜰 무렵에 수색하고 공격하여 600명의 목을 베었다. 사면으로 포위하고 그들의 땔감 공급로를 끊었다.

따뜻한 기후에서 살던 일본군이 함경도의 추위를 견디고 험준한 산악지형에 적응하기가 어려웠습니다. 조선 의병이 기후와 지형에 익숙지 못한 일본군을 게릴라전을 통해 계속 공격하여, 결국 함경도 지역에서 쫓아내는 대승을 거둡니다.

그런데 용맹해서 모함을 받았던 김덕령처럼, 정문부도 잘 싸워서 모함을 받았습니다. 그래서 의병장으로 일본군을 물리친 대가로 의병장에서 쫓겨납니다. 똑같은 일이 한반도의 남쪽 전라도에서도 일어나고 북쪽 함경도에서도 일어났습니다. 그런데 문제가 생깁니다.

정문부가 있었을 땐 이겼는데, 정문부가 없을 때는 일본군에게 자꾸 패합니다. 조선정부가 결국 쫓아냈던 정문부에게 다시 장군이 되어서 싸워 달라고 요청합니다.

장군의 주위에 있는 사람들이 모두 만류합니다 : 왜적을 물리친 공로를 칭송해 주지는 못할망정 이상한 죄목을 씌워가지고 망신을 주고 쫓아낸 사람들 아닙니까. 왜 그런 자들을 위해서 싸워야 합니까. 한번은 당했지만 두 번 당하면 안 됩니다.

주변의 만류에도 불구하고 다시 의병장으로 복귀하면서 정문부가 말합니다. "내가 처음에 죽음을 무릎 쓰고 의병을 일으킨 것은 국가를 위해 충성을 다하고자 한 일이다. 이제 죽을 곳을 얻었는데 어찌 공을 빼앗긴 사사로운 일 때문에 국가의 위급을 모른 척 할 것인가?"

사람들이 알아주기를 바라고, 성공이나 출세를 기대해서 의병을 일으킨 것이 아니었다는 말입니다. 나라에 충성하기 위해서 싸웠는데, 공로를 빼앗기고 쫓겨난 사사로운 일 때문에, 국가의 위급(危急)을 모른 척할 수는 없다는, 멋있는 장군의 모습입니다. 정문부가 복귀한 다음에는 다시 조선군이 강해져서 일본군을 물리쳤습니다. 그다음에는 어떻게 됐을까요? 또 다시 모함을 받지요. 실제로 전쟁터에서 싸웠던 장수는 정문부인데, 왕에게 올려지는 보고서에는 함경도 관찰사의 이름이 기록됩니다.

당시에는 적의 목(수급)을 잘라서 임금에게 바쳤습니다. 그러면 임금이 수급을 세어보고 상을 내렸습니다. 정문부가 앞장서서 싸우면서 왜적의 목을 자르면, 부하가 수급을 가지고 임금에게 달려갑니다. 그런데 중간에 관찰사가 길목을 지키고 있다가 수급을 빼앗습니다. 임금에게는 관찰사가 베어 죽인 수급으로 올라갑니다.

의병장이 거둔 승리를 공직자가 가로챘지만, 정문부 장군은 여전히 의연했습니다. 나라를 위해서 한 것이지, 상을 바란 것은 아니라며 넘어갑니다.

이 정도로 훌륭하면, 불의한 사회에서는 모함을 받지 않을 수 없습니다. 임진왜란이 끝나고 정문부가 60세가 되었을 때, 이괄(李适)의 난이 일어납니다. 김덕령과 마찬가지로 정문부도, 반역자와 내통했다는 모함을 받았습니다. 청춘을 다 바쳐서 전쟁에서 나라를 구한 의병장이 노인이 되어서 끌려가서 고문을 받습니다.

김덕령 장군은 정강이가 부서졌고 정문부 장군은 무릎이 부서집니다. 사기 조각을 깔아 놓고 그 위에 무릎을 꿇게 한 다음에, 무릎을 돌로 치는 압슬형(壓膝刑)을 6번이나 당합니다. 고문 받는 내내, 반란을 모의 한 적이 없다고 하다가, 여섯 번째 고문을 받는 중간에 세상을 떠납니다.

김덕령은 고문 받다가 정강이가 깨져서 죽었고, 정문부는 무릎이 깨져서 죽었습니다. 왜적을 물리치고 나라를 지킨 의병장들을 일본군이 아니라 조선의 임금이 죽였습니다. 이것이 임진왜란의 역사입니다.

나라를 위해 싸우면 나라가 죽이니, 누가 나라를 위해서 충성을 바치고 싶은 마음이 들겠습니까. 의병장들의 죽음이 조선인들에게 학습이 됩니다. 그래서 임진왜란 때는 의병이 많았는데, 그 이후에는 국난(國難)을 당해도 의병이 현저하게 줄어듭니다.

김덕령과 정문부가 피할 수 없었던 고문을 이순신 역시 피할 수 없었습니다. 적과 내통했다는 모함을 받고 임금이 있는 한양으로 압송되어서 고문을 당합니다. 김덕령과 정문부가 고문당하다가 죽었듯이, 이순신 역시 죽기 직전이었는데, 어릴 적 친구였던 유성룡(柳成龍)이 목숨을 걸고 변호합니다. 겨우 살아나서 백의종군(白衣從軍)하게 되지요.

소설에는 개연성(蓋然性)이 있어야 합니다. 개연성이란, 실제로 있을 법한 이야기라는 뜻입니다. 고문으로 만신창이가 된 이순신의 마음이 어떠했을지, 김훈 선생이 「칼의 노래」에서 개연성을 가지고 쓴 문장입니다.

> 나는 다만 임금의 칼에 죽기는 싫었다. 나는 임금의 칼에 죽는 죽음의 무의미를 감당해낼 수 없었다. 병신년에 의병장 김덕령이 장살되었을 때 나는 내가 수긍할 수 없는 죽음의 방식을 분명히 알았다.

함께 싸웠던 김덕령이 적군에게 죽은 것이 아니라, 아군에게, 그것도 아군의 총사령관인 임금에게 맞아서 죽었습니다. 전우(戰友)의 허망한 죽음을 본 이순신은 무슨 일이 있어도 임금에게 고문당해서 죽기는 싫다는 마음이 충분히 들었겠지요. 왕에 의한 죽음은 수긍할 수 없고 감당할 수 없는 무의미였습니다.

> 나는 다만 적의 적으로서 살아지고 죽어지기를 바랐다. 나는 나의 충(忠)을 임금의 칼이 닿지 않는 자리에 세우고 싶었

다. 적의 적으로서 죽는 내 죽음의 자리에서 내 무(武)와 충
(忠)이 소멸해 주기를 나는 바랐다.

죽어야 한다면 적에게 죽어야 합니다. 적의 적으로 죽어야지, 왕
의 적으로 죽고, 국가의 적으로 죽을 수는 없습니다. 조선을 위해 싸
우다가 일본의 손에 의해서 죽어야지, 조선을 위해 싸우다가 조선의
손에 죽기는 싫습니다. 김훈의 소설에서 토로하는 충무공의 고백이
야말로 우리 역사의 비극입니다 : 나는 나의 충성을 임금의 칼이 닿
지 않는 자리에 세우고 싶었다.

명장의 충성에는 임금의 칼이 닿습니다. 충신을 임금의 칼이 죽입
니다. 그러니 왕의 칼이 닿지 않는 자리에서 적의 칼에 의해서 죽어
야 합니다. 결국은 그렇게 되었지요. 이순신 장군이 전사한 노량해
전은 수수께끼 같은 전투입니다. 오랜 전쟁이 끝나고, 일본군이 돌
아가겠으니 퇴로(退路)를 열어달라고 정중하게 요청했습니다. 동양
에서는 전쟁을 해도 예의도덕을 지킵니다. 이순신은 글도 잘 쓰고
법도가 분명한, 문무를 겸비한 장군이었습니다. 그런데도 길을 열어
주지 않고 끝까지 싸웠습니다.

전투의 최전방에는 선봉장이 나가서 싸우고, 대장군은 후방에서
지휘합니다. 그런데 이순신은 군이 앞으로 나아가서 싸우다가 일본
군에 의해서 죽게 됩니다. 그래서 이순신이 스스로 죽기를 바랐다는
해석이 끊임없이 제기되어 왔습니다. 물론, 이순신 장군이 속마음을
말한 기록이 없으니, 무엇이 진실인지를 알 수가 없지요.

만약에 이순신이 노량해전 때 죽지 않았으면 어떻게 됐을까요? 전
쟁이 끝나고 나서 역적이 되었을 겁니다. 임금도 도망치고 조선의

내놓으라하는 양반들도 모두 도망쳤습니다. 그때 최전방에서 이순신은 몸이 부서져라 싸웠습니다. 여러분이 조선 백성이면 왕을 존경하겠습니까, 이순신을 존경하겠습니까? 왕보다 존경받는 이순신이 전란 이후에 살아남을 수 있었을까요?

어쩌면 정문부 장군처럼 전쟁이 끝나고 한참 세월이 흐른 뒤에라도, 모함을 받고 고문을 당해서 죽는 신세가 되었을 가능성도 충분합니다. 그러니 이순신 장군 입장에서는 고문당해 죽느니, 차라리 나라와 민족을 위해서 끝까지 싸우다가 죽는 게 낫다고 생각하고 노량해전에서 위험을 자초했다고 추측할 수도 있습니다.

임진왜란 하나만 보아도 배신의 역사는 차고 넘칩니다. 최초의 의병장으로, 홍의장군(紅衣將軍)이라고 불렸던 곽재우(郭再祐)도 공로를 인정받지 못했습니다. 이미 의병장들이 고문당하고 비명횡사(非命橫死)하는 모습을 본 그는 산속에 들어가 은둔하다가, 곡기(穀氣)를 끊고 죽습니다. 우리 역사의 아프고 부끄러운 배신의 문화, 배신의 풍토, 배신의 전통입니다.

그러면 대한민국은 어떨까요? 좌파정권 집권기에 나라의 근간이 많이 무너져 내렸습니다. 북한을 추종하는 권력자들과 맞서 싸우기 위해서 애국 세력들이 들고 일어났습니다. 애국 세력 중에는 우파가 되고 싶어서 우파가 된 게 아니고, 좌파가 하도 잘 못 하니까, 그걸 비판 하다가 자연스럽게 우파가 된 사람들이 많습니다.

어느 나라나 시위, 데모, 혁명은 주로 좌파가 해왔습니다. 그런데 우리나라에서는 나라가 망하는 걸 그대로 볼 수가 없어서 우파들이 거리에 나와 열심히 싸웠습니다. 그래서 전 세계에 없고 대한민국에만 있는 특이한 우파가 바로 '아스팔트 우파'입니다. 아스팔트 우파가 대한민국의 정통성을 수호하기 위해서, 반역적인 이념을 주장하는 자들과 싸웠습니다. 결국 좌파 정권이 끝나고 이명박이 대통령에 당선 됐습니다.

대통령이 된 그는 엉뚱한 소리를 합니다 : 이념의 시대는 갔다. 아스팔트 우파가 열심히 싸워서 본인이 대통령이 됐으니 "애국동지 여러분, 수고 많으셨습니다"가 아니라 이제는 "중도실용의 시대"라고 했습니다.

이명박 대통령 당선을 위해, 좌파 정권 종식을 위해서 중도파가 싸웠나요? 실용파가 싸웠습니까? 애국세력이 싸웠고 기독교인이 싸웠고 아스팔트 우파가 싸웠습니다. 아스팔트 우파가 싸워서 대통령이 됐더니 "우파 여러분 굿바이, 이제 여러분의 시대는 지났습니다, 저는 중도실용으로 갑니다"고 했습니다. 실제로 이명박 정권 내내 좌파 단체들을 열심히 지원했습니다.

나중에 이명박 세력은 박근혜 측과 격렬하게 대립하다가, 오히려 좌파와 합세해서 탄핵을 추진하기도 하지요. 임진왜란이 끝나고 400년 넘게 지나도록 배신의 풍토, 전통, 문화가 쉽게 없어지지 않는다는 것을 확인할 수 있습니다.

제 나이 또래는 이런 얘기를 많이 들었습니다 : 직장에서는 적당히 해야 된다. 군대에서도 중간만 해라. 군대고 직장이고 적당히 해야 한다는 것이 한국의 처세훈입니다. 너무 잘 하면 어떻게 될까요? 윗사람이 일을 계속 시키고 계속 부려 먹습니다. 부하 직원이 잘 한 일을 상사가 한 것으로 둔갑시켜 버리지요. 정문부 장군의 수급을 가로챘던 관찰사의 후예들이 우리나라 직장에도 여전히 있습니다. 그러니 너무 잘 할 필요가 없어요. 하지만 너무 못 하면 잘리니, 잘 하지도 말고 못 하지도 말고 중간만 하고 적당히 해야 한다는 처세술에 여전히 설득력 있게 들립니다.

직장만 그런가요? 교회는 다른가요? 제가 20대 전도사 시절에 대형교회의 아동부 책임자로 일한 적이 있습니다. 유치부 전도사님이 벽화를 그렸는데, 애들이 좋아할 만한 그림을 예쁘게 그렸습니다. 그런데 하루는 지나가면서 보니, 그 전도사님이 눈물을 흘리면서 그림을 그립니다. 눈에 이슬 맺힌 모습에 너무나 슬픈 표정이었습니다.

알고 보니, 그분이 그림을 그려놓으면, 바로 위에 있는 선임 전도사가 담임 목사님을 모시고 와서 자신의 부서실을 이렇게 장식했다고 보고했습니다. 선임이 부서 담당자이니, 인정과 칭찬은 선임이 받게 되지요. 일하는 사람 따로, 칭찬 듣는 사람 따로입니다. 이런 일이 반복되니, '내가 잘 그려 봤자, 선임이 칭찬을 듣겠구나'하는 마음에 눈물을 흘리면서 그림을 그렸다는 겁니다. 교회는 세상과 달라야 되는데, 과연 얼마나 다른가요.

교회 다니는 청년들이 리더십에 대해서 너무 단순하게 생각하는 경향이 있습니다. 교회 열심히 다니고 기도 열심히 하고 착하게 살면, 하늘에서 리더의 자리가 뚝 떨어지고, 내가 높은 사람이 되어서 하나님께 쓰임 받는다고 생각합니다. 이렇게 너무 쉽게 생각하는 청년들이 의외로 많습니다.

그것은 절대로 성경적이지 않습니다. 리더가 된다는 것은 하늘에서 갑자기 자리가 뚝 떨어지는 일이 아닙니다. 성경을 보세요. 그렇게 해서 리더가 된 사람이 누가 있나요? 하늘에서 자리가 떨어지는 것이 아니고, 이 땅의 말도 안 되고 억울하고 부조리한 구체적인 환경과 현실 속에서 산전수전 공중전을 겪으면서 단련된 리더로 세워지는 것입니다.

구약과 신약의 위대한 리더를 한번 생각해 봅시다. 요셉의 리더십은 형들에게 팔려간 노예생활에서 시작됩니다. 억울하고 분하고 원통한 상황에서 보디발 집안의 실질적인 리더로 일했지요. 모세도 마찬가지입니다. 이집트의 왕자 출신이었는데, 하루 아침에 광야의 양치기가 됩니다. 그 억울하고 비참하고 기가 막힌 자리에서 출애굽 역사가 시작됩니다.

다윗도 마찬가지입니다. 골리앗이 쳐들어왔을 때 사울 왕, 고관들, 장군들이 모두 벌벌 떨었습니다. 그때 열일곱 살짜리 다윗이 형들의 도시락을 배달하려고 전쟁터에 갔다가 골리앗을 보고 뚜껑이 열립니다. "저가 무엇이관대 사시는 하나님 여호와를 모욕하느냐" 이러면서 짱돌을 들고 나가서 골리앗을 쓰러트립니다. 그 결과 어떻게 됐을까요? 지명수배자가 됩니다. 사울이 정예병 3000명을 끌고 다윗 한 명을 잡아 죽이려고 거의 20년 동안 쫓아다닙니다. 광야를 헤매면서 도망 다녔던 고난의 현실 속에서 제왕의 리더십이 성숙됩니다.

예수 믿는 사람은 현실적이 되어야 합니다. 하나님 앞에서 리더로 세워진다는 것이 현실적으로 어떤 과정과 경로를 거치고, 무슨 어려움이 있는지를, 사실적으로 파악하고 이해하고 훈련해야 합니다.

우리 역사에서 탁월한 리더가 되면 탁월하게 배신당하고, 탁월하게 고문당하게 됩니다. 임진왜란 때도 그랬고 지금도 그렇습니다. 내가 하나님 나라를 위해서, 그리고 대한민국을 위해서 열심히 헌신해서 큰일을 했어요. 그러면 박수를 받고 갈채가 터지고 인정을 받기보다, 오히려 욕을 먹고 배신당할 일이 더 많습니다. 등 뒤에 칼이 찔릴 각오가 되어 있어야 리더가 됩니다.

크리스천 리더는 하나님 한 분만 바라보고, 대한민국을 위한 하나님의 뜻을 이루기 위해서 충성한 다음에는 얼마든지 고난당하고, 상은 천국에 가서 받겠다고 분명하게 결심해야 합니다. 탁월한 리더가 되어서 탁월하게 배신당하고, 탁월하게 욕먹을 것을 각오해야 큰 인물이 됩니다.

우리 현대사에서 욕 먹을 각오가 분명했던 분들이 혁혁한 업적을 남겼습니다. 38선은 본래 미국과 소련의 '업무분담선'이었습니다. 일본군의 무장을 해제하는 업무를 38선 이북에서는 소련이 맡고, 이남에서는 미국이 맡았지요. 그런데 단순한 업무분담선을 비극적인 '민족분단선'으로 만든 주범이 바로 소련입니다.

북한에 진주한 소련군이 곧바로 38선 이남과 이북 간의 인적 왕래, 물적 교류, 그리고 통신을 모두 차단했습니다. 1945년 8월 24일과 25일에 경원선과 경의선을 차단해서 남북 간 철도를 끊었습니다. 38선 지역에 경비부대를 배치하여 남북 간 도로통행을 통제했지요. 9월 6일에는 38선 이남의 지역과의 전화, 전보 통신을 차단하고 우편물 교환을 금지시켰습니다.

그리고 1945년 9월 20일, 스탈린은 북한 주둔 소련군 총정치국장 이오시프 쉬킨(Iosif Shikin)에게 비밀 지령을 내렸습니다 : 한반도의 북반부에 소련의 정치, 경제, 군사적 이익을 영구히 구축할 민주 정권을 수립하라.

이 지령은 두 가지 사실을 분명히 보여줍니다. 첫째로 소련이 분단의 원흉임을 입증하는 역사적 자료입니다. 한반도 전체에 국가를 세우는 것이 아니라, 38선 이북의 북한에만 정권을 세우는 것이 소련의 계획이었습니다. 스탈린이 북한에 친소 정권을 세우라는 지령을 내린 때가 1945년 9월, 이승만이 미국에서 귀국한 때가 10월입니다. 이승만이 귀국도 하기 전에 스탈린은 남북한의 분단을 결정했습니다.

둘째로 북한에 세워지는 정권이 북한의 이익을 대변하는 정권이 아니라, 소련의 이익을 대변하는 정권이라고 규정했습니다. 이는 북한을 꼭두각시 정권의 위성 국가로 세우려는 스탈린의 의도가 분명히 드러나는 증거입니다.

1945년에 일찌감치 분단을 결정한 소련은 1946년 2월에 강력한 독재정권을 수립합니다. 군대를 만들고 법을 제정하는 국가의 기능을 그대로 하는 정부였습니다. 뿐만 아니라 지주들로부터 땅을 몰수하고, 개인 소유의 공장들을 국유화(國有化)했으며, 반대파들을 숙청하는 정치범 수용소를 만들기까지 했습니다.

국민들로부터 땅을 빼앗고 공장을 빼앗을 만큼 강력한 정권이었지만, 이름은 '북조선 임시인민위원회'였습니다. 공산주의자들의 수법이 늘 이렇지요. 겉으로는 '우리는 정부도 아니고 정권도 아니다. 그저 임시인민위원회일 뿐이다. 우리가 분단을 해서 정부를 세운 것이 아니다'라며 선전공세를 펼쳤지만, 사실은 국민들의 재산을 빼앗고 반대파들을 잔인하게 숙청할 만큼, 강력한 독재정권이었습니다.

지금 북한의 교과서에는 '북조선임시인민위원회'가 중앙집권 기관이요 우리민족 최초의 공산정권이라고 기술되어 있습니다. 이미 1945년에 스탈린이 분단을 결정하고 1946년에 분단정권까지 수립해 놓고는, 남과 북의 공산주의 세력을 총동원해서 대대적인 언론 플레이를 펼칩니다 : 남한에서 정권을 세우면 우리 민족이 분단이 된다. 남한에 정권을 수립하는 자는 분단의 원흉이다.

지금처럼 신문이나 방송을 이용하기 어려웠던 시절에, 북한의 선전선동에 남한의 지도자들이 몸을 사립니다. 해방 당시 북한의 경제력이 남한의 40배였습니다. 게다가 강력한 소련군이 온갖 지원을 쏟아 붓고 있었지요. 남과 북에 공산주의자들은 또 얼마나 많았습니까. 소련과 북한과 남한의 공산주의자들이 합세해서, 정치인 한 사람을 분단의 원흉으로 낙인찍고 매장시켜버리기란, 식은 죽 먹기였습니다.

이런 상황에서, 당시의 지도자들 중에서 그 누구도 건국을 위해 나서지 않았습니다. 실제로 북한에 공산 정권이 세워졌고, 가만히 있으면 남한도 공산화 된다는 걸 남한의 지도자들이 알았습니다. 하지만 대한민국을 세웠다가는 분단의 원흉이 되어버리는 판이니, 알면서도 가만히 있었지요.

그때 나선 용기 있는 지도자가 이승만입니다. 그는 "나를 만고의 역적이라고 부르라"며 대한민국 건국을 추진합니다. "지금 대한민국을 세우면, 공산주의자들이 언론 플레이를 해서 분단의 원흉이라고 하며, 모든 책임을 나에게 지울 거다. 그래도 좋다. 만고의 역적이라고 나를 욕해도 좋다. 역적으로 낙인이 찍히는 한이 있더라도, 사랑하는 우리 민족이 무신론 공산주의자들의 노예가 되는 꼴을 볼 수는 없다"고 하며 욕 먹을 각오를 하고 대한민국을 세웠습니다.

그래서 어떻게 됐나요? 지금까지 욕을 먹고 있습니다. 오늘날까지도 북한과 종북세력은 이승만을 분단의 원흉이라고, 철 지난 언론플레이를 계속하고, 또 거기에 많은 국민들이 속아 넘어갔습니다. 목숨 내놓고 나라를 세워서 자유를 지켜준 공로를 배신하는, 길고 유구한 배신의 역사를 이 나라 국민들이 지금도 이어갑니다.

하지만 살아서도 욕먹고 죽어서도 욕먹은 건국 대통령이 있었기에, 세계 5대 공업국가, 7대 무역국가 대한민국의 번영이 가능했습니다. 욕먹을 걸 이승만 대통령이 각오했기 때문에 저와 여러분이 김일성을 아버지라고 부르지 않고, 하나님을 아버지라고 부르면서 살고 있습니다.

박정희 대통령이 경부고속도로를 건설할 때, 고속도로를 뚫다가 나라가 망한다며 김대중, 김영삼 같은 소위 '민주투사'들이 길바닥에 누워서 데모했습니다. 대통령이 욕을 먹으면서 굴하지 않고 고속도로를 건설했습니다. 오늘날에는 경부고속도로가 '한강의 기적'을 낳은 기폭제요, 박정희의 말처럼 '민족의 대동맥'이 되었다고 평가받고 있습니다.

박정희 대통령은 국가라면, 적어도 국민들이 밥 세 끼는 먹도록 해줘야 된다고 생각했습니다. "국민이 밥 세 끼를 못 먹는 나라가, 나라라고 할 수 있느냐, 밥 굶는 나라라면 제일 먼저 국민들 밥부터 먹여야 된다. 국민들 밥을 먹이려면 정치적인 자유를 일부 제한하는 무리수를 두더라도 경제개발에 올인 해야 된다"는 것이 박정희의 생각이었지요.

박정희 대통령은 "내 무덤에 침을 뱉어라"는 말을 자주 했습니다. 이미 살아생전에 독재자라고 숱한 욕을 먹었습니다. 경제개발을 해서 국민들이 먹고 살게 되면, 언론도 발달하고 문화도 발달해서 훗날 잘 먹고 잘 살게 된 국민들이 자신을 독재자라고 욕할 거라고 점도 예상했습니다.

"내가 독재자로 욕먹어 가면서 경제 제일주의를 밀어붙였다. 국민들이 잘 먹고 잘 살게 된다면, 날 독재자라고 얼마든지 욕을 해도 좋다"는 것이 박 대통령의 국민을 향한 마음이었습니다. 5천 년을 이어 내려온 우리 민족의 가난, 그 배고픈 한, 돈이 없어서 학교 못 가는 한, 부모자식이 아파서 죽어가도 병원 한 번 가보지 못하는 한, 민족의 한을 풀기 위해서는, 독재자라는 욕을 먹어도 좋고, 죽은 다음에 내 무덤에 침을 뱉어도 좋다고 각오했던 위대한 리더가 있었기에, 세계가 찬탄하는 한강의 기적이 가능했습니다.

건국(建國)을 이룬 이승만과 마찬가지로, 부국(富國)을 이룬 박정희 역시 오늘날에도 비판받습니다. 박정희가 이룬 경제개발의 결과로, 더 이상 배고프지 않게 된 국민들은, 야식을 즐기면서 박정희를 비판합니다. 나라를 위하는 자, 욕을 먹고 비참해지리라, 이 나라를 떠나지 않는 배신의 전통입니다.

리더십의 맥락에서 굉장히 중요한 성경구절을 소개하고자 합니다. 실제로 여러분이 구체적인 현장에서 리더가 되면, 이 말씀이 얼마나 도움이 되는지 모릅니다.

너희 중 누구에게 밭을 갈거나 양을 치거나 하는 종이 있어 밭에서

돌아오면 그더러 곧 와 앉아서 먹으라 말할 자가 있느냐

도리어 그더러 내 먹을 것을 준비하고 띠를 띠고 내가 먹고 마시는 동안에 수종들고 너는 그 후에 먹고 마시라 하지 않겠느냐

명한 대로 하였다고 종에게 감사하겠느냐

이와 같이 너희도 명령 받은 것을 다 행한 후에 이르기를 우리는 무익한 종이라 우리가 하여야 할 일을 한 것뿐이라 할지니라(누가복음 17장 7-10절)

조선시대 500여 년 간 양반이 지배했으니, 한국인들은 리더라고 하면 양반형 리더십을 떠올립니다. 한국의 육아방식이 너무 자녀들을 떠받들어서 왕자병, 공주병에 걸리기 쉽습니다. 크리스천 리더라는 사람들도 기본적으로 본인이 양반, 왕자, 공주라고 생각합니다.

내가 뭔가를 열심히 해서 업적을 이루었습니다. 그러면 내가 양반이니, 아랫것들이 와서 고생 많으셨다고 인사하고 박수 쳐야합니다. 내가 왕자와 공주이니, 내 머리에 면류관을 씌어줘야 합니다. 그런데 예수님은 그런 기대를 하지 말라고 말씀하십니다. 왜냐하면 우리는 양반도 아니고, 왕자도 아니고, 공주도 아니고, 종이기 때문입니다.

사도 바울은 늘 자신을 가리켜서 "예수 그리스도의 종"이라고 했습니다. 로마제국의 종, 노예에는 등급이 있었습니다. 높은 노예는 의사, 변호사, 연구자, 재산관리인 같은 전문 직종이었습니다. 누가복음을 기록한 누가는 의사인 동시에 역사가, 문필가였는데, 아마도 고급 노예였을 것으로 추정됩니다.

노예 가운데 제일 밑바닥 노예가 '둘로스'입니다. 주인의 발을 씻

기는 노예, 노예 중에서 제일 하급입니다. 사도 바울이 "예수 그리스도의 종"이라고 말했을 때, 종이라는 단어가 둘로스입니다. 가장 낮은 노예라는 고백이지요.

누가복음에서 예수님은, 하나님의 일을 열심히 하고 나서 '내가 이렇게 잘 했으니, 사람들이 나한테 박수 쳐 주고, 내가 이제 높아지고 유명해지고 돈 많이 벌고 성공하겠구나'라고 생각하지 말라고 말씀하십니다. 밭을 갈거나 양을 치는 종이 있어서, 일하다가 돌아오면, 주인이 "종님, 고생 많으셨습니다. 여기 앉으셔서 쉬세요"하며 요리를 대접할까요? 밖에서 일하던 종이 들어오면 주인은 "내 먹을 것을 예비하고 수종 들라"고 말합니다.

주인이 명령한 대로 했다고, 주인이 종에게 사례비를 주겠습니까. 그러니 하나님의 일을 감당한 다음에는 칭찬을 바라고 박수를 바라고 대가를 바라지 말고, 그저 "무익한 종이 할 일을 했을 뿐입니다" 하라는 말씀입니다.

이 말씀을 보면 예수님이 너무 하신 것 같습니다. 하나님을 위해서 고생하고 애를 썼는데, 무익한 종으로서 해야 될 일을 했을 뿐이라고 하시면, 너무 야박하지 않나요? 하지만 실제로 리더가 되어서 순종해 보면, 이 말씀이 나를 보호해 주는 고마운 말씀이라는 사실을 알게 됩니다.

'내가 이 정도 했는데' 라고 생각하면 교만해집니다. '내가 이만큼 헌신했는데 사람들이 나를 몰라주나'하면 섭섭함이 밀려옵니다. 그런 일이 한 건, 두 건, 세 건 쌓이고 1년, 2년, 3년 쌓이다 보면, 교만병에도 걸리고 섭섭한 병에도 걸려서 불평불만인 인생이 됩니다. 나중에는 일하는 것보다 생색내고 남이 알아주지 않는다고 삐지기를 더 많이 하게 되지요. 그런 사람이 가정에 있으면 가정의 문제가 되고, 교회에 있으면 교회의 골칫덩어리가 되어 버립니다.

여러분 옆에 리더가 있다고 생각해 보세요. 누가 봐도 하나님의 일을 열심히 한 다음에 자기를 감추어버린다고 가정해 봅시다. '난 무익한 종입니다. 그저 하나님이 시키신 일 했을 뿐입니다. 자랑할 것도 인정받을 것도 내세울 것도 없습니다'하면서, 오른손이 한 걸 왼손이 모르게 넘어가면, 그런 사람을 존경하게 되지 않을까요? 그런 리더가 있다면 닮고 싶고 따라가고 싶어집니다.

예수님의 말씀대로 그저 '무익한 종'으로 살면, 살아나고 축복 받고 영향력을 끼치는 좋은 리더가 될 수 있습니다. 동시에 본인이 썩지 않습니다. 교만할 일도 섭섭할 일도 없게 됩니다. 그래서 할 일을 다 하고 무익한 종이라고 고백하라는 말씀이 야박한 것 같아도 나를 살려 주는 말씀이고, 나를 부패하지 않게 하는 말씀이며 얼마나 귀중하고 현실적이고 고마운 말씀인지 모릅니다.

오늘의 강의를 정리하면서, 세 가지 적용점을 나누고 싶습니다. 첫째로 배신의 전통을 끊어야 합니다. 나를 만고의 역적이라고 부르라고 했던 이승만을 정말로 역적이라고 부르고, 내 무덤에 침을 뱉으라고 했던 박정희에게 정말로 침을 뱉는 짓은 그만 두어야 합니다. 좌경화된 교육, 종북세력의 집요한 왜곡에 의해서 가려진 역사의 진실을 밝히고 국민들에게 열심히 알려야 합니다. 고마운 분들에게 고마움을 표할 줄 아는 것이 바른 역사관입니다.

우리의 일상에서도, 공짜를 좋아하고 무임승차하며, 남의 공로를 가로채는 버릇을 버려야 합니다. 누군가에 의해서 도움을 받았다면, 꼭 감사를 표하는 습관을 들여야 합니다. 배신의 문화를 뒤집어서 감사의 문화로 만들어가는 것이야말로 민족사의 개혁입니다.

둘째로 욕먹을 각오하는 리더가 되시기 바랍니다. 이 나라가 어떻게 지켜진 나라입니까. 배신의 역사를 말씀드렸지만, 그게 꼭 부끄러운 점만 있는 것은 아닙니다. 뒤집어보면 그 배신의 역사가 얼마나 숭고하고 비극적인지요.

정강이가 부서지도록 고문당하다가 비참하게 죽은 김덕령 장군이 지킨 나라입니다. 무릎이 부서지는 압슬형을 6번이나 당하다가 죽은 정문부 장군의 충정이 살아 있는 나라입니다. 고문당하고 백의종군으로 하면서 끝까지 싸우다가 돌아가신 충무공 이순신 장군의 후예가 바로 한민족이고 대한민국입니다.

'나를 만고의 역적이라고 부르라'며 분단의 원흉이라고 지목될 걸 알면서 그 길을 뚜벅뚜벅 걸어갔던 건국 대통령 이승만이 세운 대한민국입니다. '내 무덤에 침을 뱉으라'며 욕먹고 침 뱉음을 당해도 좋으니, 대를 이어온 가난을 극복하고, 못 먹고 못 배우고 못 살아서 무시당하고 멸시 당하고 차별 당했던 한을 풀고야 말겠다던 근대화 혁명의 기수 박정희 대통령이 중흥시킨 나라입니다.

정문부, 김덕령, 이순신, 이승만, 박정희의 나라 대한민국에 저와 여러분이 살고 있습니다. 아무런 대가 없이, 오히려 참혹한 대가를 치르며 나라를 지킨 선조들을 기억하면서 욕먹을 것을 각오하고, 배신당할 것을 각오하고 하나님을 사랑하고 대한민국을 사랑하시는 여러분 되시기를 바랍니다.

셋째로, 현실적으로 난세(亂世)에 어떻게 해서든 생존해야 합니다. 지금은 옛날처럼 고문하고 죽이는 시대는 아니지만, 북한의 김씨 일가를 추종하는 자들이 사회 곳곳에 포진한 세상에서, 애국자의 길을 걷는다는 일이, 결코 쉽지 않습니다. 이 쉽지 않은 세상에서 할 수 있으면 최대한 생존하시기 바랍니다. 우리가 사는 길은 역설적으로 우리가 죽는 길입니다.

이에 예수께서 제자들에게 이르시되 누구든지 나를 따라오려거든 자기를 부인하고 자기 십자가를 지고 나를 따를 것이니라(마태복음 16장 24절)

예수님을 따라가는 길은 자기를 세우는 길이 아니고 자기를 부인하는 길입니다. 자기 면류관, 자기 월계관, 자기 왕관을 쓰는 길이 아니고 자기 십자가를 지는 길입니다. 하나님 나라를 위해서 희생하는 것이고 헌신하는 것입니다. 고생했는데 아무도 알아주지 않는 길입니다. 그것이 예수님을 따라가는 자의 본분입니다.

크리스천 리더의 길도 마찬가지입니다. 배신의 문화, 배신의 풍토 속에서 애국자는 손가락질 당하고 욕먹는 것이 한국의 현실입니다. 이 현실 속에서 누가 알아주든 알아주지 않든, 묵묵히 자기를 부인하고 자기 십자가를 지고 걸어가야 합니다.

쉽게 포기하면 안 되고 쉽게 낙심해서도 안 됩니다. 난세의 과제는 생존입니다. 어떻게 해서든 살아남아서 하나님의 뜻을 행해야 합니다. 십자가를 지신 예수님이 다시 부활하셨던 것처럼, 고난 받기를 각오하고 주의 길을 따라가면서, 살려주시는 은혜가 임하기를 날마다 기도해야 합니다.

하나님의 뜻을 이 땅에서 이루는 신앙의 길, 대한민국을 지키기 위해서 욕먹고 고생하면서 싸우는 애국의 길을 끝까지 걸어가는 크리스천 리더들이 되시기를 우리 주님의 이름으로 축원합니다.

▲이승만의 비서였던 로버트 올리버 (Robert T. Oliver, 1909-2000)

올리버는 미국의 대학교수였고 연설학회 회장을 지냈을 정도의 엘리트였다. 그런데 1942년 워싱턴에서 만난 이승만에게 매료되어, 혼란과 전란에 휩싸인 한국의 건국사에 뛰어들게 된다. 그는 미군정 책임자였던 하지 중장에게 "배신자 올리버를 총살해야 한다"는 말을 들을만큼, 미국인이면서도 한국의 편에 서서 우리의 건국투쟁을 지원했다.

희망을 발굴하는 리더십

이승만은 우리 역사상 가장 암울한 시대를 살았습니다. 망국(亡國)과 식민지, 분단과 전쟁이 이어진 고난의 세월이었습니다. 그러나 그의 거대한 생애는 끊임없이 긍정을 말하고 희망을 추적해 가는 여정이었습니다. 언제나 희망을 잃어버리지 않았고, 결국엔 희망의 터전으로 대한민국을 건국했습니다. 우리의 건국 대통령이 희망을 찾아내는 리더십을 발휘한 열 가지 사례를 나누겠습니다.

(1) 1899-1904년, "한성감옥은 복당이다."

이승만을 면회 왔던 서양 선교사는 한성감옥을 '생지옥'이라고 기록했습니다. 죄수 1인당 차지하는 면적이 0.23평, 가로 85cm 세로

85cm입니다. 머리부터 발끝까지 파리·모기·바퀴벌레·진드기·벼룩 심지어 가끔씩 쥐가 와서 물어뜯습니다. 낮에는 벌레에게 뜯기다가 밤에는 고문실로 끌려 가서 살가죽이 터지고 뼈가 으스러져 만신창이가 되는 고문을 당합니다.

그런데 그 지옥 같은 한성감옥에서, 이승만이 예수님을 믿게 됩니다. 우리 민족을 살리는 40여 명의 위대한 지도자들을 전도합니다. 조선에서 가장 훌륭한 도서관을 감옥에 세우기도 합니다. 불우하게 자라서 도둑질하고 소매치기하던 청소년을 교육시킵니다. 감옥에서 학교를 세우고 도서관도 만들고 독립운동과 건국을 이끌어갈 위대한 지도자들을 기독교로 개종시키는 엄청난 역사를 일으킵니다. 이승만 스스로 한성감옥에 대해서 말합니다.

> 한성감옥은 복당(福堂)이었다. 나는 6년 동안의 감옥살이에서 얻은 축복에 대해서 영원히 감사할 것이다.

복당은 '축복의 집'이라는 뜻입니다. 고통스러웠던 감옥 시절에, 예수님을 만났고 기독교로 대한민국을 건국하는 꿈을 품었고, 그 꿈을 함께 이루어 갈 동지들을 만났습니다. 그래서 이승만은, 사람의 눈으로 볼 때 아무리 비참한 곳이어도, 하나님이 꿈을 주시고 한민족의 희망을 주신 한성감옥을 복당이라고 재해석합니다.

우리의 찬송가에 이런 구절이 있습니다. '초막이나 궁궐이나 내 주 예수 모신 곳은 그 어디나 하늘나라', 세상 사람들의 눈에는 초막이냐 궁궐이냐가 중요합니다. 돈 없는 초막이냐 돈 있는 궁궐이냐, 어디에 사느냐에 목숨을 겁니다. 학군 좋고 집값 높은 곳에 살기 위해서, 하나 밖에 없는 인생을 쏟아붓기도 합니다.

그러나 예수님을 믿는 하나님의 자녀들, 영혼의 가치를 알고 있는 그리스도인의 생각은 다릅니다. 초막이든 궁궐이든, 내 주 예수님을 모신 곳, 주님이 함께 계시는 곳, 희망의 근원이신 그분이 나와 함께 하시는 곳, 그곳이 어디이든지 하늘나라입니다. 이승만에게 한성감옥은 하나님을 만난 축복의 집이었습니다.

어떠한 처지에 있든, 무슨 일을 겪든, 하나님과 동행하시는 여러분이 거하시는 모든 곳이 복당이 되기를 기원합니다.

(2) 1908년, "만 가지를 잃어도 한 가지가 있으면 된다."

1908년 3월 4일, 미국에 있는 교포들을 대상으로 발행한 신문 〈공립신보〉에, 이승만의 "재미한인전도"(在美韓人前途)가 실립니다. 전도(前途)는 '앞으로 나아가야 할 길'이라는 뜻입니다. 1908년은 을사늑약을 맺어 실제적으로 나라가 망한 지 3년이 지난 시점입니다. 비통하기 이를 데 없는 시절에, 만 33세의 유학생 이승만이 쓴 글입니다.

> 오천년 이래로 우리 조상이 피도 흘리고 재물도 허비하여 가며 영광스럽게 보전하여 온 우리 대한을 일조에 탕패도지 (蕩敗塗地, 흩어버리고 깨뜨려서 다시 일어날 수 없게 됨)하여 나머지가 없이 만들어 놓았으니 그 불행하고 통분함은 이루 형용할 수 없거니와

선조들이 5천 년 동안 이 나라를 지키느라고 얼마나 많은 피를 흘

렸습니까. 삼천리 금수강산의 단 한 평도, 단 한 치도 우리 민족의 피가 배어있지 않은 땅이 없습니다. 숱한 외침(外侵)을 막으면서, 피를 섞고 살을 담아서 지켜낸 우리의 대지(大地)이고 조국입니다. 있는 재산 없는 재산, 나라 지키느라고 바친 애국자들이 많았습니다. 뼈를 부수고 몸을 갈아 넣어서 지켜온 나라가, 한 순간에 깨지고 부서져서 남아나는 게 없는 지경이 되었습니다. 다 망해서 일본의 식민지가 되었습니다. 얼마나 억울하고 원통합니까.

> 그중에 한 가지 다행한 바는 부지 중 우리의 얻는 것이 잃은 것보다 적지 아니함이라.
> 대저 만 가지를 잃고 한 가지를 얻은 것이 도리어 다행하다 함은 저 만 가지의 잃고 얻는 것이 이 한 가지 있고 없는데 관계한 까닭이라. 이것 한 가지만 있으면 저 만 가지가 없어도 차차 생길 것이오, 이것 한 가지가 없으면 저 만 가지가 있어도 다 완전한 내 것이 아니니 이 한 가지가 어찌 중하고 보배롭지 않으리오.

아무리 억울하고 아무리 원통해도, 리더는 긍정을 찾아낼 수 있어야 합니다. 모두가 좌절하고 한숨 쉴 때, 다른 사람의 한숨에 자기의 한숨을 보태는 사람은 하나님 나라의 리더가 되기에 부적합합니다. 모두가 한숨을 내쉬더라도, 희망을 말할 수 있는 희망의 증인이 그 시대의 리더입니다.

흩어지고 깨뜨려서 다시 일어설 수 없게 된 상황에서, 이승만은 희망을 말했습니다. 잃어버린 것이 만 가지이고 얻은 것이 한 가지라고 합니다. 손익을 결산하면 1만 개를 잃고 1개를 얻었으니, 9999가지 손해입니다. 얻은 것보다 잃은 것이 만 배나 되는 손실인데, 얻어낸 한 가지에 잃어버린 만 가지를 좌우할 수 있는 힘이 있다고 주장합니다.

> 대저 이 마음은 불과 같아 흔들어 요동시킨 후에야 일어나는 법이라. 오늘날 우리가 얻은 바 한 가지는 무엇인고 하니, 곧 우리 대한 사람의 충군애국하는 마음이라.

만 가지를 잃은 상황에서 조선이 얻은 한 가지가 무엇일까요? 바로 마음입니다. 불과 같아서 흔들어 요동시켜야 일어나는 마음, 곧 애국심입니다. 나라가 있을 때는 애국심이 없었습니다. 나 하나 먹고 살기에 바빠도 나라가 잘 돌아가니, 애국심이 없어도 괜찮았습니다. 조선이 있을 땐 애국심이 없었는데, 일본에게 나라를 빼앗기니, 조선인들의 마음속에 애국심이 불길처럼 솟아났습니다.

이승만은 망국민(亡國民)으로 전락한 동포들에게 외칩니다. "나라가 망해서 1만 가지를 잃어버렸지만, 백성들이 정신 차려서 자신의 안위(安慰)보다 나라를 생각하는 애국심이 생겼기 때문에, 빼앗겼던 나라를 되찾을 수 있다. 되찾은 다음에는 우리 역사상 유례가 없었던 발전하는 나라를, 기독교 정신으로 세울 수 있다. 그러니 괜찮다."

얼마나 긍정적인 정신인가요. 멸망의 비극에 굴하지 않고 무한 긍정의 정신으로 싸우는 불굴의 영도자가 있었기에, 대한민국을 건국할 수 있었습니다.

크리스천 리더는 어려운 상황에서 세상 사람들과 같이 한숨만 쉬고 탄식만 하지 않습니다. 칠흑같이 어두운 역사의 밤에도, 언젠가는 밝아오는 새벽을 말할 수 있는 사람, 희망을 발견하고 희망을 증언할 수 있는 사람입니다.

> 대저 이 마음은 불과 같아 흔들어 요동시킨 후에야 일어나는 법이라.

애국심이란 마음은 특이합니다. 엄마의 뱃속에서부터 '대한민국 만세'를 외친 태아가 있을까요? 애국심은 태어날 때부터 가지고 태어나는 것이 아닙니다. 애국심은 가르쳐야 생겨나는 마음입니다.

우리 현대사의 비극이 이 점에 있습니다. 잘못된 역사교육으로 조국에 대한 자부심을 느끼지 못하게 합니다. 이 나라가 태어나선 안되었던 나라, 친일파가 세운 나라, 기득권이 착취한 나라라고 날조하고 매도합니다. 국민에게 애국심을 가르치는 가장 기본적이고 본질적인 역할조차도 못 합니다.

정부가 하지 못하는 일이라면, 국민들이라도 해야 합니다. 나라를 사랑하는 그리스도인들이 해야 합니다. 저와 여러분이 앞장서서 해야 합니다. 이 나라의 백성들에게, 이 역사의 주인으로 자라날 다음 세대에게 애국심을 가르쳐야 합니다. 애국심은 불과 같아서 흔들어서 요동해야 타오릅니다. 민초(民草)에 애국의 불이 붙어 거대한 화염으로 타오를 때, 한반도의 새로운 역사가 펼쳐집니다.

(3) 1908년, "일본이 강한 것이 우리의 복이다."

1908년 즈음은 이승만이 이미 제국주의 일본의 진로에 대해서 확신할 때입니다 : '일본이 만주를 정복하고 중국을 침략하고 미국과 한판 승부를 벌인다.' 1930-40년대에 일어난 만주사변 - 중일전쟁 - 태평양전쟁을 이승만은 1908년 즈음에 이미 예견했습니다. 자신의 예견을 얼마나 확신했던지, 직접 글로 남기기도 합니다.

1908년 당시의 일본은 떠오르는 태양처럼 기세가 대단했습니다. 동양에서 제일 강한 나라, 수 천 년 동안 세계의 중심이라 불렸던 중국을 꺾었습니다. 세계에서 제일 큰 나라, 나폴레옹을 무찌른 유럽 최강국 러시아와 싸워서 이겼습니다. 청일전쟁과 러일전쟁을 통해 중국과 러시아를 무너뜨리고 눈부시게 발전하던 시절입니다. 이 무렵에 미국의 대통령과 지도자들이 일본의 발전상에 깊이 매료되기도 했습니다.

식민지 조선의 입장에서 보면, 지배국의 위상과 국력이 강력해지니, 독립의 희망이 오히려 절망으로 바뀌어갈 때입니다. 그러나 이승만은 혼자서 엉뚱한 얘기를 합니다. 1908년 9월 2일 자 〈공립신보〉에 실린, "일본이 개탄하는 일이 곧 우리의 행복 될 일이라"입니다.

조선의 복이 일본 약한데 있지 아니하고 일본 강한데 있는지라.

일본의 국력신장이 조선에게 화가 아니라 복이라는 주장입니다. 왜 이런 글을 썼을까요? 이승만은 국제정세를 꿰뚫고 있었습니다.

일본은 영국과 동맹을 맺었고, 가쓰라 - 태프트 밀약으로 미국의 지원을 받았습니다. 일본이 러시아를 무찌르고 강국으로 부상할 수 있었던 배경에는 영국과 미국의 지원이 있었습니다.

만약에 이 무렵에, 일본이 청나라와 러시아를 무너뜨리고 나서 한계를 깨닫고 팽창을 멈추었다면, 조선은 오히려 곤란해졌을 것입니다. 한계를 느낀 일본이 자세를 낮추고 현상유지를 위한 외교를 하겠지요. 세계 1등인 영국과 미국의 옆에 꼭 붙어서 우호적인 관계를 구축했을 가능성이 큽니다. 만약 그랬다면, 영일동맹과 미일밀약을 유지하여, 조선을 계속해서 식민지로 유지했을 지도 모릅니다. 영국과 미국의 묵인 하에, 조선의 식민 통치에 대해서 국제사회가 암묵적으로 동의했을 수도 있습니다.

그런데 역사는 일본이 강해지는 쪽으로 흘렀습니다. 강해진 일본이 자신감을 가지고 영국과 대립하고 미국과도 맞서게 됩니다. 결국 군국주의 일본은 귀축영미(鬼畜英米, 귀신과 가축 같은 영국과 미국)를 저주하며 태평양 전쟁을 일으키지요.

이승만은 역사의 흐름을 예측했습니다. 일본은 점점 강해져서 영국, 미국과 전쟁을 하게 될 것으로 보았습니다. 전쟁이 일어나면, 영국과 미국이 이기게 된다고 예상했습니다. 그렇게 일본이 패망하게 되면 조선이 독립할 수 있다고, 1908년에 이미 예견하고 있었습니다.

이후의 역사는 이승만이 예상한 대로 흘러갔습니다. 일본은 점점 강해졌고, 영국과 미국을 대상으로 태평양 전쟁을 일으켰으며, 전쟁에서 패배하면서 식민지 조선이 독립되었습니다. 1940년대에 일어난 일을, 이승만은 1908년에 이미 확신하면서 글까지 썼습니다. 일본이 강해진다고 너무 걱정하지 말라고, 결국에는 우리에게 축복이 된다고, 실망에 잠긴 동포들에게 독립의 희망을 외쳤습니다. 무작정 희망이 아니고, 지식과 확신에 근거한 희망이었습니다.

> 일본이 외로이 서는 날은 조선에 친구가 많이 생길 것이요.

그 당시에는 일본에게 친구가 많았습니다. 패권국의 지위를 양분하고 있던 영국과 미국을 위시해서, 열강이 일본의 기세에 찬탄했습니다. 반대로 식민지로 전락한 조선에게는 친구가 없었습니다. 그러나 일본이 영일동맹, 미일밀약을 깨뜨리고 전쟁을 일으키게 되면, 상황이 역전됩니다. 일본은 '외로이 서는 날'이 되고, 조선에게는 친구가 많아집니다. 강대국들이 일본과 싸우면서, 일본의 식민지였던 조선을 도와주게 됩니다. 실제로 일본과 싸웠던 미국이 원자폭탄까지 사용하며 일제를 패망시키고, 한국의 독립을 지원했습니다.

이승만의 글에는 두 가지 비범한 자질이 드러납니다. 첫째는 국제정세를 분석하는 탁월한 통찰력입니다. 40여 년 후에 일어날 일을 정확하게 예측했습니다. 둘째는 알아듣기 쉽게 설명하는 표현력입니다. 복잡하게 얽혀서 진행되는 국제정세를 식민지 조선의 백성들이 이해할 수 있는 용어로 최대한 쉽게 풀이했습니다. 무릇, 리더로 쓰임받기를 꿈꾸는 이가, 기억해야 할 자질입니다.

(4) 1910년 10월, "세 가지 시원한 것 : 무군(無君), 무반(無兩), 무발(無髮)"

한일합방으로 조선이 멸망하고 한 달쯤 지난 뒤, 나라 전체가 슬픔에 잠겨 있었습니다. 그 때 이승만이 동양인 최초로 프린스턴 대학교에서 국제법 박사학위를 취득하고 조선으로 귀국합니다. 그의 강연을 들으려고 570여 명이 모입니다. 그 시절로서는 어마어마한 인파입니다.

강연장을 가득 채운 망국민(亡國民)들의 얼굴에는 슬픔이 가득했습니다. 그런데 그날의 강사 이승만은 슬픈 얼굴들을 향해서 오히려 "속이 시원하다"고 말했습니다. 나라가 망했지만, 그래도 세 가지 기쁜 일이 있다는 연설입니다.

첫째가 무군(無君), 임금이 없어졌습니다. 임금은 민주주의 국가를 세우는데 가장 큰 걸림돌입니다. 국가를 사유(私有)하고 제멋대로 권력을 휘두르는 왕을 어떻게 해서든 처치해야 하는데, 왕조가 멸망하면서 왕도 사라졌으니, 속이 시원하다는 논리입니다.

둘째가 무반(無兩), 양반이 없어졌습니다. 조선은 양반이라고 행세하고 상놈이라고 천시하는 나라였습니다. 가혹하고도 끈질긴 신분제를 개혁하지 못했는데, 나라가 망해버렸으니, 이제 나라의 근간을 이루던 신분제를 폐지할 수 있는 기회가 주어졌습니다.

셋째가 무발(無髮), 상투가 없어졌습니다. 김홍집 내각이 을미개혁을 추진하며 단발령을 내렸을 때, "목은 자를 수 있어도, 머리털은 자를 수 없다"면서 전국적으로 반발했습니다. 상투 하나 자르는 것 때문에 자살하는 사람이 속출하고 곳곳에서 폭동이 일어났습니다.

상투는 전근대적인 관습, 조선을 지배해온 유교 문화, 중국의 속국이라는 의식, 서양을 배척하는 폐쇄주의와 쇄국을 상징합니다. 실생활에서도 비위생적이고 불편합니다. 상투를 자르고, 의복도 개량하며, 노동을 천시하는 유교를 극복해서 열심히 일해야 생산력이 높아지고 나라가 부강해집니다. 하지만 단발의 개혁이 실패하다가 나라가 망하면서, 망한 나라의 관습이었던 상투도 없애버릴 기회가 생겼습니다.

리더의 언어는 너무나 중요합니다. 사자후(獅子吼)를 토하는 연설로 청중의 분위기를 역전시키고 국면을 전환시키며, 마침내 전세를 역전시킨 사례는 너무나 많습니다. "임금이 없어지고, 양반 - 상놈의 신분차별이 없어지고, 상투가 없어지니까 시원하다.", 이승만은 나라 잃은 백성들 앞에서 희망을 외쳤습니다.

그러면 정말로 시원했을까요? 지긋지긋한 구습(舊習)을 철폐하게 되었다는 사실은 시원했을지 몰라도, 그 대가로 나라를 잃었다면 결코 시원할 수 없습니다. 그 증거가 이승만의 졸업식 사진과 일기장입니다. 각고(刻苦)의 노력 끝에 최강대국의 최고 명문에서 황인종으로서는 최초로 국제법 박사를 받는 날, 조선이 멸망했습니다. 그날의 사진을 보면 이승만의 얼굴과 눈빛에 슬픔이 서려 있습니다. 세상에서 제일 슬픈 박사학위 취득자의 모습이라고 해도 과언이 아닐 겁니다.

이승만은 일기장에 망국(亡國)의 비통함을 토로했습니다 : 내가 공부한 목적은 잃어버린 나라를 되찾으려는 것이었는데, 내 나라가 없어졌다. 나의 나라는 더 이상 나의 나라가 아니었다.

겉으로는 웃었지만, 속으로는 통곡했습니다. 혼자서 피눈물을 삼켰습니다. 그러나 리더가 슬프다고 사람들 앞에서 울고 있을 수는 없습니다. 리더가 울면 스텝도 따라서 울고 팔로워도 울어서, 온통 울음바다가 됩니다. 리더는 오히려 울음바다를 헤쳐 나갈 수 있어야 합니다. 그래서 이승만은 홀로 피눈물을 삼키면서도, 대중들에게는 "괜찮다! 속이 시원하다! 개혁의 장애물이 사라졌으니 우리만 잘하면 된다! 할 수 있으니 도전하자!"하고 도전정신을 외쳤습니다.

사랑하는 여러분, 이런 사람이 지도자입니다. 가슴에 맺힌 한(恨)과 목구멍까지 차오르는 통곡을 꿀꺽 삼키고, 만백성 앞에 당당하게 나와서 자신만만하게 희망을 말하고 꿈을 말하며 민족이 나아갈 길을 외쳤습니다. 처절한 슬픔의 심연에서 길어 올린 희망의 언어였기에, 깊이가 있고 울림이 있습니다. 그 울림이 나라 잃은 백성들에게 메아리치며 새로운 시대를 열어갔습니다.

이승만의 희망에는 페이소스가 묻어있습니다. 무릇 리더란, 먼저 슬퍼하는 사람입니다. 시대를 향한 아픔, 역사에 대한 슬픔, 동료 인간들에 대한 연민을 가슴 깊이 파묻고 또 파묻었다가, 적절한 시간과 공간을 만났을 때, 활화산 같은 언어로 터뜨리는 인물입니다. 슬픔의 깊이를 폭발하는 희망으로 전환할 수 있어야, 시대의 전환을 이끌어가는 리더가 됩니다. 어두운 시대에 희망의 빛을 비추는 크리스천 리더로 사시기를 주님의 이름으로 축원합니다.

(5) 1919년, "한국인의 도덕성은 일본인보다 명백하게 우월하다."

일본은 조선을 차지하기 위해서 치밀한 외교전을 전개했습니다. 대표적인 사례가 '하버드대학교 인맥'입니다. 당시 하버드 출신들이 미국 정계를 주름잡던 상황을 활용하기 위하여, 일본은 엘리트들을 하버드에 유학을 보내서 친일 인맥을 형성합니다. 일본인 엘리트들은 하버드 동창생들을 설득하여, 친일 정책과 친일 여론을 유도합니다.

일본의 논리는 다음과 같았습니다 : 미국이 일본에게 우수한 기독교 문명을 전달해 주었다. 마찬가지로 일본이 미개하고 야만적인 조선에게 우수한 미국의 기독교 문명을 전달하려고 한다. 그러니 일본이 조선을 차지할 수 있도록 미국이 지원해 달라.

공식적인 외교와 개인적인 친분외교의 쌍방향으로 미국의 여론주도층을 치밀하게 설득했습니다. 결국 하버드 대학교의 친일인맥이 한일합방을 정당화하는데 앞장을 섭니다. 일본의 외교는 굉장히 성공적이었습니다. 미국의 정치계, 언론계, 심지어 기독교계까지도 일본의 발전상에 감탄합니다.

대표적인 인물이 시어도어 루즈벨트 대통령입니다. 유능하고 위대하다고 평가받으며 높은 인기를 누렸던 대통령도, 아시아의 섬나라 일본이 대국 청나라와 제국 러시아를 물리치고 눈부시게 발전하는 장면에, 갈채를 보냈습니다. 그는 유능한 일본이 무능한 조선을 전리품으로 차지하는 것이 당연하다고 평가했습니다.

친일여론은 미국의 기독교계에도 영향을 끼칩니다. 미국의 정치·언론·경제 각 분야는 일본 편이었지만, 미국의 교회는 한국선교에 집중하고 있었습니다. 미국의 기독교인들은 장차 한국이 기독교화되어 동양선교의 선두주자가 되리라는 희망을 품었습니다. 이에 대해서 미국의 지식인들, 교계 지도자들이 한국에 치중한 미국 선교를 비판하는 목소리가 실제로 있었습니다. '동양을 선교하기 위해선 우수한 일본을 중심으로 선교를 전개해야 한다'는 논리였습니다.

이런 와중에서 3·1운동이 일어났고, 미국이 칭송하던 소위 '문명국' 일본은 평화적인 시위를 야만적으로 진압했습니다. 일본 제국주의자들은 잔인하게 조선인들을 박해해서 수많은 사람들이 죽고 다치는 유혈사태가 일어났습니다. 우리 민족의 열망이 처참하게 일본에게 짓밟히고 있을 때, 그런 일본을 미국인들이 칭송하고 있을 때, 이승만이 펜을 들어 〈뉴욕타임즈〉에 기고합니다.

> "한국인들의 도덕성은 다른 어느 동양 국가들보다 뛰어나며 한국을 통치하는 일본인들보다도 명백히 우월하다."
> - 1919. 5. 18 〈뉴욕타임즈〉, "Korea Against Japan"

이승만의 목소리는 뜨거웠고 신랄했습니다 : "3·1운동을 보십시오. 누가 야만인입니까? 미국의 대통령까지 나서서 조선은 야만적이고 일본이 우수하고 개화되었다고 하지만, 야만적이라는 조선은 평화적으로 시위합니다. 세계를 향해 양심적으로 호소합니다. 미국에게 받은 기독교 문명을 조선에 전달한다던 일본은, 교회당을 불태우고 신자들을 죽였습니다. 그리스도인들을 잔인하게 죽이는 일본이 어떻게 기독교 선거의 근거지가 되겠습니까? 어느 나라가 야만적입니까? 한국입니까, 아니면 일본입니까?"

이승만은 인류의 양심에 호소하며 평화적으로 시위하는 한국인들의 도덕성이, 잔인한 학살을 일삼는 일본인들보다 명백하게 우월하다는 사실을 지적했습니다. 그리고 친일에 앞장선 미국인들의 오류를 정확하게 비판했습니다. 독립만세를 부르짖었던 3.1운동은 일제의 탄압으로 좌절되었지만, 이승만은 미국인들을 친일(親日)에서 친한(親韓)으로 설득하는 계기로 3.1운동을 활용했습니다.

이승만의 노력은 실제적인 성과를 거두었습니다. 이승만의 유태인 친구였던 조지 베네딕트(George Benedict)를 통해서 3.1운동의 실상을 알게 된 미국 상원은 일본의 잔학행위를 금지하도록 권고하는 결의안을 만장일치로 채택했습니다. 그 결과로 독립운동가들에 대한 가혹한 고문이 다소 완화되기도 했습니다.

랍비이자 언론인이었던 조지 베네딕트의 회고에 의하면, 필라델피아의 문구사에서 이승만을 우연히 만났을 때, 그는 3.1 운동에서 학살당한 조선인들의 사진을 보면서 눈물을 흘리고 있었다고 합니다. 민족의 비극에 피눈물을 흘리면서도, 울고만 있지 않고 세계 최강대국의 지도자들에게 한국인의 우월성을 당당하게 설파했던 이승만의 모습은, 슬픔의 우물에서 희망의 생수를 끌어 올렸던 그의 생애를 일관하는 장면입니다.

(6) 1924년, "자유를 위하여 싸우라."

3.1운동에 앞장 섰던 독립투사들의 회고록을 보면, 흰 옷 입은 백성들의 물결이 이어지고, 만세 소리에 조선 팔도가 진동할 때, 곧 독립이 되리라는 기대를 가졌다고 합니다. 하지만 만세운동은 좌절당하고, 일본은 공교하고 치밀하게 식민 통치를 지속했습니다.

나라가 망하고 어언 14년, 3.1운동이 일어난 지도 5년, 조선은 독립투쟁의 동력(動力)을 잃어가고 있었습니다. 그때 이승만이 붓을 들어 글을 씁니다. "식민 통치가 고통스럽지만, 하나님이 조선을 버리지 않으셨다. 그 하나님을 믿고 싸워야 한다"는 내용입니다.

싸우라는 뜻은 장하지만, 싸우려면 싸울 수 있는 무기가 있어야 하지요. 망하고도 14년이 지난 나라에 무기가 어디 있습니까. 그래도 이승만은 싸울 수 있다고 합니다.

자유를 위하여 싸우라. 세상에 싸우지 않고 자유를 찾은 민
족이 없나니 우리의 붓 끝과 혀 끝으로 남의 칼날과 탄환에
대적하며 우리의 배척과 비협동으로 남의 학형과 속박과 싸
우자.

- 1924. 4. 23 "자유와 단결"

우리에게는 총도 없고 칼도 없습니다. 그러나 총칼이 없어도 붓과
글, 혀와 말로 싸울 수 있습니다. '펜은 칼보다 강하다'는 격언이 있
지요. 실제로 글이 사람들을 각성시켜서 대사건을 일으킨 사례가 무
수히 많습니다. 칼과 총이 없어서 안 된다고 하지 말고, 입이 있고
붓이 있으니 싸워야 한다, 할 수 없다고 생각하지 말고 할 수 있는 방
법을 찾아내서 싸워야 한다고 이승만은 도전했습니다.

저의 소견으로, 이승만 박사가 남긴 방대한 문헌 가운데 그분의 일
생을 요약하는 한 문장을 찾는다면, 이 구절을 선정하고 싶습니다 :
자유를 위하여 싸우라.

이승만의 인생은 한마디로 자유를 위한 투쟁이었습니다. 자유를
얻기 위해서 조선의 봉건제, 일본의 제국주의, 악마적인 공산주의
와 싸웠습니다. 자유의 적들을 물리치고 마침내 자유대한을 건국해
낸 거대한 일생이었습니다. 양자이신 이인수 박사의 회고에 의하면,
4·19로 하야한 후 하와이에서 말년을 지낼 때에도 늘 이 말씀을 반
복하셨다고 합니다 : 자유를 위하여 싸워야 한다.

자유는 거저 주어지지 않습니다. 자유를 위해 싸울 때만이 자유를
지킬 수 있고, 자유를 위하여 싸운 자만이 참 자유를 누릴 수 있습니
다. 거짓이 판을 치는 세상, 용기와 도전정신으로 진실을 외치고 자

유를 수호하는 저와 여러분이기를 기원합니다.

(7) 1940년, "싸움 싫어하다가 싸움 한 번도 못하고 토담 무너지듯…"

1940년에 대영제국의 수도 런던이 독일군에게 폭격을 맞습니다. 독일 전투기가 런던의 하늘에서 활개를 치면서 폭탄을 떨어뜨렸을 때, 제국의 자존심도 무너져 내렸습니다. 전 세계를 지배했던 대영제국의 런던시민들이 굴속에라도 들어가서 숨어 있어야 하는 비참한 지경입니다. 영국은 왜 전락했을까요? 망명자 이승만이 하와이에서 그 원인을 분석합니다.

> 영국인들이 싸움을 원치 아니하니 독일은 죽어가면서라도 저희 나라를 확장하기 위하여 다투어 싸우려는데 영국인들은 싸우기를 싫어하며 겁을 내는 것 같으니, 그 두 나라 사람의 심리를 비교하면 승부가 벌써 판단된 것인 줄 압니다.
> - 1940. 8. 17 〈태평양주보〉, "미국의 동원정책"

한마디로, 용기가 없었기 때문이라는 지적입니다. 독일인들은 용기를 내서 진격했는데, 영국 사람들은 어떻게든 싸우지 않으려고 도피했습니다. 자유를 위해 싸워야 하는데, 싸우지 않으면 천하의 대영제국이라도 몰락할 수밖에 없다는 것이 이승만의 역사적 진단입니다.

히틀러가 등장하여 독일 민족의 우수성을 부르짖으며 세력을 확장할 때, 영국의 윈스턴 처칠은 히틀러를 제거해야 한다고 주장했습니다. 대영제국의 인맥과 힘을 동원하여 독일의 반(反)히틀러 세력을 지원했으면, 충분히 제거할 수 있었습니다. 그 무렵에 히틀러의 추종자들이라고 해야 100여 명 정도였으니, 그들을 제거하기란 식은 죽 먹기였습니다.

역사에 가정은 없다고 하지만, 그래도 인간이란 미련이 있고 아쉬움이 있어서 가정을 하기 마련입니다. 영국이 진작에 손을 써서 히틀러를 제압했다면, 5천만 명 이상이 죽는 2차 세계대전 같은 비극은 일어나지 않았을지도 모르지요. 그러나 영국은 용기가 없어서 싸우기를 싫어했고, 돌다리를 두드려보고도 건너지 않았고, 식은 죽도 먹지 않았습니다.

그 후에 히틀러가 집권에 성공했을 무렵에는 제거해야 할 대상이 1만 명쯤으로 늘어났습니다. 그때라도 영국이 공작을 했으면, 히틀러 정권을 붕괴시켜 2차 세계대전을 막을 수 있었습니다. 그러나 영국은 허울 좋은 평화를 원했기에, 싸우지 않고 내버려 두었습니다. 싸우지 않고 또 싸우지 않은 결과, 강제로 싸움에 끌려갔습니다.

2차 대전이 발발하여 최소 5천만 명 이상이 죽고, 영국은 세계의 패권국 자리에서 물러납니다. 영국이야말로 2차 대전의 실질적인 패전국이라는 역사가들의 진단처럼, 영국이 입은 치명상은 심각했습니다. 세계최강이었던 나라의 시민들이 굶어 죽고 얼어 죽기까지 했습니다. 용기가 없어서 싸우지 않으려는 국가의 말로입니다.

자유는 공짜로 지켜지지 않습니다. 국가만이 아니라 개인도 마찬가지입니다. 아무리 똑똑하고 명문대 출신이어도, 자기 인생에 승부를 걸 줄 아는 용기가 없으면, 똑똑한 노예가 될 뿐입니다. 누군가가 내 인생에 부당하게 개입하고, 누군가가 내 자유를 침해할 때 싸울 수 있는 용기가 없으면, 노예처럼 휘둘립니다. 세상을 둘러보고 역사를 살펴보면, 굴레를 벗어나지 못한 채 노예로 사는 인생들이 참으로 많습니다. 용기가 없으면 국가든 단체든 개인이든, 노예로 전락할 수밖에 없습니다. 이승만은 프랑스가 패망한 이유도 동일한 관점에서 조명합니다.

> 불란서의 패망이 다른 것 아니요, 불란서인들이 정부 관인이나 평민은 물론하고 각각 나만 살면 그만이라는 사심으로 싸움 싫어하기를 오늘날 영국인의 심리와 같이 하다가 적군이 침범하는 자리에 싸움 한 번도 못하고 토담 무너지듯하고 말았는데…

프랑스도 오랫동안 세계를 호령했던 나라입니다. 1차 대전 이후에는 "마지노선"이라고 불리는 철벽 방어진을 구축했습니다. 히틀러가 기습 명령을 내렸을 때, 프랑스로 쳐들어가면서 벌벌 떨었던 독일 장군들도 있었습니다. '독일이 어떻게 프랑스를 이기지?' 하면서 떨며 진격했는데, 고작 6주 만에 프랑스를 점령합니다.

독일 사람들도 놀랐습니다. 어떻게 강대국 프랑스가 그토록 쉽게 짓밟혔을까요. 프랑스에게도 힘이 있었습니다. 그러나 그 힘을 모으지 않고, '나 혼자 잘 먹고 잘 살면 된다'며 분열되었다가, 담벼락이 허물어지는 것처럼 싸워보지도 못하고 허무하게 점령당했습니다.

이승만의 기록은 정확합니다. 독일의 위협을 받으면서도 프랑스의 여당은 독일보다 야당을 더 미워했습니다. 야당은 독일이 아니라 여당을 공격하는 데에 주력했습니다. 여당과 야당이 권력투쟁에 몰두하느라, 독일의 침범에는 관심이 없었습니다.

프랑스 군인들도 마찬가지입니다. 훗날 대통령이 되는 드골이 전쟁발발 2-3년 전부터 독일의 침략에 대비해야 한다는 논문을 발표합니다. 독일의 기갑전 전술과 프랑스의 마지노선 붕괴를 정확히 예측했지요. 애국자 드골이 논문을 발표하고 배포했는데, 프랑스 군인들은 주목하지 않았습니다. 왜냐하면 진급에만 관심이 있었기 때문입니다.

정치인들은 정권장악에, 군부는 진급에 눈이 멀어 지도자들의 안중에는 프랑스가 없었습니다. 그 결과, 유럽 최강국 프랑스가 6주 만에 함락됩니다.

1939-1940년에 전개된 역사가 오래 된 일처럼 들리지 않습니다. 저 멀리 영국과 프랑스에서 일어난 사건들이 남의 일 같지 않습니다. 왜냐하면 오늘날의 대한민국과 너무나 비슷하기 때문입니다. 남한의 경제력은 북한의 100배 이상입니다. 하지만 북한정권을 무너뜨리고 동포들을 해방시키겠다는 용기도 애국심도 없습니다. 반대로 북한은 굶어 죽고 얼어죽는 최빈국 수준이면서도 배짱 하나는 1등입니다. 툭하면 미국과 대결하고 서울을 불바다로 만들겠다고 큰소리칩니다.

비겁한 부자(富者)와 용감한 빈자(貧者)가 대결하는 한반도에서, 빈자의 큰소리가 메아리쳐 울린 지도 꽤 오래되었습니다. 국민들에게 용기가 없으면, 특히 그리스도인들에게 교회를 불태우고 1억 명이 넘는 그리스도인을 죽인 공산주의 세력과 끝까지 싸운다는 배짱이 없으면, 국력이 100배 200배 1000배 차이가 나도, 벌벌 떨며 노예처럼 굴종할 수밖에 없습니다.

2018년에 평양에서 남북의 수뇌가 만났을 때, 대한민국의 5대 기업 총수들도 참여했습니다. 식사를 나누는데 북한의 관료가 남한의 기업가들에게 면박을 주었습니다 : 냉면이 목구멍으로 넘어갑네까? 대한민국은 세계 7대 무역국가입니다. 7대 무역국가의 5대 재벌은 세계적으로도 인정받는 인물들입니다. 여러 나라의 국왕과 정부 수반을 상대할 만큼 위상이 높은 사람들입니다. 그런 사람들이 평양에 가서 국민들을 굶어죽게 방치하는 세습정권의 일개 관료에게 야단이나 맞고 왔습니다. 아무리 위상이 높고 돈이 많더라도 싸우려는 용기가 없으면, 비굴한 꼴을 면하기 어렵습니다.

싸우려는 용기가 중요한 이유는 싸우기 위해서가 아닙니다. 영국과 프랑스는 독일과 싸우려는 용기가 없었기 때문에, 원치 않는 싸움에 휘말려버렸습니다. 싸우지 않으려다가 싸움을 당하는, 비겁의 운명입니다. 반대로 싸우려는 용기가 있으면, 실제로는 싸움이 일어나지 않는 경우가 많습니다. 싸우려다가 오히려 평화를 선물 받는, 용기의 축복입니다.

만약 영국과 프랑스가 히틀러와 싸우겠다는 의지를 분명히 했다면, 2차 대전은커녕 히틀러 정권이 등장하지도 못했을 것입니다. 개인이나 단체나 국가나 역사의 원리는 똑같습니다. 용기 없는 자의 결국은 노예입니다.

(8) 1942년, "코리아를 위해서 일하시오. 일생일대의 영광이 될 거요."

로버트 올리버(Robert T. Oliver)는 펜실베이니아주 버크넬 대학교의 교수였습니다. 그는 수사학과 커뮤니케이션 분야에서 명성을 떨치던 학자였습니다. 2차 대전이 발발하자 공무원으로 채용되어 국가의 업무를 맡기도 했습니다. 후일에는 미국연설학회 회장을 지

냈고 아이젠하워 대통령의 즉석연설문 원고를 써주기도 한 석학이
자 국가 엘리트였습니다.

올리버가 어느 잡지에 한국에 호의적인 글을 썼습니다. 이승만이
그 글을 읽고 올리버에게 만나자고 합니다. 1942년 9월, 망한 나라
의 67세 된 망명객이 미국에서 촉망 받던 33세의 엘리트를 만납니
다. 한국을 도와달라고 요청하는 자리였지만, 이승만은 당당했습니
다. 당대의 지식인이자 대학 교수를 앉혀놓고 2시간 동안 일장 연설
을 하며, 한국인의 우수성을 역설했습니다. 고려는 금속활자를 세계
에서 처음 만든 나라이고, 한글은 세계에서 가장 우수하고 과학적인
문자라고 소개했습니다.

그 후 53년이 지난 1995년, 올리버는 이승만 대통령과의 첫 만남
을 다음과 같이 회고했습니다.

> 앉자마자 한국이 유럽보다 훨씬 앞서 금속활자와 나침반을
> 발명했고 중국이나 일본과는 전혀 다른 26개의 고유문자로 된
> 한글에 대해 열성적으로 이야기하던 모습이 눈 앞에 선합니다.

67세의 노인은 청년의 열정으로 열변을 토하더니, 올리버의 운명
을 바꾸어놓은 제안을 합니다. "한국이 독립하면 전 세계를 복음화
하는 위대한 기독교 국가가 될 것이다. 이 나라를 위해 너의 인생을
헌신해 보지 않겠느냐. 당신에게 엄청난 기회를 주고 싶다."

말은 그럴듯했지만, 한국이 실제로 그런 나라가 될지는 미지수였
습니다. 독립된다는 전망조차도 불분명했습니다. 아무런 보장도 없
는데, 미국에서 대학교수로 잘 나가는 인물에게, 앞날이 불투명하고

존속여부가 불분명하며, 극심한 가난과 혼란이 예고되어 있는 나라를 위해 헌신하라는 제안은 도박을 하라는 권유와 다름 없었습니다.

그런데 이승만의 도박적인 제안이 대박이 됩니다. 로버트 올리버는 이승만의 애국적인 열정과 박식함에 매료됩니다. 그의 제안을 받아들여, 그때부터 이승만의 미국인 대변인이 되어 대한민국을 위해서 헌신합니다. 1945년, 조선이 해방을 맞았을 때, 이승만은 비서가 되어달라고 요청합니다. 그것은 미국에서 누리는 학자와 교수로서의 지위와 편안함을 포기하고 한국으로 함께 가자는 이야기로, 또 한 번 도박을 하라는 제안이었습니다.

이제 막 식민지에서 해방되어서 나라를 세우기도 전인 상태에서, 급여도 보장해 줄 수 없는 상황에서, 어이가 없어 보이는 제안인데, 올리버가 이번에도 받아들입니다. 근무하던 대학교에 사직서를 내고 이승만의 비서가 되어 한국에 입국합니다.

예상한 대로, 올리버는 월급도 제대로 받지 못한 채, 혼란과 파란이 휘몰아치는 한반도의 소용돌이에 뛰어들었습니다. 1945년부터 48년까지의 해방정국에서 이승만과 미국은 사사건건 대립했습니다. 공산주의에 대한 유화정책을 구사한 미국과 철저한 반공주의자 이승만은 격렬하게 대결했습니다. 그때마다 올리버는 뛰어난 연설과 글로 한국의 입장을 대변했습니다.

올리버의 수준 높은 언론플레이가 효과를 거두어서, 미국언론은 미군정을 비판하고 미국에 저항하는 이승만을 찬양하기도 했습니다. 올리버에게는 '한국인보다 한국을 더 사랑한 미국인'이라는 애정 어린 별명이 붙었습니다.

반대로, 올리버 때문에 언론의 도마 위에 오른 미군정 책임자 하지

중장에게 그는 눈엣가시였습니다. 하지는 "배신자 올리버를 총살해야 한다"하고 격분하기도 했습니다. 같은 미국인 지도자에게 배신자로 찍혀서 살해협박을 받을 만큼, 한국을 위해 헌신을 한 고마운 미국인입니다. 숱한 고비를 넘기며 대한민국 건국에 일조(一助)한 올리버는 6.25의 비극을 한민족과 함께 겪고 나서, 한미동맹을 맺는 대역사에도 중요한 역할을 합니다.

미국의 연설학회 회장에, 미국 대통령의 즉석연설문 원고를 작성하기까지 한 강대국의 최고 엘리트를, 식민지 출신의 망명투사가 대변인으로 부렸습니다. 혼란으로 어지럽고 전란(戰亂)으로 폐허가 된 신생독립국을 위해서, '배신자' 소리를 들어가며 헌신하게 했습니다.

이 대단한 학자이자 엘리트를 어떻게 한국을 위해서 헌신하게 만들었을까요? '제발 불쌍히 여겨서 도와 달라'는 저자세가 아니었습니다. '한민족은 위대한 민족이다. 한국은 반드시 독립이 된다. 한국의 역사에 참여하는 일은 당신에게 일생일대의 영광이다.' 우리 민족에 대한 자부심에서 우러나오는 확신, 최고 수준의 학자에게 밀리지 않는 박식함, 미국의 엘리트 앞에서도 기가 죽지 않는 당당함과 배짱, 67세의 노인에게서 뿜어져 나오는 청년의 기백으로 강대국의 인재를 사로잡았습니다.

세계 어느 나라 역사에서 이런 일이 있었을까요? 약소국의 지도자가 미국 연설학회 회장까지 지낸 인물을 월급도 주지 못한 채로, 전쟁 통에 이리저리 피난하도록 고생시키면서, 자신의 조국보다 그 나라를 대변하고 사랑하고 헌신하게 한, 유일한 사례가 아닐까 싶습니다.

(9) 식민지 기간의 여권발급, "한국이 독립할 것이니 기다려주시오."

해외로 출국하려면 여권이 있어야 합니다. 국가에서 발급하는 여권에는 국적을 표기해야 합니다. 조선이 멸망했던 식민지 시절, 국제법상 조선이란 나라는 없었습니다. 여권에 기록된 조선인들의 국적은 '일본'이었습니다. 해외로 나가려면 일본국의 여권을 받아야 했습니다.

대부분의 독립 운동가들은 일본국적을 지닌 채 독립운동을 할 수는 없어서, 외국국적을 취득했습니다. 중국에서 독립운동 하셨던 분들은 중국국적을 취득했습니다. 미국에서 독립운동 하셨던 분들은 미국국적을 취득했습니다. 법적으로 엄밀하게 따지면, 한국계 중국인, 한국계 미국인의 신분으로 독립운동을 했습니다.

김일성은 어려서부터 중국학교에 다녔던 중국 국적자였습니다. 우리가 존경하는 위대한 독립운동가들도 법적으로는 중국인, 미국인이었습니다. 그런데 어느 나라 국적도 취득하지 않고, 무(無)국적자로 끝까지 독립운동을 하신 분이 이승만 박사입니다.

국적이 없다고 하면 테러리스트나 위험인물로 오해받기 딱 좋습니다. 그러니 망명 생활하기가 얼마나 어려웠겠습니까. 더군다나 독립운동가들 중에서 해외를 제일 많이 돌아다녔던 분이 이승만 박사였습니다. 출국할 때마다 여권이 있어야 하는데, 무국적자이니 정규여권 발급이 불가능했습니다. 그래서 매번 무국적자에게만 발행되는 비정규여권을 받았습니다.

이승만은 미국을 자주 왕래했습니다. 왕래할 때마다 미국 정부에게 비정규여권을 요청하니, 공무원들이 골치가 아픕니다. 국무부에서 곤란하다고 자꾸 항의를 하니, 이승만의 박사과정 지도교수이자 훗날 대통령이 된 우드로 윌슨이 시민권을 주겠다고 약속하며 미국 국적을 취득하라고 제안합니다.

대한민국의 과거와는 비교도 안 되게 발전한 오늘날에도, 미국 국적을 취득하기 위해 원정 출산을 하지요. 반미(反美)를 주창하는 사람들도 자기 자식은 미국 국적자로 낳고 미국으로 유학을 보냅니다. 그런데 식민지 시절에, 미국의 대통령에게 시민권을 보장받았던 이승만은 미국 국적을 끝까지 거절했습니다. 이승만의 논리는 단순하면서고 강렬했습니다.

내가 대한민국 임시 정부의 대통령인데, 어떻게 남의 나라 국적을 갖겠습니까?

이런 고집불통의 애국자 때문에, 여러 사람이 피곤해졌습니다. 당시 여권을 담당했던 미국 국무부의 시플리 여사가 이승만 박사 때문에 하도 고생을 해서, 프란체스카 여사에게 이승만 박사를 설득해달라고 부탁합니다. 미국정부에서 시민권을 내어준다니 그냥 받자는 아내의 설득을, 이승만은 일언지하(一言之下)에 거절합니다.

기다리시오. 조금만 있으면 대한민국이 독립될 것이오.

결국 이승만은 국적이 없는 채로 36년의 세월을 보냈습니다. 그리고 해방된 조국에 돌아와서 대한민국 국적을 취득했습니다. 남편에게 거절당한 프란체스카 여사의 기록입니다.

> 나는 남편의 조국독립에 대한 신념과 그 누구도 범할 수 없는 특유의 위엄과 민족적 자부심에 의해 언제나 압도당하곤 했다. 이 당당한 무국적자인 남편과 이로 인해 겪은 고초는 그분이 대한민국 건국을 이룰 때까지 계속 되었다.

(10) 1945년, "할 수 없다는 말은 영영 없이 해야 될 것입니다."

드디어 1945년, 식민지의 노예살이에 시달리던 우리민족이 해방되었습니다. 해방된 자유인은 어떻게 살아야 될까요? 이승만은 자유대한의 건국이념을 담은 책 「건국과 이상」을 발간합니다.

> 지금부터는 할 수 없다는 말은 영영 없이 해야 될 것입니다. 해도 우리가 하고 아니해도 우리가 아니하는 것이지 시킬 사람도 없고 막을 사람도 없습니다. 우리가 할 수 없다 하고 앉아있으면 이는 다만 남의 노예 노릇 밖에 할 수 없다는 말입니다. 남의 노예로만 살자 할진대 이는 결코 우리 민족의 정신도 아니요 4천여 년 민족의 기상도 아닙니다.

노예는 남이 시키는 대로 사는 존재입니다. 스스로 할 수 있는 게 없습니다. 노예는 하고 싶은 일을 못해도 주인 때문이라고 핑계를 대면서 변명할 수 있었습니다. 그러나 이젠 자유인이 되었기 때문에 더 이상 변명할 수 없습니다. 해도 내가 하는 것이고 안 해도 내가 안 하는 것이지, 남 탓 하지는 못합니다.

일평생 희망을 말하고 고통스러운 현실을 향하여 도전했던 이승만은 해방된 동포들에게, 할 수 없다는 말은 아예 하지 말라고 촉구합니다. 자유인의 기백과 한민족의 기상으로 노예근성을 떨쳐버리고 자유인의 나라를 세우자고 도전합니다. 「건국과 이상」의 마지막 장(章), '태극기와 청년들'입니다.

> 가슴 속에서 태극기를 꺼내어 휘두르며 대한독립 만세를 부르는 것이 우리 대한 청년의 정신입니다. 이 기상과 이 정신만 가지고 수화(水火)를 무서워말고 전진 전진 나아가면 우리의 만년 유전하는 3천 리 금수강산은 우리 대한 사람의 대한으로 영원무궁히 보전할 줄 믿습니다.

리더는 절망의 어두운 땅굴 속으로 깊이 들어가서, 희망의 보석을 발굴하는 사람입니다. 우리 민족사의 가장 어두운 땅굴에 파묻혀야 했던 이승만은 기어이 살아남아서 희망의 보석을 들고 역사의 지평 위로 올라와, 우리 역사의 가장 찬란한 나라, 대한민국을 건국했습니다.

그가 어두운 동굴에서 몸을 촛불처럼 태워서 불을 밝히며 썼던 열 편의 글을 소개했습니다. 한결같이 긍정적이고 도전정신이 넘쳐나는 일화들입니다. 이승만의 글을 읽는 오늘날에도 여전히 암울한 상황이 있습니다. 하지만 청년들이 기백을 가지고, 가슴속에 품었던 태극기를 꺼내 휘두르며, 애국심으로 전진해 나가서, 대한사람 대한으로 길이 보전하기를 기원합니다.

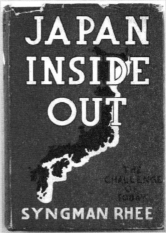

▲ 대한민국의 첫 번째 영부인 프란체스카와 이승만의 저서 Japan Inside Out

프란체스카는 Japan Inside Out의 타이피스트로 책 전체를 타이핑하고 고치는 작업을 수없이 반복했다. 어깨가 짓눌려서 통증을 느낄 때면, 이승만은 아내를 데리고 워싱턴의 포토맥 강변에 갔다. 지친 아내의 어깨를 주물러주며, 이승만은 아리랑 노래를 불러주었다. "아리랑 아리랑 아라리요 / 아리랑 고개를 넘어 간다 / 오다 가다가 만난 님이지만 / 살아서나 죽어서나 못잊겠네" 마지막 줄은 이승만이 프란체스카를 위하여 지은 가사이다.

우남(雩南)
이승만의 아리랑

우리의 건국 대통령은 파란만장한 생애를 살아가셨습니다. 어렵고 외로운 길목을 수도 없이 지나가면서, 그분은 겨레의 심금을 울리는 시(詩)를 남기셨습니다. 탄신 144주년을 맞이하는 오늘, 우남(雩南)이 남기신 노래를 함께 추억하고 싶습니다.

우남이 최초로 이루신 일을 헤아리면, 행렬이 길어집니다. 최초의 영어 연설, 한국인이 만든 최초의 신문, 최초의 일간지, 최초의 연좌 농성, 국내 최초의 개신교 개종, 아시아인 최초의 프린스턴 대학교 국제법 박사, 최초의 남녀공학, 한국인이 쓴 최초의 영어 베스트셀러, 최초의 민주국(民主國) 건국, 우리 역사 최초의 농지 개혁, 최초의 의무 교육, 동양인으로서는 최초의 미국 상·하원 합동 연설, 이처럼 찬란한 업적들이 모두 우남의 발자취와 함께 이루어졌습니다.

1898년 3월 9일 자 〈협성회회보〉에서 우남은 또 한 번 최초의 지위를 획득합니다. 한국 최초의 근대시인 우남 이승만의 "고목가(枯木歌)"가 신문에 수록되었습니다.

한국 시인 협회장을 지내신 김종해 선생은 2004년 10월 24일 자 〈중앙일보〉 인터뷰에서 이렇게 말했습니다. "1898년 〈협성회회보〉에 '고목가'가 발표된 것으로 미루어 1898년부터를 한국 현대시의 기점으로 잡을 수 있다." 우리의 건국 대통령은 한국 현대시의 선구자이셨습니다. '고목가'라는 제목을 우리말로 풀면 "늙고 병든 나무의 노래"입니다.

슬프다 저 나무 다 늙었네
병들고 썩어서 반만 섰네
심악한 비바람 이리저리 급히 쳐
몇 백 년 큰 나무 오늘 위태

원수의 땃작새(딱따구리) 밑을 쪼네
미욱한 저 새야 쪼지 마라
쪼고 또 쪼다가 고목이 부러지면
네 처자 네 몸은 어디 의지(依支)

버티세 버티세, 저 고목을
뿌리만 굳박혀 반근(盤根)되면

새 가지 새 잎이 다시 영화(榮華) 봄 되면
강근(强根)이 자란 뒤 풍우 불외(不畏)

쏘아라, 저 포수 딱작새를
원수의 저 미물, 남을 쪼아
비바람을 도와 위망(危亡)을 재촉하여
넘어지게 하니 어찌할꼬

늙고 병들고 부러지고 썩은 나무는 만신창이처럼 무너지던 대한 제국을 상징합니다. 그렇지 않아도 쓰러져가는 나무를 쪼아대는 못된 딱따구리는 당시의 집권층이었던 매국 관료들을 지목합니다. 고목을 흔들어대는 비바람은 나라를 위협하는 외세를 의미합니다.

쓰러져가는 나무 같은 대한제국을 못된 딱따구리 같은 매국노들이 쏘아댑니다. 외세는 바람처럼 나무를 흔들어댑니다. 나무를 지키려면 먼저 딱따구리부터 쏘아야 합니다. 왜냐하면 나라는 내가 먼저 해친 뒤에야 남이 해칠 수 있기 때문입니다.

"고목가"는 매국노를 제거하고 외세를 물리쳐서 조국을 수호해야 한다는 투사의 노래입니다. 한국 최초의 신체시를 낳은 시심(詩心)은 젊은 우남의 뜨거운 애국심(愛國心)이었습니다.

개혁자요 혁명가였던 우남은 스물 세 살에 한성감옥에 갇힙니다. 감옥에서 그의 몸은 매였지만, 마음은 시의 세계를 자유롭게 노닐었습니다. 감옥에 함께 있었던 유성준은 우남이 시를 짓는 정황을 멋스럽게 들려줍니다. "교교한 달빛이 철창으로 들이치는 밤이면, 시를 지어 들려주었다." 한성감옥에서 지은 우남의 시, "죄수복을 입고 감옥살이를 하며"를 소개합니다.

> 선비가 궁해지면 독서를 후회하니
> 벼슬이 빚어낸 삼년간의 감옥살이
> 쇠줄에 묶여 다니며 새롭게 정들지만
> 죄인 얼굴을 가린 용수를 쓰니 옛 친구도 낯설구나
> 예부터 영웅은 옷 속에라도 이가 있다는데
> 지금은 고기 없이 밥 먹는 나그네 신세
> 때가 되면 모든 일이 뜻대로 되리니
> 죽을지언정 장부의 마음 변함이 있으랴

나라를 위해서 헌신했건만, 돌아온 것은 역적이라는 죄목입니다. 감옥살이를 하면서 선비는 지나간 세월을 후회합니다. 죄인이라 얼굴을 가려야 하니, 옛 친구를 보아도 낯설게 느껴집니다. 하지만 죽을지언정, 나라를 사랑하는 장부의 마음에는 변함이 없습니다. 선비요 지사(志士)였던 우남 이승만의 절개를 보여주는 노래입니다.

1919년 상해에 대한민국 임시 정부가 수립됩니다. 초대 대통령으로 하와이에서 활동하시던 이승만 박사가 추대되었습니다. 1920년 이승만은 하와이를 떠나서 상해로 가는 배에 오릅니다.

당시 일본 제국주의는 독립 투사들을 가혹하게 탄압했습니다. 특히 독립 운동의 최고 지도자였던 이승만에게는 30만 달러의 현상금이 걸려있었지요. 곳곳에 감시의 눈이 번득이는 상황에서 상해로 가는 긴 여정은 대단히 위험했습니다.

그때 우남을 도와준 분이 하와이의 미국인 친구 보스윅이었습니다. 보스윅의 기발한 도움이 있어서 우남께서는 상해까지 무사히 갈 수 있었습니다.

그런데 보스윅의 직업이 장의사였습니다. 그가 도와준 방법은 시체들 틈에 숨겨준 것이었습니다. 당시에 미국에서 일하던 중국인 노동자가 숨을 거두면, 그 시신을 중국으로 보냈습니다. 고향으로 돌아가는 중국인의 시체를 담은 관들의 틈에, 살아있는 우남이 몰래 숨었습니다. 이때의 경험을 읊은 시입니다.

> 민국(民國) 2년 동짓달 열 엿셋 날
> 하와이서 남몰래 배를 탔다네
> 겹겹의 판자문에 화로불은 따듯하니
> 사면이 철벽이라 칠흑같이 어두웠네
> 내일 아침이면 산천도 아득하리니
> 이 밤엔 세월도 어찌 길다냐
> 태평양 바다 위를 둥실 떠가니
> 이 안에 황천객을 누가 알리요

황천객들 틈에 망명객이 숨어들었습니다. 죽은 사람들 틈에 산 사람이 끼어있었으니, 얼마나 무섭고 불편하고 힘들었을까요. 밤을 지새우며 기다려야 하는 그 시간은 얼마나 길게 느껴졌을까요. 그래서 우남은 노래했습니다. "이 밤엔 세월도 어찌 길다냐."

일제는 서슬이 퍼런 감시의 눈빛을 반짝이고 있습니다. 그러나 바다 위를 두둥실 떠가는 황천객들 사이에 있는 우남을 누가 알겠습니까. 동시에 시체들 틈에 섞여 있어야 하는 독립지사의 마음을 또 누가 알아주겠습니까. 그래서 우남은 노래했습니다. "태평양 바다 위를 둥실 떠가니 / 이 안에 황천객을 누가 알리요."

나라를 구하기 위한 우남의 일생은 끝없이 길을 떠나야 하는 여정이었습니다. 당시의 한국인으로서는 드물게 세계를 누비신 분이셨습니다. 정처 없는 나그네처럼 떠돌면서 많은 곳을 보셨지만, 그분이 늘 그리워하셨던 땅은 조국이었습니다. 우남은 어린 시절을 보낸 남산을 떠올리는 노래를 지으셨습니다.

> 하늘과 물 사이를 이 한 몸이 흘러서
> 그 끝없는 바다를 얼마나 여러 번 오갔나
> 닿는 곳곳에는 명승지도 많더라만
> 내 꿈의 보금자리는 서울 남산뿐

참으로 넓은 세상을 휘휘 돌아다니셨지만, 우남의 꿈은 언제나 고향의 언저리를 맴돌았습니다. 꿈에 사무치도록 보고 싶어 했던 곳은 조국의 강토였습니다. 하지만 30년 넘는 세월을 망명자로 살았던 건국 대통령은 타국에서 생을 마치셔야 했습니다. 그것은 우리 역사의 씻을 수 없는 아픔이요 치욕입니다.

한국인이 있는 곳에는 아리랑이 있습니다. 일제 시대에 종군 위안부들이 머물렀던 마을의 주민들은 조선 여자들이 불렀던 아리랑의 가락을 기억합니다. 조선 남자들이 일했던 탄광에는 "어머니"라는 글자와 "아리랑"이라는 글자가 새겨져 있습니다.

우남 이승만에게도 아리랑이 있었습니다. 독립운동을 위해서 동분서주하다가 우남은 오스트리아 여인 프란체스카를 만납니다. 제네바의 숲속을 거닐면서, 우남은 그녀에게 한국어를 가르쳐줍니다. 그것은 "사랑"이라는 단어였습니다.

1940년과 41년, 우남 이승만은 미국의 워싱턴에서 〈Japan Inside Out〉을 집필했습니다. 태평양 전쟁을 예언해서 세계적인 주목을 받았던 불후의 명저이지요. 그 책의 타이피스트는 프란체스카 여사였습니다. 쓰고 고치고 쓰고 고치는 작업을 반복하면서, 훗날의 첫 번째 영부인은 어깨 통증에 시달렸습니다.

통증이 너무 심한 날이면, 우남은 프란체스카 여사와 함께 포토맥 강변으로 갔습니다. 아내의 어깨를 주무르면서, 우남이 부르신 노래가 아리랑이었습니다.

> 아리랑 아리랑 아라리요, 아리랑 고개를 넘어 간다
> 청천하늘엔 별들도 많고, 우리네 가슴속엔 시름도 많다
> 아리랑 아리랑 아라리요, 아리랑 고개를 넘어 간다
> 오다 가다가 만난 님이지만 살아서나 죽어서나 못잊겠네

마지막 줄은 우남이 직접 지으신 가사였습니다. "오다 가다가 만난 님이지만 살아서나 죽어서나 못잊겠네" 나라를 되찾기 위해서 나그네로 떠돌다가 운명적으로 만난 여인을 우남은 참으로 아름답게 사랑하셨습니다.

"가장 큰 계명이 무엇입니까?" 하고 묻는 사람들에게 예수님은 대답하셨습니다. "첫째는 마음을 다하고 뜻을 다하고 힘을 다하여 주 너의 하나님을 사랑하라, 둘째는 네 이웃을 네 자신과 같이 사랑하라", 예수님의 대답은 사랑이었습니다.

이 나라 건국 대통령의 거대한 생애를 추적하면서, 우리는 사랑을 발견합니다. 우남은 하나님을 사랑하셨고 조국을 사랑하셨습니다. 우리의 강산을 사랑하셨고 한국인의 혼과 얼을 사랑하셨습니다. 이 땅의 백성들을 사랑하셨고 생애의 반려자였던 여인을 사랑하셨습니다.

우남 이승만의 위대한 생애는 사랑의 씨앗에서 자라난 거목이었습니다. 그 거목의 그늘이 5천 년 고난의 역사를 이어온 한민족에게 안식처가 되었습니다. 우남의 탄신 144주년을 맞이하여서, 이 나라 건국 대통령의 영혼에 깃들었던 사랑이, 그분이 그토록 사랑하셨던 우리 국민들의 가슴에도 심어지기를 기원합니다.

하나님을 사랑하고 나라를 사랑하고 사람을 사랑하며, 우리의 강산을 사랑하는 마음으로, 위기에 처한 대한민국을 마침내 지켜내는 애국자들이 되시기를 예수 그리스도의 이름으로 축원합니다.

한국의 크리스천 리더십

초판 1쇄 발행   2024년 4월 30일

저자   이 호
발행인   이 호
디자인   강해진
교정   김창대
펴낸곳   자유인의 숲
주소   서울특별시 동작구 상도동 474-11 2층
도서문의   010-8901-2920

등록번호   제 2020-000048호
ISBN   979-11-90664-10-3